江西省高校人文社会科学重点研究基地项目
"可持续发展视角下地矿企业绩效评价研究"
（项目编号：JD19003）

可持续发展视角下地矿企业绩效评价研究

侯俊华　汤作华　著

立信会计出版社
LIXIN ACCOUNTING PUBLISHING HOUSE

图书在版编目(CIP)数据

可持续发展视角下地矿企业绩效评价研究 / 侯俊华，汤作华著. —上海：立信会计出版社，2022.12
ISBN 978-7-5429-7201-9

Ⅰ.①可… Ⅱ.①侯… ②汤… Ⅲ.①地矿业—企业绩效—研究—中国 Ⅳ.①F426.1

中国国家版本馆 CIP 数据核字(2023)第 087490 号

策划编辑　王斯龙
责任编辑　王斯龙
助理编辑　胡蒙娜
美术编辑　吴博闻

可持续发展视角下地矿企业绩效评价研究
KECHIXU FAZHAN SHIJIAO XIA DE DIKUANG QIYE JIXIAO PINGJIA YANJIU

出版发行	立信会计出版社
地　　址	上海市中山西路 2230 号　邮政编码　200235
电　　话	(021)64411389　传　真　(021)64411325
网　　址	www.lixinaph.com　电子邮箱　lixinaph2019@126.com
网上书店	http://lixin.jd.com　http://lxkjcbs.tmall.com
经　　销	各地新华书店
印　　刷	上海盛通时代印刷有限公司
开　　本	710 毫米×1000 毫米　1/16
印　　张	17.75　插　页　4
字　　数	256 千字
版　　次	2022 年 12 月第 1 版
印　　次	2022 年 12 月第 1 次
书　　号	ISBN 978-7-5429-7201-9/F
定　　价	98.00 元

如有印订差错，请与本社联系调换

前言

矿产资源产业是我国重要的基础产业,对社会经济的发展起着强有力的支持作用。据相关资料统计,目前人类所利用的能源90％以上来自煤、石油和天然气等,矿产资源为我国提供了70％以上的农业生产资料、80％以上的工业原材料和95％以上的能源,它已经成为我国经济发展过程中不可或缺的重要物质。我国每年从事矿业生产的人数近2 000万,开采矿石超70亿吨,矿产资源型企业①的绩效水平直接影响着国民经济的整体发展趋势。矿产资源型企业拥有大量的不可再生资源,企业要想长远发展,就必须贯彻可持续发展观,加快绿色转型,实现资源综合利用。我国"十四五"规划提出要坚持创新、协调、绿色、开放、共享的发展理念,支持绿色清洁生产,推动建立绿色低碳循环发展产业体系,鼓励企业工艺技术装备更新改造。对此,地矿企业如何提升效益水平,更好地实现经济效益、社会效益和环境效益的统一,成为社会与企业共同关注的问题。

目前很多学者对矿产资源型企业可持续发展和企业绩效评价方面进行了较为系统和深入的研究。已有的研究考虑把环境要素纳入对资源型企业可持续发展评价体系,提出建立一套有关矿产资源型企业的可持续发展评价体系,内容包括经济与社会发展、环境保护和资源的合理

---

① 本书主要的研究对象是地矿企业绩效评价,但目前理论界单独研究这类企业较少,更多是探讨矿产资源型企业。因此,本书将主要利用已有的关于矿产资源型企业绩效评价的研究成果来探讨地矿企业绩效评价。

开发利用等方面。已有的研究还指出环境保护是矿产资源型企业可持续发展的核心。企业绩效评价的研究近年来也逐渐考虑到环境、社会责任等反映可持续发展的指标。然而,把经济、社会与环境三者结合起来的研究不是很多,尤其是针对地矿企业的研究更少。将可持续发展战略引入地矿企业绩效评价中,对地矿企业实现经济、社会和环境效益,提升综合效益水平具有重要指导作用,有利于企业长期发展。本书以地矿企业为对象,借鉴国内外企业绩效评价成熟的经验,结合我国当前市场经济环境,依托传统企业绩效评价体系,以可持续发展、绿色转型和企业绩效评价理论为基础,通过定性和定量分析相结合的方式,构建适用于地矿企业发展战略的企业绩效评价体系,找到适合提高地矿企业绩效的评价方法。

全书内容共分为9章。第1章绪论,主要就研究背景、意义、目标、内容、方法与技术路线等内容进行简要阐述。第2章相关概念与基础理论,分别从可持续发展、绿色转型和企业绩效评价三个方面入手,对相关理论进行梳理和概述,为后续的研究提供了理论的支撑。第3章国内外研究现状,分别从可持续发展研究现状、矿产资源管理法律法规、矿产资源型企业可持续发展、企业绩效评价和矿产资源型企业绩效评价等方面对国内外研究现状进行了评析,为后续研究提供了依据。第4章地矿企业发展概况,对全球地矿企业发展状况以及我国地矿企业生产特点和经营状况进行了分析,并以江西省地矿上市企业为例,对其经营绩效进行了分析。第5章、第6章可持续发展视角下地矿企业绩效评价及应用,首先,依据地矿企业的特点,分析了构建指标体系的原则、目标和方法等;其次,运用绩效管理、矿产资源经济学、绿色转型以及计量经济学等知识探讨可持续发展视角下地矿企业绩效评价相关影响因素,建立可持续发展视角下地矿企业绩效评价指标体系,将该指标体系应用于具有代表性的地矿企业有色金属矿采选企业和能源企业,并运用突变级数法、熵值法以及模糊综合评价法等组合评价方法进行定量分析与综合评价;最后,根据评价结果给出建议并进一步完善指标体系。第7章绿色转型下地矿企业绩效研究，首先，基于博弈视角分析政府政策和地矿企业绿色转型发展的关系，提出政府引导地矿企业绿色转型发展相关对策和建议；其次，以煤炭企业为例构建了绿色转型视角下煤炭企业财务绩效综合评价体系并实证了其财务绩效效果。第 8 章可持续发展视角下地矿企业发展建议，提出了促进地矿企业可持续发展的建议。第 9 章研究结论与展望，对研究重点进行了较为全面的总结，指出研究过程中还存在不完善的地方，并就该领域未来的研究提出展望。

本书是江西省高校人文社会科学重点研究基地项目"可持续发展视角下地矿企业绩效评价研究"（项目编号：JD19003）的研究成果。本书的出版获得了东华理工大学学术专著出版资助和东华理工大学地质资源经济与管理中心的支持。本书是研究团队成果的总结，参与本书的研究人员除了团队成员邹静、曾浩、乐业等，还有研究生陈莉、朱金等、刘敏、张晓娣、黄家欣、禹宏扬、陈兴广等。在本书撰写过程中，我们参考了很多有价值的研究成果，在此，我们对这些研究成果的所有作者表示衷心的感谢！同时，我们还要特别感谢立信会计出版社的领导和编辑人员，由于他们的认真负责，本书才得以顺利出版。

限于知识和水平，本书仅就可持续发展的视角下有关地矿企业绩效评价展开了初步的探讨，研究的内容深度与广度还有待进一步拓展。书中若有不足之处，也敬请各位专家学者赐教指正。

侯俊华　汤作华
东华理工大学
2022 年 10 月

目录

前言

1 绪论 …………………………………………………… 001
 1.1 研究背景及意义 ………………………………… 001
  1.1.1 研究背景 …………………………………… 001
  1.1.2 研究意义 …………………………………… 002
 1.2 研究目标与内容 ………………………………… 002
  1.2.1 研究目标 …………………………………… 002
  1.2.2 研究内容 …………………………………… 003
 1.3 研究方法与技术路线 …………………………… 004
 1.4 拟突破的重点和难点 …………………………… 005

2 相关概念和基础理论 ………………………………… 006
 2.1 可持续发展 ……………………………………… 006
  2.1.1 可持续发展的内涵 ………………………… 006
  2.1.2 可持续发展的主要内容 …………………… 007
  2.1.3 可持续发展的基本思想 …………………… 008
  2.1.4 可持续发展的基本原则 …………………… 010
  2.1.5 可持续发展的相关理论 …………………… 011
 2.2 绿色转型 ………………………………………… 012
  2.2.1 绿色转型的内涵 …………………………… 012

2.2.2 绿色转型的重要特点 …………………………………… 013
　　　2.2.3 绿色转型的总体目标 …………………………………… 013
　　　2.2.4 绿色转型的相关理论 …………………………………… 015
　　　2.2.5 绿色转型评价指标体系及其理论方法 ………………… 018
　2.3 企业绩效评价 ……………………………………………………… 019
　　　2.3.1 企业绩效评价的概念 …………………………………… 019
　　　2.3.2 企业绩效评价的基础理论 ……………………………… 020
　　　2.3.3 企业绩效评价方法 ……………………………………… 031

3 国内外研究现状 …………………………………………………… 038
　3.1 国外研究现状 ……………………………………………………… 038
　　　3.1.1 可持续发展研究现状 …………………………………… 038
　　　3.1.2 矿产资源的国家管理 …………………………………… 041
　　　3.1.3 矿产资源型企业可持续发展 …………………………… 043
　　　3.1.4 企业绩效评价 …………………………………………… 044
　　　3.1.5 矿产资源型企业绩效评价 ……………………………… 050
　3.2 国内研究现状 ……………………………………………………… 052
　　　3.2.1 可持续发展研究现状 …………………………………… 052
　　　3.2.2 矿产资源型企业存在的问题 …………………………… 054
　　　3.2.3 矿产资源法律法规 ……………………………………… 057
　　　3.2.4 矿产资源型企业可持续发展 …………………………… 058
　　　3.2.5 企业绩效评价 …………………………………………… 060
　　　3.2.6 矿产资源型企业绩效评价 ……………………………… 064

4 地矿企业发展概况 ………………………………………………… 068
　4.1 全球地矿企业发展状况 …………………………………………… 068
　4.2 我国地矿企业生产特点 …………………………………………… 069
　　　4.2.1 我国矿产资源分类 ……………………………………… 069
　　　4.2.2 矿业总体特征 …………………………………………… 071

4.2.3 主要矿产资源的基本情况 ······················· 071
　　　4.2.4 主要地矿企业生产流程及模式 ················· 078
　4.3 我国地矿企业经营状况分析 ····························· 086
　　　4.3.1 制约地矿企业发展的因素 ······················· 086
　　　4.3.2 地矿企业良性发展的对策 ······················· 087
　　　4.3.3 实现"双碳"目标对经营地矿企业的新要求 ····· 090
　4.4 江西省地矿上市企业经营绩效评价 ··················· 091
　　　4.4.1 文献综述 ··· 091
　　　4.4.2 研究设计 ··· 092
　　　4.4.3 实证分析 ··· 094
　　　4.4.4 结论及建议 ·· 098

5 可持续发展视角下地矿企业绩效评价及应用(一) ········· 101
　5.1 可持续发展视角下地矿企业综合绩效评价体系构建 ····· 102
　　　5.1.1 构建原则 ··· 102
　　　5.1.2 构建目标 ··· 103
　　　5.1.3 绩效评价方法的选取 ······························ 103
　　　5.1.4 地矿企业综合绩效指标选取 ····················· 104
　5.2 可持续发展视角下有色金属矿采选企业综合绩效评价研究
　　　——以西藏珠峰为例 ····································· 105
　　　5.2.1 综合绩效评价指标体系构建 ····················· 105
　　　5.2.2 评价指标权重的确定 ······························ 111
　　　5.2.3 重要程度排序 ······································· 117
　　　5.2.4 综合绩效评价体系适用性验证 ·················· 118
　　　5.2.5 综合绩效评价体系适用性验证样本选择 ······· 120
　　　5.2.6 综合绩效评价体系适用性验证的计算结果及
　　　　　　分析 ·· 120
　　　5.2.7 西藏珠峰综合绩效评价分析及提升对策 ······· 126

6 可持续发展视角下地矿企业绩效评价及应用（二） ················ 146
  6.1 可持续发展视角下煤炭企业综合绩效评价研究——以冀中能源为例 ·· 146
    6.1.1 综合绩效评价指标体系构建 ································ 146
    6.1.2 评价指标权重的确定 ·· 148
    6.1.3 重要程度排序 ·· 150
    6.1.4 冀中能源综合绩效评价分析 ································ 152
    6.1.5 冀中能源综合绩效评价结果 ································ 157
  6.2 可持续发展视角下煤炭企业综合绩效评价研究——以中煤能源为例 ·· 163
    6.2.1 综合绩效评价指标体系构建 ································ 163
    6.2.2 评价指标体系构建结果 ······································ 167
    6.2.3 评价方法的选择 ·· 168
    6.2.4 中煤能源综合绩效评价分析 ································ 171
  6.3 提升煤炭企业综合绩效的建议 ···································· 182
    6.3.1 加强绿色开采和技术升级，降低环境污染 ············· 182
    6.3.2 推进能源清洁使用，提高资源利用效率 ················ 183
    6.3.3 调整产业结构，实现多元化发展 ·························· 184

7 绿色转型下地矿企业绩效研究 ····································· 186
  7.1 基于博弈视角政府引导地矿企业绿色转型发展 ············· 186
    7.1.1 研究现状 ·· 186
    7.1.2 绿色转型发展的影响机理分析 ···························· 187
    7.1.3 模型构建及分析 ·· 188
    7.1.4 结论与建议 ··· 194
  7.2 绿色转型视角下地矿企业财务绩效研究——以中煤能源为例 ·· 194
    7.2.1 中煤能源生产经营及转型状况 ···························· 195
    7.2.2 绿色转型视角下地矿企业财务绩效综合评价体系

　　　　　　构建 ·· 199
　　　7.2.3　绿色转型视角下的中煤能源财务绩效纵向评价
　　　　　　分析 ·· 211
　　　7.2.4　绿色转型视角下的中煤能源财务绩效横向评价
　　　　　　比较分析 ·· 225
　　　7.2.5　绿色转型视角下中煤能源财务绩效优化建议 ············ 232

8　可持续发展视角下地矿企业发展建议 ··································· 236
8.1　政府层面建议 ··· 236
　　　8.1.1　完善环境管理制度,刺激企业技术创新 ···················· 236
　　　8.1.2　加强立法和监管职能,强制社会责任信息
　　　　　　披露 ·· 236
　　　8.1.3　加大对企业可持续发展的关注,强化第三方有效
　　　　　　监督机制 ·· 237
8.2　企业层面建议 ··· 237
　　　8.2.1　优化企业治理结构,提升自身竞争力 ······················· 237
　　　8.2.2　注重企业社会责任,提高社会意识 ··························· 238
　　　8.2.3　调整产业结构,实现多元化发展 ······························· 238
　　　8.2.4　加强环保措施,提高企业绿色转型能力 ··················· 238

9　研究结论与展望 ··· 240
9.1　研究结论 ··· 240
9.2　展望 ·· 242

参考文献 ·· 243

附录A　专家意见调查问卷(A) ··· 264

附录B　专家意见调查问卷(B) ··· 268

1 绪　　论

1.1 研究背景及意义

1.1.1 研究背景

矿产资源产业作为国民经济重要的基础产业,在国民经济中处于关键位置,矿产资源的开发对经济不断高速增长起了强大的支持作用。矿产资源为我国生产发展提供95%以上的能源、80%以上的工业原材料和70%以上的农业生产资料,是我国经济和社会发展过程中不可缺少的重要物质。由此可见,矿产资源型企业的绩效水平影响着国民经济的整体发展趋势,对矿产企业的绩效评价进行研究意义重大。矿产资源型企业拥有大量的不可再生资源,其要想真正走上健康长久发展之路,就必须实现资源综合优化利用,在发展的过程中要有可持续发展观,由于我国矿产资源型企业可持续发展仍处于探索阶段且企业可持续发展意识不强,研究矿产资源型企业的可持续发展成果就显得十分重要。

我国"十四五"规划明确提出,要提高环境综合治理水平,倡导经济、社会与环境协调可持续发展我国矿产资源战略要求加快推进矿业企业绿色发展,促进绿色低碳转型,进而加快资源供给侧结构性改革。地矿企业怎样提高盈利能力,达到企业、社会效益与环保的整体经济效益,成为专家们和企业所关心的问题。企业绩效评价有利于发现企业存在的问题,监督战略目标的实现,促进企业进行创新,因此,地矿企业绩效评价研究成为本研究的重点。

1.1.2 研究意义

现有企业绩效考核系统主要关注的是企业财务绩效,并且以经营效益最大化为导向来评价公司的运营业绩,但这种企业绩效考核系统正面临着中国经济与社会发展高速增长的巨大挑战,需要随着当前我国宏观经济发展变动的需求而加以升级与改进。另外,地矿类相关单位需要对环境地质进行调查,通过地质勘查为政府部门提供基础地质数据,为人民提供专业化的服务,确保人民生命财产安全,部分具有一定的公益性质,因此在研究地矿企业绩效评价的过程中,只考虑财务绩效是远远不够的。为了科学、精准、全面地衡量地矿企业经营业绩,本书借鉴国内外企业绩效评价的成熟经验,立足当前企业的实际,在以往企业绩效评价体系的基础上,将可持续发展观和企业的绿色转型发展应用于企业的绩效评价体系中,通过定性和定量分析相结合的方式,构建适用于地矿企业长远发展并具有战略思维的绩效评价体系。

理论上来看,从可持续发展的视角研究地矿企业绩效评价,不仅可以实现在企业绩效评价理论中融入可持续发展思想,使得两者能够有效地结合在一起,进一步完善绩效评价理论,而且可以从理论和方法上引导和监督地矿企业在生产经营过程中落实科学的可持续发展观,实现企业快速可持续发展。因此,本书是对传统绩效评价体系的补充与完善。

实践上来看,研究企业可持续发展,符合国家"建设资源节约型、环境友好型社会"的目标,对国家宏观经济政策在企业实践中的运用具有积极的推动作用。同时,绩效评价是考核企业生产经营业绩的重要方法和手段,传统的企业绩效评价理论单纯强调财务绩效,众多企业在制定发展目标时更多看重的是财务指标,这不利于企业长期发展。本书可为企业在可持续发展过程中进行绩效评价提供指导,为地矿企业实现经济、社会和环境全面协调发展产生积极的作用。

1.2 研究目标与内容

1.2.1 研究目标

本书基于大量文献的研读,以地矿企业为核心,利用国内外企业绩效评价经验,立足当前地矿企业的实际,依托以往企业绩效评价体系,以可持续发展、绿色转型和企业绩效评价理论为基础,通过定性和定量分析相结合的方式,构建适用于地矿企业发展战略的企业绩效评价体系,找到适合提高地矿企业绩效的评价方法,并提出促进地矿企业可持续发展的建议。

1.2.2 研究内容

本书研究的主要内容如下:

(1)国内外研究现状。本书从可持续发展、矿产资源、企业绩效评价等几方面入手,对现有研究成果进行梳理与评述,为建立健全项目的理论框架和研究思路提供了基础。

(2)地矿企业发展状况。为了更好地对我国地矿企业进行绩效评价,需要了解我国地矿企业发展经营状况。本书对全球地矿企业发展状况以及我国地矿企业生产经营特点进行了分析,并以江西省地矿上市企业为例,对其经营绩效进行了分析,为后续研究奠定了基础。

(3)可持续发展视角下地矿企业绩效评价相关影响因素分析。本书依据可持续发展理论,结合现有的地矿企业发展状况,分析可持续发展视角下,企业外部市场环境、政策环境等因素的变化,明确企业经营目标从以往单纯追求经济效益转变为经济效益、环境效益和社会效益的协调发展,为企业绩效评价体系的重构提供了基础。

(4)可持续发展视角下地矿企业绩效评价指标体系的构建。本书基于地矿企业可持续发展相关理论和绩效评价指标体系构建的原则,结合影响因素,对"三维绩效"模型进行重新构建,尝试从经济、社会与环境绩效三个维度初步设计可持续发展视角下地矿企业绩效评价指标体系。其中,经济绩效维度包括盈利、偿债、运营和发展等能力方面的经济指标,社会绩效维度包括员工安全与就业、社会影响等指标,环境绩效维度主要通过开采与冶炼、循环利用、生态治理与管理等指标来反映,三者之间相辅相成。

(5)可持续发展视角下地矿企业绩效评价模型及实证分析。本书选取我国地矿企业有代表性的上市公司数据以及实地调研的相关资料,首先进行研究设计,包括样本选取、数据来源、变量定义、模型构建和研究假设;其次进行实证分析与检验,运用突变级数法、熵值法以及模糊综合评价法等组合评价方法进行定量分析与综合评价,对研究假设进行检验并进一步完善;最后通过实证研究得出结论并提出合理化建议。

(6) 绿色转型下的地矿企业绩效研究。为了实现可持续发展,地矿企业加快了绿色发展进程,开始了绿色低碳转型。对此,本书在以上研究基础上进一步拓展,先基于博弈视角分析政府政策和地矿企业绿色转型发展的关系,然后构建绿色转型视角下煤炭企业财务绩效综合评价体系,并选取比较有代表性的企业为研究对象实证绿色转型下的财务绩效效果,说明企业通过绿色转型获得了可持续发展。

(7) 促进地矿企业可持续发展的建议。本书依据上述研究结论,从政府与企业两个层面提出了促进地矿企业可持续发展的建议。

1.3 研究方法与技术路线

本书的研究方法主要有以下几种:

(1) 文献研究法。本书基于大量文献资料,主要通过中国知网(CNKI)查阅有关绩效评价、绿色转型和可持续发展理论的文献,并通过Wind数据库、国泰安数据库查询一些有关地矿企业上市公司的数据。这些文献和数据为本书提供了丰富的理论支持与数据资料。

(2) 规范研究与实证研究相结合法。依据规范研究方法,整理相关文献资料,厘清各影响因素及变量之间的关系,在此基础上提出问题,进行定量测度与指标体系的构建,并以相关地矿企业为例进行实证研究。

(3) 数理经济建模分析法。本书对指标分析及定量测度等环节,采用建立数理经济模型的方法进行说明和分析,并运用由突变级数法、熵值法以及模糊综合评价法等组合评价方法构建的评价指标体系进行评价。

本书的主要技术路线如图1.1所示。

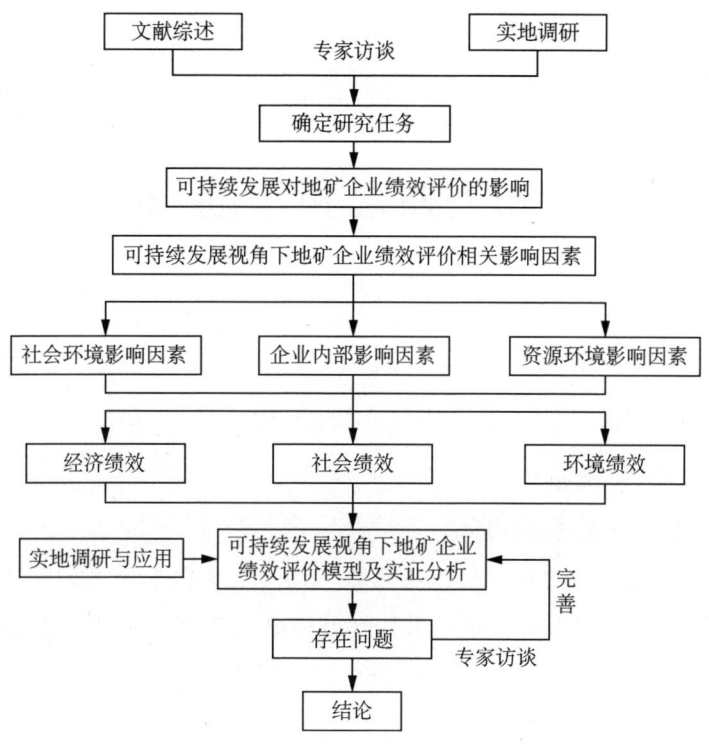

图 1.1 技术路线

1.4 拟突破的重点和难点

本书拟突破的重点：一是评价方法的选择。我们将充分了解国内外采用的评价方法，进行深入研究，找出各个方法的优缺点和异同，提出适合本书的定量化测度模型。二是绩效评价指标的筛选。我们将建立一套科学、完备、适用的指标体系，使指标定量化、动态化和科学化相结合。

本书拟突破的难点：一是对评价指标体系的选择存在困难。由于本书涉及因素较多、领域较广，加之有关地矿企业可借鉴的研究成果较少，模型的建立过程中具体指标设置困难，同时在具体运用过程中，在获取资料的全面性和精确性方面存在一定的难度。二是数据的获取和收集存在一定的障碍。本书涉及行业有着领域广泛、地点分散、地处偏僻、统计资料不全等特点，加上行业本身的特殊性，都在客观上增加了研究的难度。

2 相关概念和基础理论

2.1 可持续发展

2.1.1 可持续发展的内涵

可持续是指既符合现代人的需要,又不会对子孙后代实现社会需要造成影响(向刚,2005)。坚持可持续就是既要实现进一步发展经济社会的目的,又要维护好人们赖以生活的大气环境、淡水、海域、土壤和林木等自然资源及环境,让后代得以永续健康发展,安居乐业。可持续发展战略要求每个国家参与,并联合起来,在促进经济繁荣的同时维护地球。可持续发展的基础仍然是经济增长,但是这种发展要求在严格控制人数、改善人口素质和环境、资金永续使用的情况下,达到经济与社会的均衡成长。这一发展强调了数量的增加和质量的提高,既要整个社会的经济总量的增加,还要进一步改善经济、社会、资源和环境结构(王晗,2018)。我们可以从以下几个方面理解可持续发展。

一是共同发展。我们生活的地球是一个错综复杂的巨大体系,地球村的每个国家或地区都是这巨大体系中密不可分的子系统。该体系最根本的特点就是整体性,各子系统都不是一座孤岛,是彼此联系、相互作用的。如果某个子系统出现问题,就可能产生蝴蝶效应,威胁其他子系统的稳定性,甚至可能引起整体体系的突变。所以,可持续发展要求共同发展。

二是公平发展。世界经济的发展呈现出不同层次,这是一个长期存在的发展进程中的问题。但是,如果这种发展水平是由不平等和不公正导致并加重的,它就可能通过区域发展蔓延全球,最后威胁全球的可持续发展。

三是高效发展。平等与高效,是可持续发展的两个轮子。可持续发展所要求的效益和经济性所要求的效益是不相同的,因为可持续发展的效益既包含经济性,又包含资源、自然环境等的效益。所以,可持续发展的有效发挥是指经济发展、社会发展、自然资源有效运用,以及与环境友好关系等的有效结合。

四是多维发展。目前,世界上各个国家和地区都具有不同的文化背景,社会、经济环境,以及宗教信仰。可持续发展又是一种全球化的概念,需要同时兼顾各个国家和地区的可接受性。所以,可持续发展就需要同时保持多元化、多模式和多维选择。因此,世界各国和地区政府在制定可持续发展策略时,必须采取符合本国国情或地区条件的可持续发展的道路。

2.1.2 可持续发展的主要内容

在具体内容层面,可持续发展涉及可持续经济、生态和社会这三个领域的平衡系统,需要人们在发展中讲究效益、注重生态和谐、崇尚社区公平,最后达到人的全面发展目标。这也意味着,可持续发展尽管缘起于环境问题,但作为一种引导人们进入21世纪的新发展方式,它早已超出了简单的环境保护问题。它把环境问题和发展问题有机地融合在一起,形成了一个有关社会经济发展的全局性发展战略。

1. 经济可持续发展

可持续发展是为了促进经济发展而并非以环保之名限制发展。可持续发展更注重的不是发展的规模,而是发展的质量与效率。可持续发展还需要完全改造原来的以"高投资、高耗能、高污染"为特点的经济产出方式和社会消费模式,以达到洁净产出和文明消费方式,从而提高经济社会发展过程中的生产效率,节约资源,减少浪费。从某个角度看,我们可以认为集约型的市场经济社会发展模式正是可持续性在经济社会范畴中的具体表现。

2. 生态可持续发展

可持续发展要求经济建设和社会发展都要同自然的承受能力相互

协调,在经济蓬勃发展的同时,需要维持和提高自然生态环境,保证人们以最可持续的方法合理利用资源和降低环境成本,使人们的经济健康发展控制在地球的承受能力以内。所以,可持续发展明确了人类经济发展是有限制的,没有限制就不可能做到可持续发展。可持续发展注重保护环境,但不同于以往把环境问题和经济社会发展对立的思维方式,可持续发展通过改变社会发展模式,从人类经济发展的本源、从根本上解决环保问题。

3. 社会可持续发展

可持续发展强调社会公平是环境保护的目的。可持续发展运动认为人类在世界中的经济社会发展水平可能各有不同,它的具体对象也各有不同,因而它的实质目标应是提高人们的生活质量,改善人们的健康状况,并提供一种保证人们平等、自由、教育、人权和免受暴力的社会环境。也就是说,在整个人类的可持续发展体系中,生态可持续是基础,经济可持续是条件,社会可持续才是目的。人们所需要一起探索的是以人为本位的"自然—国民经济—人类社会"综合体系的永续、平衡、全面健康发展。

作为一个有着系统性和交叉性的学术领域,可持续发展既包含了很多的研究领域,也包含了各种角度的发展。例如,环境生态学家注重从自然环境角度理解可持续发展,认为可持续发展是不超出自然环境系统修复能力范围的人类社会的发展;经济学家注重从社会经济角度把握可持续发展,认为可持续发展是在保证环境资源能力以及其持续供给能力的情况下,将人类经济社会发展的净收益水平提高到最高限度;社会学家从人类社会视角理解可持续发展,认为可持续发展是在不超过维持自然生态体系涵容能力的情况下,尽量提高人们的生活品质;科学工作者更多从工艺技术角度把握可持续发展,将可持续发展技术理解为要建立产生最少废物的绿色方法或工艺体系。

2.1.3 可持续发展的基本思想

1. 可持续发展支持经济增长

经济社会建设既是人们生活与进步所必须的,也是经济社会发展与保护、改造自然环境的物质保证。尤其是对发展中国家来说,社会建设尤为重要。因为目前发展中国家正经受贫困与自然环境恶化的双重冲击,贫困是自然环境恶化的重要原因,自然环境恶化又加重了贫困。特别是在欠发达的国家和地区,人们应当合理选取利用能量与原材料资源的方法,力求降低损失,减少资源耗费,从而降低经济社会活动所带来的环境压力,实现更富有持续意义的经济社会增长。目前最需要解决的问题就是分析在经济发展过程中出现的这些社会问题,要站在保护环境,尤其是保护全部资本存量的立场上去纠正它们,以便使原有的经济社会增长方式逐渐向可持续发展模式转变。

2. 可持续发展以自然资源为基础,同环境承载能力相协调

可持续发展要求人与自然的平衡。可持续发展应当适当借助合理的经济措施、科技手段以及政府行政干预,降低环境资源的消耗速度,使其低于可再生速度水平。例如,建立合理的环境利益驱动体系,指导企业使用洁净技术和制造非环境污染材料,指导人们选择可持续生活模式,从而促进社会生产方式的变革。经济活动容易带来一定的环境污染和垃圾数量,而每个单位经营行为带来的垃圾总量是可能下降的。如果发展政策把环境整体系统性地考虑进去,可持续增长也是能够做到的。"一流的环境政策就是一流的经济政策"的观点也正被更多的发达国家政府所认可,它已经成为可持续发展中区别于以往的政策的一项重要标准。相反,如果处理得不当,这对环境的影响也是很大的,甚至会影响经济发展的整体效果。

3. 可持续发展以提高生活质量为目标,同社会进步相适应

一味要求经济产出的提高并没有凸显出发展的真正意义,学术界近几年来对"增长"和"发展"的争论已达成一致,"经济发展"比"经济增长"的概念更宽泛,含义更深刻。若没有使社会经济结构发生变化,没有使一个社会发展目标得到落实,就无法确认其为"发展",这就是"没有经济发展的增长"。

4. 可持续发展承认自然环境的价值

自然环境的价值,不但反映在环境对整个国民经济体系的支持与保

障上,而且反映在环境对生命支持系统的保障上,有必要将企业对环保资源的有效利用计入成本与价格当中,以进一步完善和健全国民经济核算系统。为全面体现资源的有效利用,产品价格必须全面反映三个方面成本:资源开采或资源获取的成本;与开发、收集、利用相关的环境成本,即环境净化成本和环境破坏成本;用户成本,即因为当代人利用了某一种资源而不能够被后代人利用的效益损失。产品售价应是这些成本加上利税以及流通费用的总额,由制造商和消费者负担。

2.1.4 可持续发展的基本原则

1. 公平性原则

公平是指机会选择的平等性,可持续发展的公平性原则可以分为两个重要方面:一个是指当代人的内部平等,即代内之间的横向平等;而另一个则是指代际公平性,即代际的纵向公平性。也就是说,可持续发展应符合当代人的生活基本要求,给予人们适当时间来实现其所要求的美好生活的愿望;同时,可持续发展不但要实现当代人的内部平等,还要实现当代人与未来各代人之间的平等,因为人们所赖以生存和开发的社会资源都是有限的。从伦理角度而言,未来各代人都与当代人享有同等的权利,提出自身对资源和条件的合理要求。可持续发展需要当代人在考虑自身的需要和消费情况的同时,为未来各代人的需要和消费情况承担起历史责任。

2. 持续性原则

这里的持续性,是指生态系统受某种影响后能够维持其生产力的能力。因为自然资源环境是人们赖以生存和社会发展的根本和必要条件,而自然资源的永续使用和生态系统的持久性又是保证人们经济社会可持续发展的先决条件。这就需要人类按照环境可持续性的要求改变自身的生存模式,制定资源消耗标准,并通过适当开采、合理使用资源,使可再生性功能资源能够维持自身的再生产能力,非可再生资源则不被过量耗费而且可获得替代资源的补偿,由此,环境自净能力才可得到有效保障。可持续发展的可持续性原则也在某一侧面体现了可持续发展的公平性原则。

3. 共同性原则

可持续发展关联着全球的发展。为了达到可持续发展的整体目标,必须取得全球统一的协调行动,这是由全球整体的相互依存性决定的。因此,致力于实现既尊重各自的共同利益,又维护全球环境和经济体系稳定的国际协议必不可少。正像《我们共同的未来》所写的,"今天我们最紧迫的任务也许是要说服各国,认识回到多边主义的必要性","进一步发展共同的认识和共同的责任感,是这个分裂的世界十分需要的"。这就是说,实现可持续发展是人类共同的道义和使命。

2.1.5 可持续发展的相关理论

与可持续发展有关的理论有多种,本书选择的是较为成熟的理论,主要介绍以下三种。

1. 经济学理论

经济学理论是美国学者梅多斯提出的,该理论的主要内容包括:首先,对掌握世界体系的三种主要关系,即经济关系、物质关系和社会关系进行分析,对此该理论提出,随着全球人口数量飞速增长、消费水平显著提升和生态资源过度消耗、环境污染日益严重等问题的出现,企业生产力始终达不到要求,即使科学技术有助于提高企业生产力水平,但是这种助推力有限;其次,知识水平和信息技术的提高促进社会经济不断发展,今后人类社会可持续发展的立足点就是知识经济。

2. 生态学理论

生态学理论以环境系统对可持续的需求为参考,探究经济社会在发展过程中需要遵守的生态学说中的三个客观规律:第一个规律是高效运用,该规律不仅要求对自然资源进行高效利用还要求对废弃物进行重复利用;第二个规律是和谐原理,该规律要求各个子系统之间要和睦相处、协调发展;第三个规律是自我调节,该规律要求各个子系统能自我调整且注重自我调整的持续性,不是仅改变外部环境。

3. 三种生产理论

三种生产理论将社会系统中的物质运动系统归结为三种生产活动,首先是人类生产活动,其次是物质资源生产活动,最后是生态环境生产活动。该理论认为物资能保证活动流畅进行,是人类社会实现可持续发展的最基本条件。

2.2 绿色转型

2.2.1 绿色转型的内涵

绿色转型是指以生态文明建设为龙头,以发展循环经济为基石,以绿色管理为保证,将传统经济发展模式向科学经济发展模式转变,做到各种资源利用合理、环境友好和生态化构建均衡,人、自然、社会之间和谐发展。其核心是由传统经济发展模式向科学经济发展模式过渡,即从人与自然相互背离以及将经济、社会、自然环境相互割裂的传统发展方式,向人与自然和谐共存以及经济、社会、自然环境平等发展方式转化,促使绿色经济转型内容变得更为立体化、直观化。

"绿色转型"这个术语更侧重于经济增长模式的转变,是一个动态的、系统的、复杂的概念。它着重强调环境与经济以及经济自身的平衡发展。我们主要可从两个方面考虑绿色转型:一是战略转型,绿色转型首先应该体现在发展战略上,是对传统发展模式的变革;二是转型的绿色化,即创新性地追求可持续增长(孙凌宇,2012)。应认识到绿色转型就是发展,是更强劲的、均衡的和长远的经济发展。这种以变革和技术创新为动力的绿色转型发展,最终目的是实现社会经济发展与资源环保的和谐互动,实现社会的包容与和谐,提升中国的整体形象以及区域和全球的竞争力。

绿色发展是绿色转型的主要目的。俞海(2015)认为促进环保企业发展的动力有三:一是推动力,对经济发展实施从严从紧的环保管理;二是拉动力,对绿色企业转型予以鼓励与指导;三是行动力,提升经济体自身的绿色转型能力。三者的合一,形成了绿色经济发展的总驱动力。绿色发展是实现经济社会发展的途径、措施与方法,其内容不但包括了经济社会发展途径,还同时涉及了经济结构、经济运行能力、经济效益、收入分配、环境治理、城镇化程度、工业化发展和工业现代化程度等一系列有关经济与社会发展综合领域方面的科技进步信息。而绿色转型则是传统的、老的经济增长模式向现代的、新型的经济发展模式转型,即经济增长模式的转变,以及与经济部门相关的社会领域的绩效和福利的生成机制的转型。

2.2.2 绿色转型的重要特点

绿色转型的核心思想就是环境转型和经济转型。通过国际比较可发现,中国的绿色转型具有以下几个重要特点。

1. 绿色转型的两个支点论

绿色发展的宗旨是实现人类经济社会福利水平与生态环保综合承载能力的双提高,强调统筹人类经济社会发展和生态环境发展,以科学技术创新,特别是环保创新为驱动,以国家绿色制度体系的建立为基础,促进社会产业结构的绿色转变与能源使用模式的转换,以达到社会经济增长和生态环保双赢。

2. 绿色转型的多个面向论

绿色转型的对象是多方位的,既有政府,又有企业,还有公众。首先,绿色转型的重点和难点都在企业。目前,企业在绿色转型过程中的功能和动力没有被发挥出来,因为大多数企业在经营潜意识中,依然认为绿色发展是投入,没有将绿色转型作为新的商业机会,使得中国中小企业的主体作用无法充分发挥,这不但影响了绿色准则的制定,也同时约束了绿色准则的贯彻执行。在地方政府层面上,要把绿色转型、生态环境保护纳入领导任用体制,而不仅仅是干部的考评体系。提高领导干部的绿色领导力,将提升其在重大经济项目中的决策能力。最后,在培育公众绿色意识方面,倡导公众的绿色消费行为至关重要,有利于加强民间环保组织的能力建设。

2.2.3 绿色转型的总体目标

人类社会的发展经历了原始文明、农业文明、工业文明,正迈向生态文明。从长达几千年的"碳经济"向注重人与自然和谐发展的"善经济"转型,这是人类在痛定思痛之后的一次理性自觉。目前西方发达国家都已经进入工业文明发展的后期,而中国和其他发展中国家还处于向工业文明发展的过程中。绿色转型的总体目标是以改善需求结构、优化产业结构、建设生态文明、促进区域协调发展、推进新型城镇化建设为重点，以生态文明来建设"美丽中国"。

具体来说，中国绿色转型的总体目标主要包括以下五个方面。

1. 推动企业的绿色转型

绿色企业作为绿色市场经济运行与发展的主体，是绿色经济发展的内在要求。要加速引导企业实现可持续发展，通过构建现代循环经济发展模式，对企业整体进行绿色节能流程改造，将企业环境责任和社会责任纳入企业经营管理全过程，推行环保经营策略，将环境质量或环境安全作为企业经营目标的最高核心和关键。

2. 推动产业的绿色转型

产业结构转型升级和生态化相互协调与综合提升，是21世纪世界产业革命和产业调整的根本目标。政府应通过严格的环保标准和激励政策，推动产业转型升级。

3. 推动技术的绿色转型

企业应建立绿色技术创新体系。绿色技术创新（也称生态技术创新）是技术创新的一种，它是以保护环境为目标，基于管理创新和技术创新，通过现代科技的生态化，研究开发绿色产品所进行的生产要素重新组合，形成清洁、无废物污染的生产技术系统，是转化绿色产品或绿色工艺的全过程（姜艳生，2007）。绿色创新技术主要包括以下三个类别：一是可持续性工艺技术创新，即绿色生态工序技术；二是可持续性设备技术创新，即绿色设备技术创新；三是可持续性产业创新，即绿色生态产业创新。绿色技术创新是现代科技进步与创新的新方向，是推动绿色转型的根本途径。

4. 建立绿色的市场机制

绿色转型需要创新市场机制，把过去以市场经济方式为引导的社会主义市场经济转变成以生态规律为指导的社会主义市场经济，使之成为遵循生态学规律的现代市场经济体制机制。绿色制度创新的实质是建立与绿色经济发展相适应的现代市场经济制度。只有建立绿色市场经济制度，才能真正走出一条具有中国特色的绿色经济发展之路。绿色市场运行机制创新,关键在于寻求经济发展和生态环境相互适应与协调发展的内在机制,重点涉及绿化经济运行目标机理、绿色经济动力机制、绿色生态经济要素优化配置机制、绿色经济激励机制、绿色经济保障机制、绿化经济决策机制以及绿色经济协同机制等。

5. 倡导绿色的文化环境

绿色文化是指人类与自然和谐相处,促进社会可持续发展的文明,是人类在思想观念上的一场巨大革命。古老的工业文明就是以牺牲环境为代价得到发展的,绿色文化就是对它的反思与超越,表达出人类对自然规律的敬畏和回归,也是新时代中国经济文化的应有之义。开展环保教育有利于增强民众的生态环保意识,培养民众的环保素质与品德,带动民众参与各界的环境保护活动,营造人与经济、环境、社会相协调的氛围。目前,在经济、环境、社会相协调的相关政策法规,以及人们的环境保护意识上,都存在认识问题,所谓"面由心生",绿色的文化环境培育出绿色的人文思想,这才是实现绿色转型的精神动力。总而言之,就是要将绿色文化工程建设贯穿物质文明建设、民族精神文明发展、生态文明和政治文明制度发展建设。

2.2.4 绿色转型的相关理论

为改善人们的生活条件,推动全人类共同成长,2012年联合国可持续发展大会提出以建设绿色经济为主旨,确定了当今世界经济发展向绿色经济转型的发展趋势,绿色经济和绿色发展建设已成为全球的广泛认知。绿色转型是我国经济发展策略改革的主要内容,涉及以下几个方面:生产要素与投资结构变革、排放结构变革、产业结构变革、区域结构变革、市场需求结构变革、分配结构变革、政策制度形式变革,以及整个社会经济体制组织形式变革。学者李佐军(2012)认为,绿色生态经济发展考核指标主要由减排能力、增绿能力、资金节约水平、资源结构调整水平以及竞争力的增强水平等多种指数组成,其中竞争力直接影响了绿色经济转型的程度。

绿色转型包括了绿色经济、循环经济、低碳经济以及生态经济等的基础概念,这是研究绿色转型的理论基础。绿色转型是对这些不同的经济增长方式的具体实现与基本要求,绿色经济是绿色转型的目标,绿色转型则是绿色经济的具体表现,而生态经济则是绿色转型的方向。

1. 绿色经济

绿色经济需要人类和环境相互和谐,以彰显可持续发展的宗旨。环保经济是以市场经济为主导、以传统产业发展为根本、以实现经济发展与环境保护相平衡为目的而发展出来的一个新型的发展形态,是工业发展为满足人类环保与健康需求而形成的。其把环境保护科技、清洁生产工艺及许多有利于环保的科学技术转变为生产力,或通过开展有利于环保的与自然无冲突的投资活动,实现经济的可持续增长。绿色发展理论,是为了构建"绿色设计、绿色生产、绿色消费"的体系,强调质量效益和内部结构优化。

发展绿色经济必须更多地寻求经济质量的改善,不能单纯地要求经济总量的提高,经济质量一般用污染程度降低、资源利用效率提高等指标标识。对生产者而言,经营质量的改善常通过绿色生产完成,绿色生产即企业在产品生产过程中通过模仿自然系统内部的完整工业生产循环流程,通过不断开发新技术、以达到在产品生产过程中的低消耗、少排放和低污染。绿色生产分为绿色产品设计、绿色工艺生产和绿色治理三个环节。企业首先要做好绿色产品设计工作,在整个产品生命周期内优先考虑产品的环保属性,既考虑产品的特性、品质和生产成本,又兼顾对产品的回收、再利用和最后处理。绿色工艺生产即按照生态发展规律,合理使用环境资源和保证工业生产过程的清洁的生产工艺,它不但要求在工业生产过程中对输入的原物料和能源获得最大限度的使用,同时要求污染的废水对自然界和人体都无害,并容易分解。所谓绿色治理即采取相应措施根除环境污染,对废弃物加以资源性开发与利用,在企业内部互利协作下,把对方的废物重新用作生产原料或能源。

2. 循环经济

发展循环经济,是实现节约减碳、构建资源节约型和环境友好型社会的基本路径。循环经济运行是基于自然资源管理理论、环境经济学理论等,从人类经济社会实践中所归纳出来的一种经济增长模式。循环经济运行的基本模式是通过转变经济系统中物资的运动方式,在人类社会生产的各个环节进行减量化、再循环和无害化处理,提倡可持续发展。广义的循环经济理论在较大程度上将减物质化和非物质化视为同一个经济发展方向,通过代际正义真正实现可持续发展。循环经济的基本原则,即减量化原则、再利用原则、再循环原则。减量化原则属于输入端技术,是为了尽量减少投入制造和消费的物质量,从根源上节约资源使用和降低废物排放量。再利用原则属于过程性技术,是指物品反复使用或修理、改造后继续利用,从而延长物品的使用生命周期,避免物品过早变成废弃物,进而降低制造这些物品需要的各种投资。再循环原则属于输出端技术,要求产品在完成其使用功能后可回收和综合利用,并将废弃物转变为再生资源。而循环经济的基础是建立"资源→产品→再生资源"的产出与消费模式,以降低废物排放,从而实现产品的循环使用与废弃物循环利用。

循环经济采用了全新的资源观、生产观、居民消费观和价值观,以减量化、再利用、循环再造为基本方式,集中处理生活垃圾,推动资源再生,以促进经济社会增长和劳动就业。循环经济通过延伸产业链条拓展了环境保护产业的发展空间,包括在工业领域中开展清洁生产、节约资源能源活动,在生活领域中健全能源利用制度,在能源循环使用活动中完善废物利用工艺,提升资源利用率,在城市重点强化污染整治技术,提升处理处置水平,在农业方面开发利用生物质能等。

3. 低碳经济

低碳经济理念来源于西方发达国家。2003年发表的白皮书《我们能源的未来:创建低碳经济》让英国成为全球第一个明确提出低碳经济理念的国家。2007年9月8日,中国政府在亚太经合组织第十五届领导人大会上郑重提交了四项建议,当中就包含"发展低碳经济"。联合国环境规划署将2008年6月5日世界环境日的主题确立为"转变传统观念,推行低碳经济",并表示发展低碳经济已变成21世纪以来全球经济社会增长的主要发展趋势。

低碳经济理论是建立在大自然法则基石上的经济理论。它按照自然界事物循环系统,特别是碳循环系统与碳均衡的基本原理,计算了各类公共工程建设与商业活动的碳排放量和碳预算支出,并且通过衍生商品市场机制与"京都机制"使碳排放权能够自主交易。低碳经济是指以低消耗、低环境污染、低排放量为基础的经济运行方式,是人类社会继农耕文明、工业文明以后的又一个重要进步阶段。低碳经济的实质是高能源利用效率与洁净能源结构问题,核心内容是资源技术创新、制度创新与落实科学发展观、建设资源节约型与环境友好型社会。总之,低碳经济指的是在发展中排放尽量少的温室气体,以达到一个国家经济社会中最高的生产率。

4. 生态经济

早在 20 世纪 60 年代,鲍尔丁就创立了"生态经济学"的理论,指出生态经济学是一种试图摆脱社会存在的环境和经济发展困境的新型发展理论。现在生态经济学领域已发展成一种研究自然界生态系统与经济活动的相互作用,并探讨生态经济复合体系发展规律的理论。生态经济要求经营理性和环境理性有机地结合,生产消费、生活方式和生态有机地结合,经济收益最大化目标和社会发展可持续目标有机地结合。所以,生态经济理论主张所有生产消费与废弃资源利用的整个过程都应该与自然界一样封闭循环,最后要实现物资的零输入、废水的零排放和能量守恒,并主张既要确保生产经营活动的顺利开展,也要实现环保清洁与生态平衡。

总之,尽管循环经济、绿色经济、低碳经济和生态经济的理论内容不同,侧重点也不一样,但其核心都是对环境的保护或治理,都是为了人类社会与自然环境的和谐发展,这与绿色转型的基本理念是一致的。

2.2.5 绿色转型评价指标体系及其理论方法

自 20 世纪 90 时代起,联合国环境规划署和世界银行、亚太经济合作组织、联合国统计委员会等国际机构陆续开展了绿色财富、绿色增长、绿色 GDP 核算等有关研究,在科学定义了绿色经济类型的理论基础上,构建了一系列模型和模拟分析,对绿色经济的贡献与发展潜力作分析,但一直未能确立系统的科学分析方法。北京师范大学的科学发展观与经济可持续发展研究基地等单位发布《2010中国绿色发展指数年度报告》,通过研究"城市绿色发展公众满意度调查表"及"绿色发展体检表"等,充分、真实地评估了国内各省市(自治区、地级市)及三十多个重点大中城市的绿色发展情况;剧宇宏(2009)从横向视角对区域绿色生态经济社会蓬勃发展做出案例论述,从纵向视角对企业绿色生态经济社会蓬勃发展作出实证研究,在此基础上明确提出"我国绿色经济发展任重道远,绿色经济是经济可持续发展保障"的看法;李佐军(2012)把绿色转型与绿色发展紧密联系在一起展开探讨,把绿色转型归纳为投资、排放、生产、区域、需求、分配、目标和机制的结构转型,并系统分析了国内绿色经济发展与八大转变的相互关联,把中国绿色转型评价指标总结为减排能力、增绿能力、资源节省能力、资源利用结构优化才能、竞争力增强能力等五大主要方面,突出了竞争力增强对中国绿色经济社会蓬勃发展的重要意义;另外,辜胜阻(2013)等还以经济学理论为支撑,分别从创新战略、经济转型、金融变革、城市化和社会改革发展等几个方面,对中国经济社会的快速发展方式转型和建设绿色经济、创新驱动新动力等重大问题进行了详尽的理论阐述,并研究了怎样通过社会主义市场经济改革与政策调整"两只手"的合力,促使中国经济社会快速发展,走上创新驱动、内生增长的路线,并提出了城镇化与工业化、信息化与农村现代化共同统筹发展的策略。

2.3 企业绩效评价

2.3.1 企业绩效评价的概念

对于如何提高企业经营绩效,学者们并未完全达成一致的研究共识,观点不尽相同。随着对企业绩效研究的不断深入,学者们对它的认识大致经历了从强调结果到强调过程,再到强调两者结合的过程。本部分内容将按照这一逻辑总结学者们的观点,对企业绩效的相关定义进行梳理。

第一类观点强调的是企业的最终产出结果。管理学者彼得·德鲁克认为,绩效就是企业产出的直接成果。还有的专家学者认为,企业绩效考核是一种围绕一个企业设定目标值而展开工作管理的结果(苏武康,2003;蒋跃进、梁樑,2004)。姚树荣(2003)认为,企业经营绩效和公司经营绩效这两者在管理内涵和本质外延上并没有本质区别,它们都直接反映了一家公司在其生产和经营管理各种活动中所能够获得的某种成就或效果。魏蒙等(2017)认为,企业经营绩效本身就是经营管理者任职期内要达到的企业经营目标,并对其进行合理的人力资源配置,最终充分发挥整个企业各种人力资源的综合成果。

第二类观点主要关注的是企业员工绩效的实践过程。其中,Campbell(1990)认为多种环境因素会直接影响结果本身,而企业绩效管理是一个能够被观察和看到的基本过程,是企业引导员工积极实践绩效行动的表现。因此,从这一类观点的角度来看,企业绩效管理应当仅是一种行为。企业绩效与行为的结果是两个不同的基本概念,需要把它们严格地区分开。

第三类观点则认为企业绩效是企业经营过程和经营结果的统一(王洪盾,2020)。很多学者都认同此观点,如 Brumbrach(1988)、赵兴(2015)和杜昱锦(2017)等。Brumbrach指出,行为激励是一个企业要求员工在需要完成特定任务时所需要付出的一种行动,它是企业实现结果的手段和桥梁。他还分析认为企业行为和结果管理是可以完全区分开来的,因此我国企业内部绩效考核应该完全囊括企业行为和结果这两个主要方面。赵兴指出,企业经营绩效指标代表了一家企业在很长一段时间内的企业整体经营表现,包括企业生产、销售、管理和财务等各个方面绩效,决定了该企业的长期发展战略方向。

2.3.2 企业绩效评价的基础理论

企业绩效评价理论研究主要围绕企业绩效、竞争战略优势机制来自何处的两大关键问题展开。企业绩效评价理论主要分为企业竞争优势外生论和企业竞争优势内生论,并基于此不断细化、丰富和发展。基于相关文献资料研究,现对我国企业绩效评价理论研究发展脉络和知识结构进行整理分析,如图2.1所示。

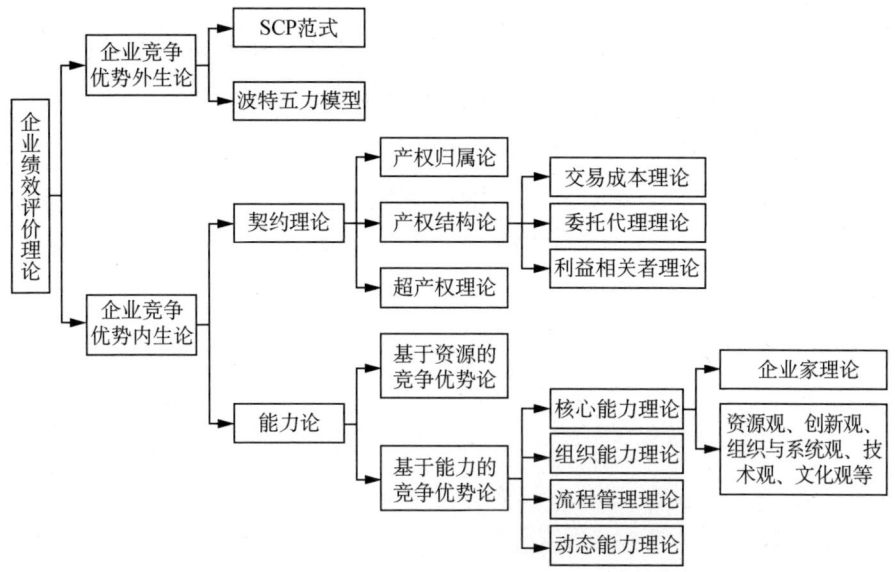

图 2.1　企业绩效评价理论发展脉络和知识结构

本书主要重点介绍基于产权结构论的交易成本理论、委托代理理论和利益相关者理论三大理论，另加可持续发展背景下的三重底线理论。

1. 交易成本理论

1）概念

交易成本，又称企业交易费用，是用来泛指企业交易过程中所有可能直接产生的实际交易成本。交易成本的主要形式包括搜寻成本、信息成本、议价成本、决策成本、监督成本、违约成本、事前事后的交易成本。交易成本理论指出企业实际交易成本的变动是企业经营组织性和行为模式发生重大变动的主要原因。

2）交易成本经济学的行为假定

交易成本是在新的人性假设基础上来研究合约行为问题的。有限理性和机会主义行为导致了交易成本的产生。

（1）有限理性是指"主观上追求理性，但客观上只能有限地做到"的一种契约行为处理形式，是一种对获取、存储、处理事前交易契约信息的有限认知能力状况。在完全理性假定下，交易双方具有能力可以进行事前缔约,因此交易都会通过完备的事前交易契约得到保障;在有限理性的基本假定下,交易双方会在交易合同中明确订立如何采取有效措施应对偶然或者突发事件,致使交易成本增加。

(2)机会主义行为是指以不诚实或者欺诈的交易手段寻求经济自利的行为。这种机会主义交易产生的根本原因主要是交易信息不对称或信息不真实,是交易双方为了增加自己的经济利益而违背原则的一种行为。假定一方存在某种机会主义行为,则交易双方可通过各种承诺、信任及相互间的适应达到协调的交易目的,有效防范与规避机会主义行为。

3) 交易成本的决定因素

交易成本的决定因素包括资产专用性、交易的不确定性和交易的频率。

(1)资产专用性是指一项资产可以被调配或直接用于其他企业生产管理用途的程度,或由其他人使用但不会对该资产造成任何损失的程度。资产专用性可细分为:地点专用性、有形资产用途专用性、人力资本专用性、奉献性资产专用性和品牌资产专用性等。

(2)交易的不确定性被认为是引起有限理性的主要原因,这种不确定性分为内生不确定性和外生不确定性两类:内生不确定性是由信息不对称间接引起的交易不确定性;外生不确定性是自然的随机因素不断变化和消费者偏好的不可预料的变化所带来的不确定性。此外,还存在行为的交易不确定性。

(3)交易的频率不影响交易成本绝对值,只影响我们进行市场交易的各种方式的相对成本。交易的频率与相对成本呈线性相关,交易频率越高,相对管理成本与议价成本越高。

2. 委托代理理论

1) 概念

委托代理理论一直以来是我国现代民营企业经营绩效评价的重要理论研究基础。在许多现代化民营企业中,由于所有权与经营权的两权分离,所有者与经营者之间就必然产生委托代理关系,经营者为受托方或代理人,股东为委托方。在委托代理关系中,委托人追求的是自身利益最大化,而代理人所追求的则是通过自己的努力从委托方获取的各种基本工资或津贴的收入,这容易导致两者存在利益冲突,代理人很可能在追求自身经济利益时损害委托人的利益。为了使两者利益都得到保障,企业可以建立有效的业绩考核体系,通过一些代表企业财务状况及经营成果的指标来反映和评价企业经营者业绩,根据评价结果对经营者实施薪酬奖励或惩罚。这种考核体系不仅能够有效促使委托人和代理人自身经济利益一致,还可以促使代理人努力实现委托人利益最大化。

2) 委托代理理论研究的基本问题

委托代理理论主要用于解决委托人与代理人期望目标不一致的实际情形下的问题。委托人强烈期望代理人根据委托人无法知道的代理信息为委托人提供未知的信息而采取行动,即怎样在代理信息不对称和委托双方整体利益非一致化的情况下有效解决成本问题和收益问题。委托人期望通过最小的代理成本促使代理人按照契约约定达成委托人的利益目标。其基本路径意义在于:在利益相冲突和信息不对称场域中,要想真正实现自身利益最大化,就要设计一套合理的契约来有效激励代理人积极主动按照最优契约采取行动。同时,委托人还需要通过设计严密的负向监督机制体系来有效约束委托代理人,从而约束代理人在最优契约执行过程中产生的违约行为。委托人通过正向激励与负向监督约束机制来促使代理人按照最优契约认真切实履行责任,使自身利益最大化。

3) 不同对象之间的委托代理关系

(1) 股东与经理人之间的委托代理问题。Bergle 等(2005)在《现代公司与私有财产》一书中明确提到,随着资本的极度集中,资本实力雄厚的上市公司也越来越多,然而公司业务的迅速增长导致股权开始分散,原所有者难以持有多数公司股权,这为经营管理公司内部日常事务的公司经理人"篡夺"公司实权提供了有利条件,而经理人的基本利益与公司股东的实际利益并不一定能够保持一致。经理人与股东间存在利益冲突的这种论述被普遍认为是委托代理理论的发端。Jensen 等(1976)提出,委托代理问题必然会产生代理成本,股权的分散致使股东无法集中行权达成一致意见,无法对企业决策和经理人监督产生有效影响,从而拥有控制权的管理者会暴露于监管缺位的风险。经理人与股东拥有不同的利益最大化目标,在缺乏有效监督的情况下,激进的经理人通常存在在职消费、享乐主义的主观动机,会为了掌握更多资源而过度投资;而保守的经理人则会出于自身职位安全性和职业发展的考虑,避免投资风险高、周期较长而且有利于公司长远发展的项目,造成公司经营的短视行为。

(2)控股股东与中小股东之间的委托代理问题。控股股东(即大股东)与中小股东之间的代理冲突问题主要源于股权的高度集中。随着对股东与经理人委托代理关系研究的深入,大量的研究发现股权集中是在世界范围内普遍存在的现象。大股东积极地参与公司治理,对公司经营管理产生重要影响。Porta 等(2001)先后研究了 27 个发达新兴市场的上市公司股权结构,发现除了投资者基本权益保护较为完善的经济体,其余经济体的公司股权结构集中化程度普遍较高,而且大量的公司被实际控制人采用金字塔式股权结构所把持。这与 Bergle 和 Means 所述的股权分散恰恰相反。

股权结构的不同导致不同利益主体之间利益关系发生变化,公司代理问题的重点也发生变化。当公司存在控股股东时,企业的主体经营决策权和财权将受制于控股股东。控股股东对经理人施以制衡,从而有效减缓控股股东与经理人之间的利益冲突。但大股东与小股东之间的代理关系赋予了大股东极大的控制权。一方面,大股东可以通过股东大会、董事会影响公司的治理决策;另一方面,大股东可以打破同股同权假设,直接通过金字塔结构或者交叉持股等方式,将公司控制权与现金流权予以分离,利用这种方式来追求自我利益最大化。由于投票权占比较小,中小股东无法对企业的经营决策产生实质性影响,只好任由大股东摆布。因而,在股权集中的治理环境中,公司治理的核心就转变为如何监管和减少大股东的利益侵占,缓解大股东与中小股东之间的利益冲突。

3. 利益相关者理论

1）概念

利益相关者理论于20世纪60年代在西方发达国家逐步发展成熟，该理论使得企业绩效评价理论更为完整和系统。利益相关者理论的核心观点是：任何企业都一定包含众多利益相关者，比如企业的股东、债权人、员工、供应商、客户，以及合作伙伴。利益相关者理论立足的关键之处在于：它认为随着时代的发展，物质所有者在公司中地位呈逐渐弱化的趋势。也就是说，利益相关者理论强烈地质疑"公司是由持有该公司普通股的个人和机构所有"的传统核心概念。

2）利益相关者分类

企业的经济利益相关者行为主体主要包括企业股东、债权人、企业内部员工、供应商、客户等，而其他的社会主体环境，比如社会公众以及其他社会团体，还有一些外部环境以及其他媒体，也可以对一个企业或者组织的各种活动产生直接或者间接的影响。那么企业如何正确进行企业利益相关者的有效利益分类？目前国际学术界大体上有两种观点，分别是多锥细分法和米切尔评分法。

（1）多锥细分法。Freeman(1951)认为，不同利益相关者所拥有的利益资源也不同，进而对于企业的利益影响也可能会不同。基于此，他将利益相关者进行了以下三个方面的分类：①公司内部的董事会成员以及经理，他们持有公司内部发行的股票，被称为所有权利益相关者。②公司的内部员工、债权人以及内部服务机构、其他供应商、公司所在社区以及内部监督管理机构或者政府部门，他们都是与公司内部有密切经济往来的特殊团体或个人，被称为公司经济依赖性利益相关者。③其他一些群体，诸如地方政府机关、媒体等特殊利益群体，他们与公司在经济利益上有着较为密切的经济往来，被称为社会利益相关者。

Frederick(1999)则从另外一个角度给出了经济主体的划分，即从其对企业产生影响的方式来进行划分，将交易主体细分为直接利益相关者和间接利益相关者。直接利益相关者一般是指与企业发生直接市场交易关系的利益相关者，包括股东、顾客和其他员工等；间接利益相关者主要是与企业之间发生非市场关系的利益相关者,如各级政府、社区和社会团体组织等。

(2) 米切尔评分法。该判定方法是在 1997 年年初被首次提出的。该方法的新颖之处在于将企业利益相关者的判定和分类有机地结合起来。首先,企业的利益相关者必须具备一定的企业属性,即为"合法性、权力性以及紧迫性"。那么根据这三种属性,对利益相关者进行划分,按照分值来进行判定,有三种类型:①同时拥有合法性、权力性和紧迫性,即确定型利益相关者。他们是企业首要关注和密切联系的对象,包括股东、员工和顾客。②有三种属性中任意两种,即预期型利益相关者,包括拥有合法性和权利性的群体(如投资者、员工和政府部门等)、拥有合法性和紧迫性的群体(如媒体、社会组织等)、拥有紧迫性和权力性的群体(如激进的社会分子)。③只具备三种属性中的其中一种,即潜在型利益相关者。

国内有关研究者也对分类依据进行了多项研究,并给出了划分标准。万建华(1998)、李心合(2001)从利益相关者的合作性与威胁性两个方面入手,将利益相关者分为四个不同层次:支持型利益相关者、混合型利益相关者、不支持型利益相关者以及边缘利益相关者。陈宏辉(2003)则对此持不同看法,认为应当从利益相关者的三种属性出发,将利益相关者分为核心利益相关者、蛰伏利益相关者和边缘利益相关者三种类型。综上所述,利益相关者的具体划分标准总结如表 2.1 所示。

表 2.1 利益相关者划分标准

划分标准	分类	研究者	年份
群体是否对企业生存有影响	利益相关者	Stanford University	1963
	非利益相关者		
影响企业目标或被影响的个人或群体	当地社区、政府部门、环境保护主义者、竞争者等	R. Edward Freeman	1984
与企业是否存在交易性合作关系	契约型利益相关者	R. Edward Freeman, John Evans	1990
	参与型利益相关者		

(续表)

划分标准	分类	研究者	年份
目前是否与企业有实质关系	现实的利益相关者	Starick	1994
	潜在的利益相关者		
在企业经营活动中承担的风险种类	自愿利益相关者	Clarkson Principles	1994
	非自愿利益相关者		
群体与企业联系的紧密性	首要的利益相关者		
	次要的利益相关者		
是否具备合法性、权力性以及紧迫性	确定型利益相关者	Mitchell, Agle, Wood	1997
	预期型利益相关者		
	潜在型利益相关者		
与企业发生联系的社会性与紧密性	首要社会性利益相关者	Wheeler	1998
	次要社会性利益相关者		
	首要非社会性利益相关者		
	次要非社会性利益相关者		
合作性与威胁性	支持型利益相关者	万建华	1998
	混合型利益相关者		
	不支持型利益相关者	李心合	2001
	边缘利益相关者		
主动性、重要性和紧急性	核心利益相关者	陈宏辉	2003
	蛰伏利益相关者		
	边缘利益相关者		

3）相关理论

（1）企业剩余资本是利益相关者投入的资本。企业内部剩余的资本不仅有企业股东直接投入的权益资本，还有企业经营者和一般员工的人力资本、债权人投入的企业债务资本等，因此按照"谁贡献，谁受益"的原则，所有利益相关者都有权利参与企业剩余收益索取权的分配。

（2）企业风险由各利益相关者共同承担。随着物质资本社会化以及市场化程度的不断提高和人力资本专用性的不断增强，人力资本所有者承担着比物质资本所有者更大的风险。所以无论是物质资本所有者还是人力资本所有者都应参与企业控制权的分配，通过维护权益，免除遭受他人不法侵害,从而达到长期有效合作的目的。在现代市场经济条件下,企业与各利益相关者保持长期合作是企业发展的一种基本模式和重要基础。

(3) 在现代经济社会中,绝大多数资本所有者是小股东,是市场上的寻利者。真正维护企业的健康生存和持续发展利益的,是与企业权益利害关系更为密切的公司管理层和广大职工。公司治理结构不能只是局限于调节广大股东和其他管理层之间的利益关系,还应善于协调好其他各种利益相关者之间的关系。利益相关者作为公司参与者,对公司治理结构有着十分重要的主导作用,既有助于企业形成有效的内部运作机制,降低企业的成本,也有助于激励利益相关者为企业可持续发展做长期性的投入,防止企业短期化治理行为。

4. 三重底线理论

1) 概念

三重底线理论是英国学者 John Elkington 提出的,人们将其称为"三重盈余"模式。该学者认为,企业在不断发展的过程中,除了应高度关注自身经济利益,还应高度重视企业行为对社会和生态环境的影响。如果不严格遵守这三条发展底线,就不可能促进可持续发展。因此,企业在进行绩效评价时,也应囊括这三个方面因素。

2) 三重底线理论的三个层面

(1) 经济底线。经济底线也就是传统的公司关注的企业经营活动对股票价值的影响。虽然每个大型企业都应该追求公司财务长期盈利,但三重底线要求企业将其视为公司商业经营计划的一部分。追求可持续发展的企业也应该看到"利润"与"社会"或"生态环境"之间有着不可分割的密切联系。例如,对全球性公司而言,改变运营以最大限度地降低风险和应对气候变化需要大量的时间和金钱。但可持续发展的前期战略投资可以为其带来长期回报。企业必须汇聚环境科学、会计和经济学以及领导技能各个方面的人才,制定可持续发展的长期战略实施计划。三重底线的主要价值测量标准包含公司规模、缴纳税额、收入和利润等经济指标。

(2) 社会底线。企业作为市场主体具有法人资格,应当严格遵守企业相应的社会道德规范,不断履行其社会道德责任,从而达到改善企业经营发展过程中各方面之间关系的目的。企业应当承担的社会道德责任主要可以细分为：一是对员工的责任,主要承担员工的薪酬待遇、福利等,保障员工的正常权利；二是对政府的责任；三是对消费者的责任,为顾客提供合格的产品；四是对商业伙伴的责任,主要是诚信经营、公平竞争、抵制商业贿赂等；五是对社会公众的责任,按照社会公德的相关要求,开展相应的慈善公益事业。社会底线的主要测量标准有就业率、社会责任、供应商和客户评价等指标。

（3）生态环境底线。在对企业当年综合经营绩效进行评价时,还应当首先充分考虑其生态绩效,主要评价指标包括资源利用效率、节约能源情况、环境污染程度等。良好的企业生态环境质量是保证企业实现可持续发展的重要基础,因为良好的生态环境为企业的持续发展提供了必要条件,所以在进行企业综合绩效考核评估时,生态环境质量应被企业视为重要的影响因素。生态环境底线的主要测量标准有温室气体排放量、用水量和碳足迹量等指标。

三重底线的构成如图 2.2 所示。

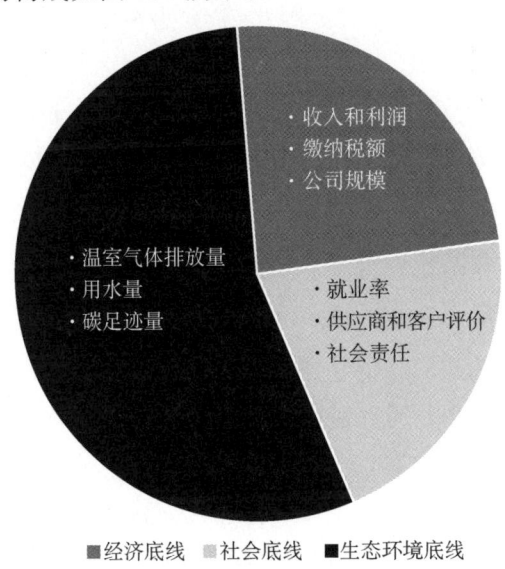

图 2.2 三重底线的构成

经济、社会和生态环境往往是相互关联的,而不是孤立的。在很大程度上,这三条底线也都具有非常积极的利益关系。也就是说,公司对整个社会和生态环境的投资,如承担社会责任、减少碳排放等会通过其他各种形式给公司自身带来更多利润,这些利润的不断增长往往能够有效弥补生态投资可能带来的经济成本。利润增长将反过来刺激公司对社会和生态环境进行更大的投资。如果一个企业自身想要实现可持续发展,就必须努力使三条底线取得一定的平衡,从而使整个企业自身最终获得长期的社会经济效益、持久的市场竞争力和优势。

3) 三重底线理论的特征

(1) 多重身份。企业的本质就是多重属性的"社会生态经济人",经济利益不再只是企业的唯一性追求,企业在追求生存和持续发展的整个过程中还依然需要注意保护环境,为社会公众谋福利,体现企业的经济功能、环境功能和社会功能。

(2) 多重资本。企业在日常生产以及经营管理过程中对企业财务资本、人力资本、生态资本、社会资本等都有一定程度的消耗,为实现可持续发展,理应做出相应的补偿。因此,企业重视财务资本利用的同时,还应当重点关注人力资本、生态资本和社会资本。

(3) 多重目标。盈利不是企业的唯一目标,企业的目标包含经济、社会和生态环境三个方面,即在生产经营过程中积极认真履行经济责任、社会责任和生态环境保护责任,为促进企业经营盈利、促进社会公众福祉发展和生态环境权益保护作贡献。

(4) 多重内容。三重绩效评价包括经济绩效、社会绩效和生态环境绩效三个方面的内容,它们分别是企业赖以生存和持续发展的经济支柱。经济绩效考察企业对经济财富的创造,社会绩效考察企业对其他利益相关者责任履行的效果,生态环境绩效考察企业对生态环境的保护和对资源的利用。

(5) 多重公平。企业要想实现经济可持续发展就离不开各方及其利益相关者的共同努力。可持续发展的理念涉及人类(包括政府、企业、消费者等)与非人类(包括资源、环境等),还有当代人与后代人等的广泛利益。很多企业为此提供了一个平台,这个平台跨越时间和空间的距离,汇聚包括人类和非人类、当代人和后代人在内的利益相关者,这些利益相关者之间应该是平等的关系,企业也就需要公平公正地对待这些利益相关者。

2.3.3 企业绩效评价方法

1. 关键绩效指标

1) 概念

关键绩效指标(key performance indicator, KPI)是指一系列具有可操作性的战术指标,并且是在宏观的企业大目标下的可执行的小目标。一个企业管理组织在制定宏观企业战略目标下,由高层主管和总经理们经过层层设计细化和多次量化进行分解后就会产生各种KPI。而在进行KPI绩效目标管理时,企业要规定定性、定量各种关键参数,包括企业流程内部的各种输入端、输出端。设置好这些后,企业还要对整个企业的各种统计数据定期进行分析取样,通过数字计算机和人工智能计算,分析这些有关KPI的有效执行性和落实情况。其核心思想是将各系统部门目标和单个业务目标分解为能够运行的远景目标的工具,并量化可行的业务管理目标。

2) 作用与意义

KPI在政府绩效考核过程中的指导作用主要是:第一,明确部门或个人的基本绩效管理指标,明确的依据是组织的目标计划;第二,对实现组织绩效改进目标的各个过程时刻进行高度关注;第三,某个领域需要进行改进时能够及时发现,并与相关部门或个人进行反馈活动;第四,利用KPI进行绩效评价。

建立战略导向的KPI体系,具有以下重要意义:第一,KPI体系不仅是一种约束公司员工行为的管理制度,还能够引领公司战略发展方向;第二,通过对企业战略目标的多阶段划分,结合企业员工行为和组织目标,KPI成为有效控制公司整体发展规划的重要手段;第三,传统以控制为中心的理念从管理角度发生转变;第四,鼓励引导员工,使其最大限度地履行他们的承诺,调动员工主观能动性等。

3) 制定和实施KPI管理方法的基本步骤

(1) KPI体系的建立,通常使用的分析方法是"鱼骨图"分析法,其主要操作步骤如下:详细确定个人或部门的工作中心,明确哪些因素与公司产生相互影响的作用,包括个人及部门组织中哪些因素与公司整体利益相关;详细确定每一部门的业务评价标准,对如何做才是成功完成工作进行明确定义;对一项绩效评价标准是否存在实际效果进行综合评价、确定重要绩效评价指标、分解关键绩效并且进行落实。

(2) KPI体系以及权重确定:由考核者和被考核者通过双向沟通的方式来确定每个指标,并由上级主管负责确定指标权重。

(3) KPI的提炼和确定:KPI需由企业管理者从日常的工作流程中提炼出来的,最能体现岗位关键业绩的指标,才可以被确定为KPI。

(4) KPI考核的数据收集和考核兑现:一般由各级考核员负责考核数据的分析收集,并整理形成考核反馈结果,向大会全体成员展示公布,并进行KPI考核结果的沟通和反馈。经过多次沟通和反馈消除考核偏差,得到服众的考核结果,KPI考核就可以进行兑现了。一般来说,其兑现形式包括物质或精神上的奖励或处罚。

4) KPI管理优势分析

KPI在绩效考核体系中能够被多数企业广泛应用,是因为它有以下优点:

(1) 保障了企业战略目标的实现。KPI是以企业战略和愿景为中心的,在实践管理活动中,企业管理者常常把平衡计分卡和KPI有机结合在一起来使用。KPI的成功实施将强力推动企业整体战略目标在部门或组织中得到正确监督和有效落实,不仅确保部门、组织、个人向一致的战略方向前进,还激励各部门、成员能够有效落实企业的战略目标。

(2) 保障了绩效管理的客观公正性。公司上下级共同研究确定KPI,其确定依据是将各项战略目标任务分解下达至各职能部门、单位员工,双方达成一致时即确立成功。KPI体系将结果指标和过程指标有机结合,进而全面公平真实反映目标对象的整体业绩,正确判断目标对象的业务能力。

2. 杜邦分析法

1) 杜邦分析法的内涵

杜邦分析法是一种专门用来综合评价企业实际盈利能力和股东权益回报水平的会计方法。它利用几种主要的企业财务比率之间的相互关系来对企业整体财务状况进行综合分析评价。杜邦分析法的基本会计思想是将企业净资产收益率逐级分解为多项财务比率乘积,这样有助于深入研究分析和比较企业的经营业绩。

2) 杜邦分析法的因素分解

在杜邦分析法中,净资产收益率又可称为权益净利率,它是整个公司财务管理体系中最重要的一个核心财务指标,其是通过总资产净利率和权益乘数相乘得出的,而总资产净利率又可以表示为销售净利率和总资产周转率相乘。因此净资产收益率最终可以写作另外三个相关的财务比率相乘的结果,它们分别包括营业净利率、总资产周转率以及权益乘数。其具体的核心公式如下:

$$净资产收益率 = 总资产净利率 \times 权益乘数$$
$$= 销售净利率 \times 总资产周转率 \times 权益乘数$$

其中,销售净利率和权益乘数分别根据利润表和资产负债表的财务数据计算,而总资产周转率既采用了利润表中的营业收入这一重要数据,还利用资产负债表的资产总额数值,两者兼顾。所以说运用杜邦分析法分析企业经营业绩不仅可以通过分析这些数据之间的相互作用来更加具体准确地了解企业某一时刻的财务情况和某一阶段的经营效益,还能系统地分析企业长期经营中的问题所在,以便企业能够准确找出隐藏在问题背后的根本原因,对症下药并及时提出具体解决方案。杜邦分析法的结构如图2.3所示。

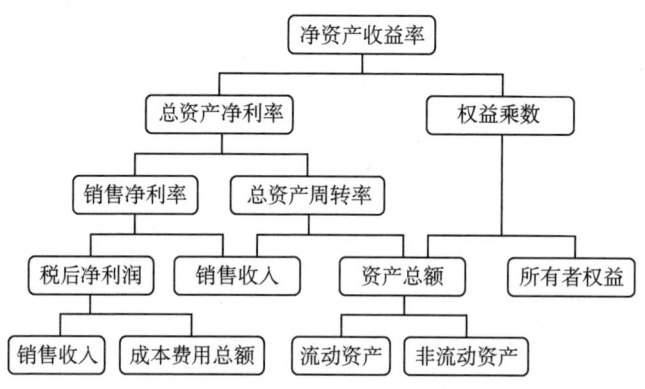

图 2.3　杜邦分析法结构

3. 经济增加值评价法

1）经济增加值评价法的内涵

经济增加值（economic value added，EVA）评价法是指基于税后产生营业净利润和产生利润所需要的资本投入总成本的一种企业绩效评价方法。经济增加值评价法的主要核心理念是资本投入是有成本的，企业的实际盈利只有高于其总成本时才有机会为企业股东创造价值。经济增加值评价法能够全面地评价经营者有效使用资本和为企业股东创造资本价值的能力，是企业价值管理体系的基础和核心。其计算公式如下：

$$EVA = 税后营业净利润 - 资本总成本$$
$$= 税后营业净利润 - 资本 \times 资本成本率$$

2）税后营业净利润的计算

$$税后营业净利润 = 营业利润 + 财务费用 + 当年计提的坏账准备 + \\ 当年计提的存货跌价准备 + 当年计提的长短期 \\ 投资减值准备 + 当年提的委托贷款减值准备 + \\ 投资收益 + 期货收益 - EVA 税收调整$$

$$EVA 税收调整 = 利润表上的所得税 + 税率 \times (财务费用 + 营业外 \\ 支出 - 固定资产、无形资产、在建工程的减值准备 - \\ 营业外收入 - 补贴收入)$$

3）股本资本成本率的计算

$$股本资本成本率(R_i) = R_f + \beta \times (R_m - R_f)$$

R_f 为无风险报酬率，一般选取一定期限国债年收益率。

R_m 为上市公司股票的加权平均收益率。

β 为上市公司股票的市场风险系数。

4）资本成本率的计算

资本成本率 = 加权平均资本成本
= 债务资本成本率×债务资本/(股本资本+债务资本)×(1－税率)+股本资本成本率×股本资本/(股本资本+债务资本)

注：企业的债务资本主要来源是银行。

债务资本 = 短期借款 + 一年内到期长期借款 + 长期借款 + 应付债券

股本资本 = 股东权益合计 + 少数股东权益

5）EVA 资本的计算

EVA 资本 = 债务资本 + 股本资本 + 约当股权资本 － 在建工程净值

约当股权资本 = 坏账准备 + 存货跌价准备 + 长短期投资、委托贷款的减值准备 + 固定资产、无形资产的减值准备

4．平衡计分卡法

1）概念

随着信息时代的不断发展，企业的管理者逐渐在投资决策过程中发现财务指标信息的不足，并且越来越多地关注非财务指标信息的使用，因此也就产生了平衡计分卡（balanced scorecard）应用理论。平衡计分卡理论是从财务、客户、内部运营、学习与成长四个不同层面，将企业的经营战略目标分解形成一个可操作、可衡量的财务指标和企业目标值的一种绩效评价管理体系。平衡计分卡不仅综合考虑财务指标，还充分结合了非财务指标，能够全面有效评价整个企业经营绩效。

2）平衡计分卡的构成要素

平衡计分卡由四个层面要素构成：财务要素、客户要素、内部运营要素、学习成长要素。平衡计分卡设计旨在逐一分解内部战略目标，把具体企业经营战略和内部组织发展目标转换成具体的、可衡量的企业绩效管理指标。

财务层面指标是传统企业绩效考核的通用指标。如何获得利润是公司日常经营的首要目标，财务层面的绩效指标可以直接反映并突出运营情况和成本销售及利润情况等，更能有效反映其财务目标是否得到有效执行，其具体执行是否为最终结果作贡献。但传统财务层面指标考核忽略了一个关键问题，有时长期战略目标可能并不能在较短的一个考核周期内产生盈利或收益（杜超，2019）。此时便突出了非财务绩效考核指标的重要性，如产品质量、效率、创新产品等，长远来看，这些都是实现目标的途径和方法。一般而言，财务层面的指标一般衡量以下内容：收入额、利润额、利润率、成本、资产利润率，等等。

客户层面指标与传统意义的"客户"不同，其既包含传统意义涉及的与企业外部业务相关联的外部客户，也包括企业内部业务流程上下游的内部客户。客户层面的指标目的在于将具体分解成客户最关心利益可衡量的行为和要点。例如：产品、服务、特性、关系和品牌。然后，企业在上述基础上制定清晰的目标，将目标分解至具体的与业务相关的可衡量的指标。客户层面指标一般衡量以下内容：市场占有率、客户满意度、客户保留率、品牌知名度、市场排名，等等。

内部运营层面指标是指为了有效实现公司财务指标，吸引和有效保留内外部业务客户，管理者往往需要同时关注对公司财务目标和客户服务满意度有直接影响的内部运营流程，并对此设计的可进行考核和衡量的指标。从这一点来说，平衡计分卡内部运营层面不只是需要重点关注公司现有的内部运营流程，更重要的是根据公司股东及客户的需要及时进行运营流程的服务优化和服务调整，既包括对现有内部运营流程的及时改进，又包括长期产品创新和服务改善等。内部运营层面指标一般衡量以下内容：业务流程运营效率、产品创新及服务升级，等等。

学习与成长层面指标是其他三个层面的基础和支撑,是能够实现企业财务、客户、内部运营三个方面战略目标的重要动力和基本保障。学习与成长这一层面确认了企业战略目标实现所需的员工必要能力和企业必须投资,包括但不限于员工本人的工作能力、企业信息化建设等。企业在学习与成长层面的成功最终会转化为支持战略目标实现的支持和动力。

3) 平衡计分卡的原理与流程

过去的绩效考核中,企业往往过于关注财务层面指标的实际结果而很少考虑其他方面,从而导致许多企业过度关注财务层面指标的行为而存在短视行为,平衡计分卡的成功出现彻底改变了这一状态。平衡计分卡是在财务、客户、内部运营、学习与成长四个层面建立起相互联系的方式。四个层面指标同时反映了财务与非财务、长短期时间、企业内外部、过程结果、经营管理间的相互联系与影响。而客户、内部运营、学习与成长三个层面指标的实现可以促进财务层面指标的实现,最终实现组织战略目标。因此,平衡计分卡可以从财务、市场客户、内部流程和员工个人发展等方面反映一个企业内部整体组织经营发展情况,促进企业绩效考核更加合理和完善,推动企业组织长期健康稳定发展。

平衡计分卡的设计原理和操作流程包括以下几个方面:第一,在综合平衡的基础上,分别从财务、客户、内部运营和学习与成长四个层面入手将组织的战略目标分解和描述为各下属部门具体要实现的目标,即成功的因素,设置相应部门记分卡(为便于使用,可设置于一张表格内)。第二,根据已设置好的部门指标设置具体的可操作和可衡量的绩效评价指标。指标可以分设先行指标与滞后指标,考虑设置各种平衡,如财务要素与非财务要素、短期与长期、内部与外部等。第三,由绩效评价的部门与各责任部门一起确定各项指标权重及评分规则。一般而言,考核形式是将各项绩效考核指标的预设值和实际发生的值进行比较,定期对应实际完成情况和差异项说明进行打分,通过多维度打分的形式来客观评价各部门在财务、客户、内部运营及学习与成长四个层面的执行情况,及时沟通和调整偏差或修订原定目标及战略偏差,确保组织的战略目标得以顺利实现。

3 国内外研究现状

3.1 国外研究现状

3.1.1 可持续发展研究现状

进入 20 世纪以后,人们面临着一系列问题,如资源危机、环境污染和生态破坏等,对此,人们要树立可持续发展观,企业不能仅关注经济绩效指标。在可持续发展理念的指导下,企业绩效评价也面临着新的挑战。

可持续性概念的思想根源可以追溯到传统的农业和林业实践,但这一概念直到 1980 年才在"保护自然资源全球计划"中被明确提出。1984 年,Brown 在《建立一个可持续发展的社会》一书中指出,解决人口爆炸、环境污染和经济衰退等全球性问题的途径是建设可持续发展社会。1992 年,在巴西里约热内卢举行的联合国环境与发展会议通过的《里约环境与发展宣言》和《21 世纪议程》等一系列决议和文件,充分体现了可持续发展的理念。

国外对可持续发展在宏观和微观方面都有研究,但主要集中在微观层次,即企业方面。这些研究既有定性的分析,也有定量的分析,内容主要包括可持续发展的含义、影响因素、可持续发展能力的评价等方面。

以可持续发展为主题的理论研究,其内容涵盖了社会、经济、资源、环境等诸多领域。Redclift(1991)指出,生物物种的减少是经济运行过程中的环境污染造成的,生产和经济系统的复原力下降,系统难以维持长期的可持续发展;Freeman(1951)认为,经济发展目标、公平分配目标和环境质量目标的调整有助于保证社会的可持续发展；Daly等（1993）认为，可持续发展的基本目标是通过实现人口零增长，对不可再生资源使用的控制和人均消费的限制，来确保尽可能多的人的长期生活需要；Arrow等（1995）基于个人理性行为、效用和利润最大化原则以及对可持续发展内涵的假定，在传统经济均衡增长模型中考虑了资源耗竭与环境污染等问题，从而找到实现可持续发展的途径。

从微观层次，即企业方面来看，Kudlak等（2008）在新制度经济学框架下分析了促使企业适应可持续发展要求的机制；Schmidheiney（1992）认为企业可持续发展是在经济增长的同时将保护环境、社会责任等纳入企业经营决策过程；Dyllick等（2002）认为企业发展离不开资本，可持续发展就是资本的增长，包括经济资本、环境资本和社会资本的增长，政治领域有所作为也会促进企业发展。

Vittorio（1999）提出影响企业可持续发展的三个重要因素分别是：①外部因素，主要涉及相关的主体，如政府、消费者、竞争者、环保组织、工会和社区等；②内部因素，主要是企业生产过程中的可操作性的因素，如生产成本等；③自然环境，企业具有可持续发展的竞争优势条件，如地理位置、气候条件等；Nishantha（2011）认为社会资本是促成可持续发展的因素之一，是中小企业发展的重要资源，特别是基于社会资本获得的关系网络以及通过关系网络获得的资源，为中小企业的发展提供了便利，有利于促进企业发展；Muttakin等（2014）认为资源的外向流动也是影响可持续发展的因素之一，具体表现为具有出口导向性质的行业比其他行业能够披露更高质量的可持续发展信息。

可持续发展能力评价的主要代表性观点如表3.1所示。

表3.1 可持续发展能力评价的主要代表性观点

时间	提出者	评价的主要内容或指标
1999年	美国道琼斯公司和永续资产管理公司	从投资角度出发，综合考量经济、社会和环境三个方面，构建了企业可持续发展能力评价指标体系，即道琼斯可持续发展指数

(续表)

时间	提出者	评价的主要内容或指标
2001年	Richard Garvare	针对企业可持续发展能力提出了4个主要的评价指标：驱动（driving force）、现状（state）、被动的反应（reactive response）和主动的反应（active response）
2005年	Krajne, Glavic	从经济、环境和社会三个方面出发，构建了企业可持续发展水平综合评价模型，用于评估企业的可持续发展能力。其中，经济方面的指标包括投资成本、销售收入、营业利润、净利润、科研投入、雇员人数6个指标，环境方面的指标包括总耗能、单位成本耗能、单位成本废物排放量等22个指标，社会方面的指标包括每20万小时工作时间员工事故数量、非营业项目数量、顾客投诉数量等10个指标
2005年	Barringer, Jones, Neubaum	对100家企业（其中发展状况较差和发展状况良好的企业各占50%）进行对比分析后认为，企业的管理者能力、企业的经营模式、企业的行业特性和企业内部的人力资源管理这四个因素影响企业的可持续发展，从而围绕这四个因素构建了评价指标体系
2008年	Coad, Rao	在评估目标企业可持续发展能力时，将企业的资产总额作为主要评价指标，来计算企业的可持续发展能力水平
2008年	Buck, Liu, Skovoroda	用企业的财务数据来评估目标企业的可持续发展能力，在对所有指标进行筛选后，将企业税前利润、企业资产收益率、企业股票价值和企业股票收益作为用于计算企业可持续发展能力水平的主要指标，然后在此基础上构建了企业可持续发展评价指标体系
2009年	Maker, Johnsen, Caswell	构建了由认知能力、学习能力、实施能力、长期盈利能力、生态环境和社会环境6个部分组成的"6-P评价模型"，使用该评价模型来量化目标企业的可持续发展能力水平
2009年	Ismail, Cakar, Erel, et al.	从经济、社会和环境方面建立了食品零售企业的可持续发展能力评价模型，并进行了实证分析
2011年	Chalmeta, Palomero	基于企业运营必须与经济、社会、环境相协调的理念，改进了平衡记分卡方法，并使用改进后的方法进行了实证研究
2013年	Murat, Omer	依据企业生命周期理论，围绕经济、社会和环境三个方面构建了可用于评价美国建筑企业的可持续发展水平的指标体系

3.1.2 矿产资源的国家管理

1. 矿产资源管理的法律法规

发达国家矿产资源管理的法律法规如表 3.2 所示。

表 3.2　发达国家矿产资源管理的法律法规①

国家	矿产资源管理的法律法规	主要内容
澳大利亚	《澳大利亚联邦近海矿产法》《铀矿法》《矿产品市场管理条例》	根据宪法,联邦和各州均有立法权,立法涉及勘探、采矿、税收、监督、环境保护等领域
加拿大	《西北地区和努纳武特区矿业规范》《努纳武特区矿业规范》《西北地区矿业规范》《育空砂矿法》《育空石英矿法》《铀矿矿山和企业规范》《领区土地法》《加拿大石油和天然气土地规范》等	联邦宪法规定,"各省立法机关可以独自制定关于下列事项的法律:勘探该省的不能更新的自然资源;开发、保护和管理该省的不能更新的自然资源的林业资源等",联邦和省政府分别拥有独立的立法权限。国有土地上的矿产资源归国家所有,联邦和省区两级政府互相协作且分工明确,按照各自的立法管理权限各自履行职责。联邦政府主要通过《领区土地法》和《加拿大采矿条例》对努纳武特、育空和西北3个少数民族国有土地的矿产勘探开发活动进行监管;各省区政府分别就各自区域内的采矿活动制定相关法律法规
美国	《通用矿业法》《矿产租赁法》《建材矿业法》《外大陆架土地法》《露天采矿控制与复垦法》《联邦矿产安全与卫生法案》《原子能法》《未开发区法》《国家环境保护政策法》等	矿产资源采取"矿随地走",土地所有权人是矿产资源的权益人。美国的矿产资源管理采用的是典型的分权体制,联邦政府主要负责管理联邦政府所拥有土地上的矿产以及海岸线3英里②以外海底的矿产;州政府则主要负责管理州政府所有土地上的矿产以及沿海所属3英里以内海底的矿产资源。联邦层面涉及矿产资源管理的部门有内政部、能源部、联邦核能管理委员会、劳工部、环境保护局等

---

① 刘建芬,王珏,马艳平. 国外矿产资源管理对中国的启示[J]. 中国经贸导刊,2019(17):38-40.
② 1英里约等于1.609 344 千米。

(续表)

国家	矿产资源管理的法律法规	主要内容
俄罗斯	《俄罗斯联邦大陆架法》《俄罗斯联邦外国投资法》《俄罗斯联邦企业及机关利润所得税法》《海关关税法》《俄罗斯联邦环境保护法》等	矿产资源法律体系以《俄罗斯联邦宪法》为根本法,以《俄罗斯联邦矿产资源法》为主体法律,以《俄罗斯联邦产品分成协议法》等为专门法律,以《俄罗斯联邦民法》等为相关法律构成的与矿产资源勘查开发等有关的完整法律体系,涉及宪法、行政法、民商法、刑法等不同位阶、不同法律门类的法律

2. 矿产资源的主要管理机构

1) 澳大利亚

联邦政府和州政府都有权进行矿产资源管理,但以州政府为主要管理机构。矿产资源的投资管理主要是通过股票交易所和投资银行的矿业贷款部进行:矿业公司向股票交易所提供报告,交易所重点对矿业的矿产资源储量进行评估和评价;矿业公司向投资银行的矿业融资部门申请贷款,投资银行对矿产资源储量进行评估,对采矿项目可行性研究报告进行审核。

2) 加拿大

联邦政府和省(地区)政府是矿产资源的主要管理机构。联邦政府的矿产资源管理机构包括自然资源部、地质调查局和证券管理委员会。自然资源部主要负责矿产资源的储量管理和统计,确保资源的可持续利用与社会经济协调发展;而地质调查局负责基础地质数据的调查,并向社会提供基础性地质报告;加拿大证券管理委员会则主要负责规范和统一州一级证券的政策标准。省政府设有专门的资源储备管理部门,主要是省地质管理统计局负责资源储备报告统计,并向省证券委员会提供矿业项目评估报告,为矿业上市公司提供严格规范的信息披露。

除政府机构外,加拿大还成立了矿产勘探和开发商协会等全国性非营利组织,以保护矿产勘探和开发部门的利益,向各级政府,特别是联邦政府提出行业建议,为决策者提供相关信息,使政府能够有效监测全国各地的采矿活动。矿业协会的主要活动是促进行业之间的宣传,相互交流信息,加强彼此之间的联系,促进各自遵守最高技术标准。例如,成立于 1898 年的采矿、冶金和石油协会是一个由采矿、材料、金属和能源领域的专业人员组成的非营利性技术协会。

3)美国

美国矿产资源管理机构分为政府管理机构和证券管理机构。政府管理机构主要负责统计该国的矿产资源总的数量,涵盖当前的国民经济和未来经济资源,专注于长期发展;而证券管理机构主要负责掌握矿业公司当前的经济效益,包括矿产品价值、运营成本、投资成本、贴现率等。

4)俄罗斯

俄罗斯矿产资源的管理由俄罗斯联邦自然资源部负责。自然资源部下设 4 个国家局:水资源局、林业局、矿产资源储备管理局、生态与资源利用监察局。矿产资源管理机构为矿产资源储备管理局,主要职责是保护国家矿产资源权益,负责矿产资源鉴定、提供地质和经济信息与地下断面使用等,对国家地质研究项目进行鉴定,地下断面评价和勘探以及地下断面保护,对国家矿床储量进行统计,提供经济咨询服务等。

3.1.3 矿产资源型企业可持续发展

澳大利亚、加拿大、美国、俄罗斯等国家学者对矿产资源可持续发展指标的研究已比较成熟,且在实践中应用非常广泛。有的研究成果已经构成了国家可持续发展指标体系的部分,有的形成独立的体系应用于相关领域或部门。加拿大自然资源部为了促进矿产资源的可持续发展,实现其战略目标,在矿产与金属管理部门提出矿产与金属指标提案(MMI),以测度矿产和金属对社会可持续发展的贡献,从而促进矿产和金属的有效综合利用,实现在利益上的公平分配。Higgins(1977)在经济活动的基础上创建了企业可持续发展的理念。James 等(1988)继续采用 Higgins 的可持续发展理念,并在此基础上让企业的可持续发展模型更加完善。有些研究者从承担的社会责任来分析企业的可持续发展,如 Ridley 等(2011)提出,企业需要构建有关社会责任的绩效评价体系,用来测度企业可持续发展状况。

3.1.4 企业绩效评价

国外关于绩效评价的研究发展历史较长,形成了比较成熟的理论体系。从研究者不同的视角出发分析,企业绩效评价的发展经历了不同的发展阶段。本书分别以绩效评价体系本身的发展、财务演变和评价特性、绩效评价的内容和企业改革过程中的制度变迁为视角,对企业绩效评价发展阶段进行不同的划分。

1. 以绩效评价体系本身的发展为视角

企业绩效评价的发展历程大致有三个时期。第一个时期是19世纪中叶至20世纪初,企业绩效评价的形成阶段,绩效考核仅限于对财务部分的考核。第二个时期是20世纪初至20世纪80年代中期,企业绩效评价的持续改进阶段,企业绩效评价体系需要反映企业的发展战略,引入一些非财务指标,如学习能力、创新能力、顾客满意度等,以更全面地评价企业的整体发展状况和发展趋势。第三个时期是20世纪80年代中期以来,企业绩效评价的创新发展阶段。

2. 以财务演变和评价特性为视角

从财务演变的视角看,企业绩效评价经历了成本绩效评价(19世纪初到20世纪初)、财务业绩评估(20世纪初到20世纪90年代)、企业绩效评价指标体系(20世纪90年代至今)三个阶段。从评价特性视角看,企业绩效评价经历四个时期:观察绩效评价(19世纪以前)、统计绩效评价(19世纪到20世纪初)、财务绩效评价(20世纪初到20世纪90年代)和战略绩效评价(20世纪90年代以后)。

3. 以绩效评价的内容为视角

以绩效评价的内容为视角,绩效评价研究大致经历了五个时期,即经验评价时期、成本评价时期、财务评价时期、经济增加值评价时期和全面评价时期。

19世纪以前是一个凭着经验评价的发展时期。当时企业发展规模小,是从手工业向工业化生产过渡的发展时期。企业正处于发展的初级阶段,还没有意识到绩效考核的重要性,对企业的评价往往是以观察和经验为基础的。随着经济不断发展,人们开始关注成本,实行成本控制。

最初的表达只是希望企业能赚到钱,在生产经营过程中,计算企业成本与收入的关系,确保企业能有利润。随着经济发展的成熟,如何进行成本评估以获得更高的利润开始引起人们的关注。在传统成本核算的基础上,更为复杂的成本核算方法出现了。19世纪末,随着市场经济的发展和企业间竞争的加剧,传统的成本核算已不能满足利润最大化的要求。1911年,美国会计协会提出了第一个标准成本体系。人们开始实施成本控制后,初步建立了一套比较完善的成本控制体系,即早期财务评价。随着生产技术和管理水平的提高,单纯注重成本控制的财务评价已不能适应企业的快速发展。仅仅考虑财务状况是不够的,还需要考虑企业的管理,所以,早在20世纪初,财务评价的创始人之一亚历山大·沃尔在《信用晴雨表研究》和《财务报表比率分析》中提出了一种评价企业信用水平的方法。在同一时期,杜邦公司还建立了杜邦分析法,其主要以投资回报率为核心,但主体还是财务评价。20世纪80年代以后,人们开始考虑将非财务指标引入绩效评价体系,美国开始探索新的绩效评价方法,其中最具代表性的是经济增加值评价法。其基本思路是从资源利用的角度分析投资资本成本,考虑资本的机会成本。当投入资本的收益大于资本成本时,企业会获得额外的收益,企业经济价值才会增长,反之,资本收益小于资本,资本就会贬值,投入的资本必须选择投向其他领域。其目的是使企业家实现股东价值最大化,促进长期战略目标的实现。20世纪90年代至今,单纯以多项财务指标进行的财务评价已经满足不了市场的发展需要,企业要兼顾长远性战略发展目标,此时战略性综合评价产生,其中最具有代表性的有平衡计分卡和关键绩效指标,简称BSC和KPI评价法。平衡计分卡是由罗伯特·卡普兰和戴维·诺顿两个人共同提出的,它是一种突破常规财务核算的模式,它从财务、客户、内部运营、学习与成长四个层面来体现企业经营策略的价值。在财务层面上,该方法能够反映企业的经营策略和执行能否改善企业的盈利状况,其计量指标包括营业收入和资本回报率等方面内容;在客户层面上,经营者建立了企业在目标客户和市场中的度量标准,一般包括客户满意度、客户保留率等;在企业的内部运营层面上,管理者必须明确企业所熟悉的核心业务，以便在特定的区域内吸引和保留客户，并实现股东预期的财政收益；在学习与成长方面，企业要建立长远的发展战略，确定企业的未来发展方向，提高员工的技术水平，这一层面上的评估标准通常包括员工培训和技术水平等。这4个层面之间是相互影响与相互促进的，实现了财务指标与非财务指标、短期目标与长期目标、经营结果与经营过程以及管理业绩与经营业绩之间的平衡。KPI管理法也是当前企业常用的绩效评价方法，它通过对企业组织内部流程中输入端和输出端的关键参数进行设计、取样、计算和分析，将企业战略目标分解到具体的企业内部和经营管理活动过程中，明确部门人员的主要责任并对工作绩效表现用指标进行量化，抓住工作任务的关键行为，抓住企业的业绩评价核心，从而增强企业的核心竞争力，提高企业经营管理水平。

4. 以企业改革过程中的制度变迁为视角

企业绩效的初始评价主要以财务指标为依据，企业经营绩效以投资回报率和投资回收期来衡量。随着现代企业制度的逐步建立、发展和完善，企业经营者更加重视经营绩效，由于财务指标评价存在重短期效益轻长期效益，重局部效益轻综合效益等弊端，很难对企业的经营状况进行全面评价。绩效评价开始以价值评价指标为核心。最具代表性的价值评估指标是经济增加值（EVA）和净现值（NPV）。但由于企业发展环境的多样化和复杂性，单纯用EVA、NPV等指标来评价企业的经营效果并不十分理想，因此，企业绩效评价开始了以战略评价指标为核心的创新发展阶段。20世纪80年代，西方对企业绩效的研究更加广泛和深入。企业绩效评价指标与企业的战略目标和长期发展密切相关。人们更加重视财务指标和非财务指标、短期业绩和长期业绩，同时兼顾企业的静态指标和动态指标，形成更为完整的评价指标体系。根据不同时期绩效评价的提出者、评价方法和内容体系，本部分总结了国外企业绩效评价的主要理论和方法，如表3.3所示。

表3.3 国外企业绩效评价主要理论和方法

时期	背景或提出者	评价的主要方法	评价的主要内容或指标
19世纪50年代	美国铁路公司企业管理创新	健全财务会计制度,设计财务和统计报表制度用于监督和评价	加强组织内部各管理阶层的责任,以实现成本的最小化和利润的最大化
20世纪初	资本市场发展,出现了两权分离	内部制衡机制解决委托人和代理人的矛盾	企业的经营状况、财务状况
1911年	Harry	标准成本制度	将标准成本执行情况和差异分析结果作为评价绩效主要指标
1928年	Alexander, Wall	沃尔比重评分法 综合比率分析法	信用能力指数,通过7个指标评价企业经营状况稳健程度、信用水平,综合评价财务效益状况,侧重负债和偿债能力评价
20世纪30年代	麦肯锡咨询公司创始人詹姆斯·麦肯锡（James McKinsey）	对企业进行定期的经营管理状况评价	在评价方法中先研究企业内部环境,后评价企业在该行业中的竞争地位,评价企业战略、管理、财务状况与业绩
1950年	Peter Drucket	实证研究	提出了包括市场地位、革新、生产率、实物和财务资源、获利能力、管理者业绩、员工业绩与态度、社会责任八项指标的企业绩效评价体系
	Modigliani, Miller	MM资本结构理论	资本结构和企业价值绩效的关系
1971年	Melnnes	美国30家跨国公司的绩效评价体系	最常用的业绩评价指标为投资报酬率,包括净资产回报率、预算比较和历史比较
1979年	Persen, Lessing	对400家跨国公司发放的问卷调查	业绩评价的财务指标有销售利润率、每股收益率、现金流量和内部报酬率等。其中,经营利润和现金流量已成为该时期业绩评价的主要指标
1981年	Pascale, Athos	7-S模式（战略、技能、共享价值观、组织结构、系统、人员、风格）	企业必须在7S(strategy, skill, shared values, structure, system, staff, style)方面达成一致和平衡

(续表)

时期	背景或提出者	评价的主要方法	评价的主要内容或指标
20世纪80年代	Dolnason Brown	基于投资报酬率的杜邦分析体系	形成了综合的财务业绩评价指标体系
	Michael Porter	竞争优势是竞争性市场中企业绩效的核心	竞争优势归根结底来源于企业为客户创造的超过其成本的价值,因此企业应获取成本优势
	美国管理会计委员会	从财务效益的角度发布了"计量企业业绩说明书"	提出了净收益、每股盈余、现金流量、投资报酬等、剩余收益、市场价值、经济收益、调整通货膨胀后的业绩等8项计量企业经营绩效的指标
	Emanuel, Otley	根据管理的权变理论,提出了权变业绩计量体系	由17项指标构成,首次将生存能力、应变能力纳入业绩评价范围,从而使评价结果能够反映企业的生命力,是一种定性和定量相结合的综合评价方法
	瑞士洛桑国际管理学院	《国际竞争力报告》	世界经济论坛在劳动生产率、劳动力成本、公司绩效和管理效率基础上再细分为27个指标
1989年	Sink, Tuttle	Sink&Tuttle模型	"供应商—投入—加工—产出—顾客—成果"模型
1990年	Kelvin Cross, Richard Lynch	业绩金字塔模型	把企业总体战略与财务信息和非财务信息结合起来的评价体系
1991年	Stem Stewart	经济增加值评价法	基于产生税后营业收入所需资产投资和机会成本的经营绩效财务评方法,得到了许多企业的应用
1992年	Robert Kaplan, David Norto	平衡计分卡评价法	从财务、客户、内部运营、学习和成长四个层面评价企业绩效,达到全面绩效评价的目的
1993年	Fitzgeald	全方位绩效评价	将企业绩效评价内容确定为财务、竞争、服务质量、革新、灵活性、资源利用等6个方面

(续表)

时期	背景或提出者	评价的主要方法	评价的主要内容或指标
1994年	Chrislopher Meyer	《哈佛商业评论》发表文章"正确的绩效测评如何有助于团队成功"	提出四原则绩效考核指标,认为测评中心起主导作用,且评价指标体现多职能部门价值,团队应采用有限数量测评指标
1995年	Joseph A. Ness Thomas G. CucHzzla	基于作业成本的过程评价法(ABC法)	ABC法是一种组织变革,将组织梳理得能准确指出所有产品和劳务的直接和间接成本,建立模型及时记录
1997年	Jeffrey	修正经济增加值评价法(REVA)	以资产市场价值为基础,而不是经济价值。企业真正为投资者创造利润必须超过期初资本市场价值计算的资本成本
	Tom Copeland Tim Kller(麦肯锡公司)	基于价值的管理(VBM)方法	突出价值理论在企业管理的核心地位,运用折现现金流方法评价企业价值
	Markides, Williamson Bamey, Teece	战略指数评价法	将战略资产、核心能力纳入企业绩效评价中
	Robert Hall	评价企业的绩效应以四个尺度为标准	质量尺度,质量分为外部、内部和改进程序三种;作业时间尺度;资源使用尺度;人力资源尺度
1998年	Soumitra Dutta, Jean-Francois Manzoni	成功绩效改进:对组织进行多层面重新思考和革新	将企业绩效评价分为文化和员工、过程、结构和系统、技术四个方面进行评价
1999年	由英、美、加、新、澳等国家提出	财务业绩评价方法	将财务业绩分为经营收益、理财收益、其他收益和损失三部分进行评价
2000年	Mark, Susan	BPM相对绩效管理方法	企业绩效评价应建立在与主要竞争者基础上来评价企业的相对绩效
2002年	Fredrik Weissen-rieder	CVA 与 EVA 评价法	现金增加值CVA将NPV计算周期化,EVA对会计体系的调整达164项,CVA只调整了2~8项;CVA更适合VBM过程要求的信息质量

(续表)

时期	背景或提出者	评价的主要方法	评价的主要内容或指标
2004年	J. H. Ahna, S. G. Chang	KP绩效评价法	将产品(product)和过程(process)作为中介测度知识(knowledge)指标对企业绩效(performance)的贡献

3.1.5 矿产资源型企业绩效评价

矿产资源型企业绩效评价是在绩效评价的基础之上结合自身行业特点而形成的,现有文献情况如下:主要分析了一般性企业的产业组织结构与经济绩效的关系,面向特定企业的针对性研究并不多,而且缺乏相关的实证分析;建立了矿产资源型企业的评价体系,但没有相关的数据支撑;缺乏对不同区域、不同发展阶段的矿产资源型企业产业组织结构以及经济绩效的研究,在研究过程中与一般企业绩效评价差别不大。矿产资源型企业绩效大致可以分为环境绩效和经济绩效两个方面。

1. 环境绩效评价

不同的学者从不同的角度对环境绩效的定义进行了分析。从产出的视角,根据 Milgrom 等(1992)的观点,绩效是衡量一个企业能够实现其客户目标的程度,Ruf 等(2001)研究人员将环境绩效定义为企业能够满足其利益相关者对环境责任的期望的程度。这种定义比较抽象和笼统,一些学者则对环境绩效含义进行了具体化分析,如 Lankoski(2000)从生产的角度进行具体分析,认为环境绩效衡量企业生产经营活动对环境造成破坏的程度或水平,环境绩效是所有环境影响的一个变量。

除了产出的视角,还有一些学者合理解释了环境绩效的内涵。以 Wood(1991)为代表的一批学者提出了企业社会绩效,社会绩效可被用来构造环境绩效的概念,环境绩效是社会绩效的子范畴。Lenciu Lonel-Alin 等(2012)等学者将环境绩效的视角拓展到财务信息使用者的角度,认为传统的财务会计没有考虑利益相关者等的相关信息需求,过分强调经济绩效必将导致其忽视环境效益,因此提出有必要增加环境管理会计,弥补传统财务会计的不足,将环境绩效和财务绩效统一起来。Judge和Dougla(1998)从社会责任的角度定义了环境绩效,肯定了环境绩效与自然环境密切相关,环境绩效是企业满足和超越社会期望的能力,企业对环境的利益负责。因此,环境绩效反映了企业对未来环境的前瞻性考虑。

在环境绩效测度方面,James(1994)认为生物圈、财务利益相关者、非财务利益相关者、媒体和公众是非商业性组织环境绩效测度的五大驱动力。关于财务利益和环境问题的关系,不同的学者也提出了不同的看法。Jaggi和Freedman(1992)提出,短期来看,企业的环境污染处理产生的支出成本会对企业的财务利润产生负面影响。Cormier等(1997)等学者研究发现,企业的市场价值评估会受到其污染环境程度的影响,生产经营过程不满足环境标准的企业更容易在未来的生产过程中遭遇财务困境。

2. 经济绩效评价

芬维克提出的财政支出绩效评价三原则,即经济性、效率性和有效性,在发达国家广泛使用。经济性是指要以最小的成本获得最好的资源,这主要考量财政支出决策机制和支出优先安排机制的有效性;效率性是指工作的实施过程和管理应科学合理,这是对财政支出项目实施进度、资金管理使用、经济效益和社会效益等方面的具体要求;有效性是指设计目标的实现程度,包括成本控制、计划完成率、公众满意度等,这是对财政支出取得具体成果的考量。关于矿产资源型企业经济绩效的分析主要从两个方面展开。

一方面,从矿产资源型企业的特殊性入手,研究矿产资源型企业的经济绩效。Gavin Hilson(2000)对加拿大矿业可持续发展政策进行了综述,加拿大矿产资源型企业注重环境保护,致力于促进产业—政府合作、举行社区研讨、研究和发展优秀的环境管理实践经验等。Hamann(2004)以南非矿业企业为案例,分析矿产资源型企业在发展过程中需要承担的社会责任以及如何处理与当地社区的关系。Mudd(2009)通过一系列数据将矿业生产可持续性定量化,分析了澳大利亚矿产资源型企发展的可持续性，认为过大的生产规模、废矿的存在以及现有和未来的资源密集度给工业的可持续发展带来挑战，需要政府、投资者、社区等多方面的共同协作。Hilson(2000)研究了发展中国家矿产开发过程中的用地冲突，并提出社区沟通、政府合作、权益补偿等措施。

另一方面，分析矿产资源型企业的绩效评价体系。Sarkis(2003)用数据包络分析法对企业的环境绩效进行评估，将环境纳入企业的绩效评估体系。Nakashima等(2006)构建了PDCA(plan-do-check-act)循环管理系统，采用数据包络分析方法对各个环境管理系统的输入和输出进行比较。

3.2 国内研究现状

3.2.1 可持续发展研究现状

1. 可持续发展的研究意义

资源紧缺、生态破坏等问题给人类带来不小的挑战，对科学技术、经济和社会的发展提出了更高的要求。国家要想增强综合国力，就必须很好地处理经济、资源、生态环境和社会之间的协调与融合。因此，详细研究这些要素的功能行为和相互适应机制，对国家可持续发展尤为紧迫和重要。同时，随着经济的全球化、信息化、知识化和高科技化，企业竞争加剧，企业经营风险、财务风险等增强，可持续发展的提出引起企业对生态、环境、资源、社会责任等问题的高度关注等。

矿产资源型企业在生产经营的过程中消耗大量的能源和资源，这会排放大量的污染物，进一步危害环境，甚至威胁到人类生命安全。如果有些企业为自己的短期利益不加克制地开采资源，那么这种行为可能带来灾难性的后果。当然，矿产资源型企业也是技术创新的主要领导者，环境保护、资源节约的拥护者。技术创新一方面为消耗自然资源提供了更有利的手段；另一方面也为资源节约和环境保护提供了有效的技术支持。因此，对可持续发展相关理论进行研究，可以为矿产资源型企业提供正确的指导，使其在可持续发展的道路上实现"双赢"。

2. 可持续发展研究成果

我国从多角度对可持续发展进行研究。从定义角度，曹利军

(1999)认为,可持续发展是指系统的均衡、和谐发展过程,趋向于优化组织、合理结构和各个方向的平稳运行。戴国强(2008)认为,可持续发展是企业应均衡各利益相关者的利益需求,兼顾社会公平,促使经济、社会、生态相互协调的永续发展。黄丹等(2015)从应用的角度理解可持续发展的定义,不同领域的可持续发展的定义具有相应领域的指导意义。可持续发展不应脱离社会环境,而应以更可持续的方式发展经济和社会,从而使人类能够在不损害自身利益和子孙后代利益的情况下不断进步。从生态学角度,马世骏等(1984)提出可持续发展的"总体、协调、再生"原则。从人口学角度,田雪原(1996)研究可持续发展的社会实践情形在人口、经济、环境这三个方面的应用。牛文元等(1998)从时空三维系统运用、环境价值、承载力和协同发展三个方面理论具体分析了可持续发展的内涵、基本原理和理论方法。尤其值得注意的是,国内近年来在企业可持续发展领域涌现了一大批研究成果,主要集中于考察企业可持续发展的必要性、方法、内涵、特征、约束因素和对策等方面。

随着社会的进步,我国有关企业可持续发展与企业环境关系研究的文献也相继出现。从这一角度来看,刘力钢(2000)认为企业可持续发展的概念类似社会可持续发展,即"在自身发展过程中,企业通过不断创新、与时俱进保持在市场中的竞争地位,以此实现持久富裕的战略目的"。刘思华(2002)将可持续发展与企业环境联系起来,探讨了企业可持续发展战略,为现代企业成为可持续发展的主体提供了依据。吴应宇(2003)在分析影响企业可持续发展多种因素的基础上,分别从定量发展和质性发展角度,确定了有关企业可持续发展竞争能力的综合评估指标体系。黄娟(2004)则认为,无论资源型企业如何定义可持续发展,其核心内容都应该是基于经济、环境、资源、社会和安全这五点效益要素,平衡好企业员工、企业环境以及企业发展之间的联系,促使企业能够实现协调有序的可持续发展。王琛(2013)将可持续发展视为一种与内外部环境相协调,整合资源来推动企业恒久发展的一种综合发展能力。这种能力不仅能够实现企业、社会、环境的可持续发展,还能实现具有效率的协调发展。马小援(2010)认为企业环境包括四个方面,分别是企业内部环境、社会环境、市场环境和自然环境,企业应对这四个方面进行具体分析并加以实践,以此来调整适应企业的内外部环境的可持续发展。张军泽等(2019)认为,企业可持续发展的实现并不是各项目标的简单结合,而是不同具体目标以及指标之间协同作用的结果,企业要最大限度地降低不同要素的权衡影响。

从生态、社会、经济可持续发展的角度来看,许莉(2013)将可持续发展与环境资源价值的指标体系进行相互比较,以使企业与社会、经济和环境相互作用,共同进步。徐海静(2016)认为将人类的环境伦理价值观念合理有效地融入社会之中,使可持续发展环境伦理观念成为社会成员共同遵从的环境伦理价值目标,从而缓和追求个体发展与强调整体和谐之间的紧张关系,真正实现人与自然的共赢。田原(2017)积极倡导低碳经济,认为加强生态系统和环境保护,可以实现资源节约型生态文明社会,进而促进社会与自然的可持续发展。刘银龙(2019)认为创造一个良好的生态环境的前提是先掌握经济发展规律,建立起社会发展和生态发展之间的桥梁,能够在优化所有环节的基础上实现可持续发展。唐德才等(2019)认为,为了促进社会、生态与资源的协调发展,实现人类的可持续发展,可将DEA方法应用于可持续发展研究以增强区域发展潜力。

3.2.2 矿产资源型企业存在的问题

在众多企业中,矿产资源型企业应该担负起保护生态环境的主要责任,并做好积极的带头作用,但是,大多数企业并没有把这一社会责任纳入企业的经营绩效。

矿产资源作为不可再生的自然资源具有很大的价值性。在开发矿产资源过程中,生态环境易受破坏。因此,为了实现可持续发展,我们需要了解矿产资源型企业存在的一系列问题并提出切实可行的解决方案。

1. 矿产资源监管体系不完善方面的研究

尤孝才(2002)、汤中立等(2005)、梁凯等(2007)对我国矿产资源所处的环境进行了分析,认为我国的矿产资源在开发过程中存在一系列的问题(如占用耕地、环境污染等),而且对未开采的矿山管理不够全面,管理与勘察技术相对落后。如今,我国提倡走可持续发展的道路,但是,我国矿产资源监管体系还不完善,我国要积极应对市场经济的发展,不断优化可持续发展的管理体系,并且制定详细的法律法规进行规范调整,对矿产资源进行全面的动态监管,进而实现现代化的信息管理,落实可持续发展。

2. 矿产资源型企业开采技术相对落后方面的研究

矿产资源型企业要想实现可持续发展,提升开采技术是必要的。张进德等(2008)在对我国矿山环境进行调查的基础上,编著并出版了《我国矿山地质环境调查研究》。刘海滨等(2010)、孟令刚等(2010)主要在技术层面与研发指标方面进行了研究,提出了三条路径:一是使用洁净燃煤技术;二是发展和使用低排放、高产量的煤发电技术;三是鼓励发展新型煤化技术以减少燃煤污染。张智超等(2012)为了使矿产资源保护与开发利用规划更科学,构建了首个矿产资源开发适宜性评价指标体系,并以吉林矿产资源为例,进而建立了四个矿产资源开发适宜等级划分制度。闫志刚等(2012)、胡博文等(2015)采用层次分析法、模糊评价法等对我国矿产资源的开采及利用进行了分析。李学渊等(2015)、安志宏等(2017)将遥感技术运用到矿山地质环境调查评价,对我国矿山所处的精准位置进行快速掌握,大大节省了时间与勘察费用。我国矿产资源的技术开采手段虽然在不断提升,但是仍然缺少与先进的科技手段相结合的技术开采方法。在开采过程中,企业多采用剥离费用高、生产效率低下且属于半机械化半人工化的开采方式,使得资源浪费现象严重。

3. 区域性矿产资源方面的研究

孔微巍等(2010)对法国的矿产资源发展状况进行了研究,发现虽然法国比较缺乏矿产资源,其政府的相关做法却值得我们借鉴,如设立基金、基于政府直接进行资助以及吸引外资等。朴显忠等(2010)对江西省的矿产资源进行了分析,认为若想加快提高矿产资源的利用率,就要尽快提高我们的技术水平。潘圣明(2011)总结了浙江省的绿色矿山"试点先行"经验。在石材开采方面,要形成绿色生产模式,在金属开采方面,要在保证安全的前提下不断提高劳动生产效率。他还提出了相应的技术采用方法,如采用高压喷淋装置、喷雾抑尘及密封运输等。何丹等

（2011）以山东省济宁市大运河生态经济区为例，探讨了资源枯竭型的城市可采用的技术分析方法，例如 GIS 技术支持下的分析评价方法等。牛建平（2014）在对山西大同煤炭案例进行研究之后认为，要因地制宜，考虑西北地区特殊的生态环境，要从多个方面进行考虑，最终其为西北地区矿产资源的生态补偿方案提供了完善方案。王浦等（2014）认为实现矿产资源的可持续发展，要结合政府的宏观调控，并设立各种奖励机制，从而推动建立城市低碳产业结构转型与升级，实现矿地和谐。杨显明等（2015）提出了"顺着交通线轴向外扩散是煤炭资源枯竭型城市的分布共性"这一观点。鞠建华等（2017）在对历史经验进行总结的基础上，针对我国矿业的未来可持续发展提出了制度发展方向。我国学者对矿产资源在区域间的状况进行了总结，也提出了自身的经验，但是，以区域矿产资源为研究对象还是比较少的，这样可能会导致矿产资源政策缺乏系统性和区域差异性。

4. 矿产资源的可持续发展目标落实不到位方面的研究

胡兆光（2009）、颉茂华等（2010）认为，在矿产资源的开发利用过程中，应尽量减少对矿物的损耗，同时也应合理安排好在矿产资源的开发利用过程中可能形成的"三废"问题。程宇航（2010）认为要实现矿产资源的绿色可持续的发展，加快产业生态化的过程，发展低碳能源，建立节约型产业结构。曹献珍（2011）则认为，要想实现环保可持续的产业，需要提升能源的效率，维护自然环境，在资源开发的过程中必须采用合理、有效的方法。黄定堂（2001）对区域可持续发展系统进行了深层次的分析，提出了三单元要素、三结构层次、三种发展类型的设想，丰富了我国可持续发展的理论基础。张式军等（2011）从法经济学角度提出，资源型城市因矿产资源而获得经济利益的同时，对环境的破坏也是巨大的，并指出环境资源税在这一方面的作用是微乎其微的，但是通过生态补偿机制可以减少"矿竭城衰"的发生，从而实现矿产资源的可持续发展。胡建军等（2012）认为，我国提出的"绿色矿山的理念"是我国实现矿产资源可持续发展的重要一步。张淑英（2012）则采用了低碳发展"3E"模式，对煤炭企业发展与低碳发展的可持续性与协调性做出了评估，并研究得出在转型为低碳经营过程中,企业的用能结构的优化仍是影响煤炭企业发展与低碳发展的最主要原因。其从战略方向、战略保障、战略核心与策略对策等四大方面,给出了针对我国煤炭行业低碳发展的政策意见。卫屹等(2012)、李琳等(2012)、朱训(2013)都认为节约的观点贯穿了资源利用的始终,保持资源的绿色可持续发展,也是为了人类的长远发展。刘琳琳(2014)认为发展循环经济,正是推动煤炭企业低碳经济发展的一个有利途径,其从多方面探讨了煤炭企业低碳发展的路径。郭金刚(2016)通过SWOT分析方法对中国煤炭企业发展环境进行分析,提出了"多元化、创新驱动"的绿色转型战略和新兴能源与传统能源相结合的发展战略,通过不断优化企业的产业结构,实现产业结构的多元化发展。袁亮等(2017)通过对中国五大矿区进行分析,提出要实现矿产资源开采的智能化,提高矿产资源型企业的先进性,实现现代化的发展。冯蕾(2018)对张店煤矿运营情况进行了分析,认为在实现资源的可持续发展过程中,要重视中小企业的绿色发展,加快和实现中小企业的绿色转型。

3.2.3 矿产资源法律法规

依法治国是我国的一项基本国策,对矿产资源,我们同样需要制定相关的法律制度进行管理,这也是中国特色社会主义法律体系建设和生态文明建设的必然要求。我国于1986年颁布了《中华人民共和国矿产资源法》,1994年出台了《中华人民共和国矿产资源法实施细则》,然后1996年对《中华人民共和国矿产资源法》进行了修订,并于1998年颁布了《矿产资源勘查区块登记管理办法》《矿产资源开采登记管理办法》《探矿权采矿权转让管理办法》等行政法规。

在知网中,有关矿产资源所有权的文献并不多,但是学者对自然资源的所有权问题研究较为深入。杨士龙等(2009)研究认为,矿业权特别是采矿权的流转实质上是矿产资源所有权发生转移,可以允许所有权流转而实现资产管理与资源管理的分离,并使矿业权成为资源管理的手段(即行政特许权),矿产资源上的权利形成私权与公权并存的新的配置。但是,在实际开采中,仍存在布局不合理、开采技术落后等问题,这些已经引起社会的强烈反应与重视。而这一问题出现的原因之一就是我国矿产资源产权制度安排和权力配置不合理,这与矿产资源法律制度设计有关。王涌(2013)则把宪法上规定的自然资源国家所有权分为三层结构进行解释:第一层结构是私法权能;第二层结构是公法权能;第三层结构是宪法义务。巩固(2015)认为,我国的自然资源需要国家行使"公权性支配"资源国家所有权的实质是对资源利用进行"积极干预"权,需要通过三种权利(即立法权、行政权和司法权)来对我国的自然资源进行保护。

对矿产资源立法有利于对矿产资源进行合理的开采与保护,解决我国的矿产资源在所有权上存在产权不清的问题。林维实(2007)对我国的矿产资源产权法律制度进行了探讨,指出我国的矿产资源产权法律制度在立法指导上存在一些问题,如思想不够进步,对所有权认识不够明晰。魏钰邦(2010)结合物权法对矿产资源法律制度进行了研究,认为可以将自然资源物权纳入物权法范畴来进行研究。郝蕴(2011)探究了我国矿产资源税费并存的弊端,认为我们应该取消资源税,并且进行一定的补偿,将增值税、资源税、矿产资源补偿费等税费制度改为权利金制度,建立与国际接轨的"资源耗竭补贴"机制。

3.2.4 矿产资源型企业可持续发展

1. 矿产资源型企业可持续发展问题研究

矿产资源型企业面临着一个严重的问题,就是过度地消耗自然资源对生态环境造成了破坏和污染。因此,针对矿产资源的不可再生性和矿产资源开采对环境的破坏,国内学者从全面提升矿产资源开发利用的资源效益、经济效益、环境效益和社会效益等角度出发,对矿产资源存在的问题进行了分析研究。邵建波(2000)认为,矿产资源可持续发展的目标应当是最大限度地保障国民经济社会发展对矿产资源的需要,建立有效的矿产资源保护与管理体系,用健全的法制体系为矿产资源可持续发展护航,在可控范围内减少开发矿产资源产生的环境污染,降低矿产资源开发利用的代价。杨昌明等(2001)认为矿产资源可持续发展体系是根据矿产资源可持续利用能力、矿产资源开发利用对环境影响等方面确定的;焦点问题法作为矿产资源可持续发展评价指标较为成熟的方法,可以动态测算矿产资源的可持续发展。陈玉和等(2010)认为,矿产资源作为具有重大贡献的且不可再生的资源,要实现矿产资源可持续发展,应走创新发展道路,通过技术创新、管理创新、制度创新来实现可持续发展。王树义等(2012)指出,我国已有多个城市面临自然环境破坏、中心产业衰退、失业人数增加及贫困人口较多等问题,通过分析这些资源枯竭型城市产生的原因和面临的问题,其提出了可持续发展的基本措施,即从政策和立法两个方面来保障实施。

陈玮(2013)根据当前煤炭企业现状,建议从循环经济、节能减排、清洁生产、开采治理等方面来促进绿色可持续发展。赵国浩(2015)认为绿色低碳发展是一种在生态环境容量和资源承载能力允许的前提下可持续的发展方法,煤炭企业在开发利用煤炭资源的过程中,向社会提供产品,为社会创造财富,重点关注环境容载量,合理利用资源,维持生态环境平衡,实现绿色低碳的经济生态双重可持续发展。王太星(2015)指出,面对日益严峻的环境问题和社会压力,煤炭企业低碳转型是调整经济结构和解决环境问题的必然要求,有利于实现煤炭资源可持续发展,并且是煤炭企业实现绿色发展的有效途径。孙彦辉等(2015)根据开发的矿种和矿山类型不同,将矿山生态恢复实现模式划分为四大类型,并针对不同的类型对其生态恢复模式分析、制定其可持续发展战略。金岩辉(2017)从政策视角,解析了供给侧结构性改革对中国国民经济和煤炭产业的影响,构建了煤炭企业机械化、信息化、智能化以及自动化发展战略,并认为"四化"战略的全面实施有助于煤炭企业在不久的将来全面实现无人开采模式。徐辉(2019)提出实现矿业经济可持续发展的策略包括开展矿业循环经济,寻找开发新型能源,采取合适的金融机制和健全执法监管体系。可以看出,专家学者对矿产资源型企业可持续发展的重要理论方法的认识基本一致,即关注经济社会发展、生态文明建设、资源开发利用等多个方面,但对矿产资源的可持续发展提出的战略及对策还是缺乏深度,不够系统。

2. 矿产资源型企业可持续发展评价指标体系研究

我国学者对矿产资源型企业可持续发展评价指标方面的研究较多。在指标选取方面,王爱华等(2000)根据可持续发展的基本内涵和方法,从经济效益、社会效益、环境效益这三个方面来构建并组成企业可持续发展指标体系。李新春等(2000)认为可以根据经济发展状况、社会发展状况、环境发展状况和资源状况等的具体指标来确定矿产资源型企业的可持续发展评价指标体系,这一指标体系既定性又定量,使用起来较为简便。杨昌明等(2001)提出对矿产资源可持续发展的具体指标制定应当包括矿产资源储量情况、环境支撑能力、资源消耗比重等方面。黄志伟等(2003)认为,对于经济可持续发展的指标,应该选取最具代表性和重要性的指标体系,如企业收益和员工人均收入;对于矿产资源型企业合理开发利用的指标,可以选取回收率和废物处理量。颉茂华等(2010)认为,构建煤炭企业可持续发展指标体系可以从经济方面、资源方面以及环境方面进行评价;马悦等(2014)在矿产资源可持续发展的审计方面,建立了全过程跟踪审计指标评价体系,根据现有的矿产资源开发项目全过程跟踪审计过程的缺陷和不足,提出了完善法律法规、加强审计力度等建议。

3.2.5 企业绩效评价

国外企业绩效评价理论已经日趋成熟,近年来,我国学者也加强了对企业绩效评价的系统研究,并结合我国企业的特点取得了可喜的成绩。

1. 企业绩效评价指标

王爱华等(2000)对我国企业的传统管理绩效考核模式进行了研究,发现其不能很好地适应当前我国社会的发展要求,其将企业的环境效益、经济效益及其他社会效益的各项指标都纳入企业绩效考核,形成更全面的考评体系。刘亚莉(2003)对以自然垄断企业的利益相关者为主导的、以市场价值为基础的综合性绩效评估体系重新设定,使利益相关者包含了投资者、规制商、政府、公众、消费者五个方面,使评估的内容可以涵盖经济绩效、环保绩效、社会绩效和风险绩效等,在经济绩效中引入市场价值增长率指标评价自然垄断企业的经济绩效。蔡刚等(2004)从七个角度来构建绩效评估指标体系,其中包括企业的管理水平、企业实现可持续发展的能力、企业管理的经营效益、创新效果指标及企业的贡献程度等，满足了我们的企业市场化和国际化发展的需求。在此基础上，他们详细介绍了主成分分析法在我国企业绩效管理中的实践应用。赵丽萍等（2009）通过对企业现有财务指标的分析研究，明确其不能完全反映企业履行社会责任的实际情况，他们的看法主要是，在企业原有盈利、营运、偿债和可持续发展四大评价指标上，补充环境资源的利用和环境贡献指标，包括环境负荷所带来的营业收入、环境资本性支出比、处罚性环境负债比率、绿色产品比率及污染物排放总量、环境设施处理能力、环保资产负债金额总数、环境资本性支出率、处罚性环境负债比率、绿色产品比率和污染物排放量、环保设备处理能力、环境负债总额等指标。刘建胜（2011）在研究转型经济发展理念基础上，构建了一套关于企业循环发展的环境评价指标体系，经过大量研究和筛选，形成从自然资源的综合利用、循环性质特点、生态效益三个方面的环境评价指标体系。饶军等（2012）通过研究分析发现，传统企业经营管理的财务绩效评价制度偏于其他财务指标，其对现有的评价指标进一步完善，提出基于经济社会可持续发展视角下的环保绩效及经济社会绩效等类型的财务指标，主要包括废物排放量状况、企业绿化状况等。李楠（2013）指出传统的绩效评价体系仅以企业当期实现的利润、企业价值最大化来衡量，不能对企业日常行为对企业环境绩效的影响加以反映，并且还提出了将企业社会责任指标纳入一个综合性绩效考评体系的观点，激励企业继续走健康可持续发展的道路。屈晓翔等（2015）以湖南省13市州为例进行绩效评价研究，从经济结构、资源节约、环境友好、社会和谐和科技创新五个层次选取单位工业增加值能耗、二氧化硫排放强度等指标，运用AHP法计算可持续发展综合指数，评价综合绩效水平。米少楠（2015）通过对可持续发展战略的研究，在此基础上构建了绿色发展绩效评价体系，分别从财务、社会和生态等方面对企业绩效进行评价。赵奥等（2018）基于PSR框架视角，从绿色转型所带来的压力、状况和反应三个维度构建了中国经济绿色转型所需要的评价指标系统，并且还提出能源加工转化率、工业生产中的固体废弃物总量以及二氧化碳排放量、建成区的绿化覆盖率是衡量我国资源型企业绿色转变的关键性指标。

2. 企业绩效评价内容

企业绩效评价内容随着评价指标的变化而不断完善。龙静（2006）从绿色可持续发展战略的实际角度考虑，在建立绿色财务管理框架系统的基础上，建议将绿色经济增加值率确定为企业实施绿色财务管理的新指标。温素彬等（2008）按照社会资本的不同结构和形式，构建了企业社会责任利益相关者模型。研究结果表明：从短期结果分析角度来看，当期无法履行社会责任的企业，对财务绩效的直接影响为正或负；然而，从长远趋势来看，企业所要承担的社会责任将对其经营绩效产生正向影响。温素彬（2010）提出建立促进企业实现可持续发展的三重绩效"互惠共生"的生态企业绩效评估体系，将生态绩效评估作为企业绩效考核的一个组成部分，认为企业可持续发展依赖于经济绩效、生态绩效、社会绩效相互配合和统一，从而促进绩效考核评价更具全面性、科学性及决策相关性。田笑丰等（2012）利用理论分析与案例相结合的方式，对湖北的一家上市公司，从盈利能力、发展能力等四个方面进行财务绩效评价，并从优化制造业结构、发展产业集群等方面对该公司未来发展方向提出对策和建议，以促进其持续性发展。杨春燕（2013）从经济学可持续发展这一角度深入研究了传统的财务绩效考核评价框架，构建了包含对社会贡献能力及环境保护能力的企业绩效考核评估体系，并将"多维度分析框架"的运用融入研究中，完善了传统的企业绩效考核评估的基础理论。江晨辉等（2013）基于钢铁企业未来的可持续发展角度，对钢铁企业分别进行了经营管理绩效、财务管理绩效、环保管理绩效、社会管理绩效以及人力资源管理绩效等几个方面的综合评估。张蕊（2014）强调应树立新的效率观、利益观及创新观等管理理念，确立企业业绩评价的原则，基于此原则建立战略性新兴产业企业经营目标与管理理念相适应的评价体系，充分体现战略性、新兴性与循环经济发展规律遵循等方面的评价。杨明（2015）以可持续发展及生态文明观为前提，构建基于平衡计分卡的企业环境绩效评价体系，将低碳环保的管理与投入、企业的社会责任融入其中，全面反映出企业的经济效益和环境效益。惠树鹏等（2016）有效地整合了平衡计分卡、系统动力学的相关理论与研究方法，指出企业要想谋求长期可持续发展,应将企业社会责任纳入绩效考核,摒弃以经济指标考评的原则,从而更全面、客观地衡量企业的绩效。陈承等(2019)结合信号理论,研究了企业社会责任治理信息披露水平、产出信息披露水平对企业财务绩效的信号作用,得出该作用随制度环境而变化的机理,企业社会责任治理信息披露水平对企业财务绩效负向影响,最终得出相对自愿披露组比强制披露组能得出更好的证据支持。田昕加等(2020)基于信号传递理论,实证检验了环境信息披露对企业绩效的影响,结果发现:环境信息披露能够促进企业绩效的提升,但环境信息对绩效的影响程度受环境规制的影响。

3. 企业绩效评价方法

经过长时间的探索和研究,国际上已经形成了比较成熟且完善的分析体系,包括沃尔评分法、经济增加值评价法和平衡计分卡等绩效评价方法。国内学者对企业绩效评价体系的研究相对较晚,但也取得一定的成果。姚佳等(2010)将经济增加值评价法与平衡计分卡这两种业绩评价方法进行对比,通过两者的有机融合来优势互补,有效提升了企业财务绩效评价方法。吴念等(2012)在低碳经济、节能减排的绿色发展背景下,引入企业低碳绩效和低碳能力等指标,建立了对企业经营绩效的综合评价模型。该管理系统把环境和绩效有机融合,推动企业的发展,促进企业实现长期健康发展。胡芳(2012)结合可持续发展理论、利益相关理论和绩效评价理论,采用模糊综合评价方法进行大型公共工程项目绩效评价,建立评判模型,通过改进证据理论进行评判并定量分析绩效评价的结果,大幅度降低了主观评价所引起的误差。杨洪波等(2012)将传统熵权法与改进的层次分析法相结合,利用组合赋权方法进行实证研究,对上市公司财务绩效进行了分析和评价。王祥祥(2014)对我国制造业低碳技术创新绩效从价值链视角来剖析,基于全球价值链构建了制造业低碳技术创新绩效的概念模型,并从低碳技术创新投入产出角度构建全球价值链下制造业低碳技术创新绩效评价指标体系。陈玮(2015)在可持续发展的视角下基于EVA的财务评价动态管理模式,主要包括五大子系统:沟通电商子系统、管理决策电商子系统、业绩评估电商子系统、薪酬激励电商子系统及信息电商子系统,各个系统之间相互作用,彼此影响,形成了一种可以广泛应用于企业财务绩效考核评价的动态化管理方法。申勤(2015)通过对平衡计分卡的深入研究,发现指标越多,企业绩效越好。因此,要及时纠正、适当调整各项指标,根据情况增加一些指标。曾静(2015)认为,传统绩效考核评价的指标太过单一,往往不能全面、合理地评价企业的经营绩效,还容易导致企业管理者过度注重短期经营收益而忽视长期经营目标。其认为引入平衡计分卡能够对国有企业的经营绩效和非财务影响因素等进行综合性的评价,促进国有企业在经济体制改革过程中的可持续发展。孙梅梅等(2016)从绿色发展视角,在原有财务绩效评价指标基础上增加资产环境负债率、绿色资产周转率、绿色资产净利率等指标,最后以财务比率综合指数法为基础,对上述指标处理后实现企业的绿色绩效评价。刘汀(2017)运用平衡计分卡的原理,构建了客户、财务、内部运营、学习与成长四个层次的绩效指标体系,对苏宁并购PPTV的案例进行分析,评价企业并购绩效。李洋宇(2018)强调在理解平衡计分卡基本内容的基础上,创新和拓展平衡计分卡的发展方向,运用平衡计分卡的原理,从计划执行、工作建设、经济资本、审计修订等维度构建了政策审计绩效评价体系。曹宇杭等(2019)构建了经营增加值评价法与平衡计分卡相结合的绩效评价体系。其认为这两种评价方法在对企业进行绩效评价时,都存在一定的弊端,因此在实际的应用中,要充分地结合当前我国企业的现状和特点,基于定量分析和定性分析相结合的绩效评价原则,构建多维度基于绩效预算管理的动态型企业绩效评价体系。王晓丽(2019)总结了四种最广泛、最常见的绩效评价方法,包括绩效指标法、目标管理法、标杆管理法及平衡记分卡,将其各自的特点进行总结归纳。程森(2020)以"二八原则"及"SMART原则"为研究基础,对熵值法权重计算进行改进,建立熵值法KPI指标权重计算模型,对绩效考评方法进行了完善与补充。

3.2.6 矿产资源型企业绩效评价

矿产资源作为一种不可再生资源和重要的战略储备物资,为我国经济发展做出了巨大贡献。一般来说,矿产资源型企业所依赖的资源是可支配的自然资源,而人类对自然资源的掠夺性开采会导致资源枯竭和环境恶化,最终不利于企业长久发展。因此,对矿产资源型企业的可持续发展要求不仅是时代发展提出的新的要求,也是其自身发展的必然要求。为此,我国部分学者对此进行了系统而深入的研究,主要集中在以下几个方面。

1. 矿产资源型企业绩效评价指标体系

李新春等(2000)、黄志伟等(2003)提出了一套矿产资源型企业可持续发展的指标体系:一是经济发展,这是矿产资源型企业可持续发展的物质基础;二是社会发展;三是环境保护,这是矿产资源型企业可持续发展的核心,是企业实现可持续发展的关键;四是资源的合理开发利用。翟兴昌(2005)将综合利用率指标与综合开采率指标运用到矿产资源的利用效率评价体系中。田翠香等(2008)指出矿产资源型企业要将可持续发展思想融入企业发展战略中,但现有绩效评价指标体系与企业的可持续发展存在矛盾,并不能满足矿产资源型企业的长期发展。其提出将环境绩效因素加入现有绩效评价体系中,同时设置了资源耗用情况、资源利用和再利用效率、环保投入和污染控制程度等分层指标。付传君等(2011)也针对我国矿产资源的开发利用规模小、结构分散等问题,建立了包括开采秩序、开采安全性、资源利用效率、环境治理以及社会效益五个指标维度的矿产资源开发利用绩效评价指标体系。吕靖烨等(2020)以长期及短期财务指标值为因变量,以环境绩效为自变量,运用双重差分模型检验不同环境约束对长期、短期绩效的影响。研究发现,强环境约束下对短期绩效不佳,而对长期绩效有益。

2. 矿产资源型企业绩效评价内容

侯广辉(2007)指出矿产资源型企业的快速扩张带来的不仅是安全生产问题,更严重的是社会发展问题。不平等程度的加剧及条块分割使国民经济可持续发展陷入恶性循环之中。政府应在不可再生资源的开发利用中发挥宏观调控作用,建立合理的激励机制。郑贱成等(2009)对临澧县13种矿产资源开发的经济效益进行了计算和分析,并对临澧县矿产资源勘查规划提出了指导性意见。罗辉等(2010)提出从财务管理绩效、财务绩效、社会绩效以及环境绩效四个维度建立针对我国地方政府和矿产资源公共投资项目的绩效评估体系，并提供了部分具体指标的数值计算方法，但并未充分结合具体数据进行实证分析。张京等（2013）基于"两型"经济社会建设的大背景，构建了综合考量能源企业经济效益、社会效益和环境效益相结合的三维财务绩效评价体系。实证研究结果发现，在三个维度中经济效益得分最高，总体上财务绩效普遍相对较低。为此，其建议所有能源企业在努力追求自己的经济效益的同时要协调好社会效益与环境效益，实现整个企业的可持续发展。姚天蕊等（2016）在低碳经济的背景下，针对矿产资源型企业开展研究，并基于矿产资源型企业的发展目标，对企业绩效评价的评价方法和原则进行选择，力求低碳经济下的企业绩效评价体系能够更加科学和完善。张其春等（2021）认为命令控制型政策对资源循环利用企业绩效具有显著负向效应，经济激励与鼓励引导型政策则起到显著正效应，对企业提升其可持续发展具有重要决策参考价值。

3. 矿产资源型企业绩效评价方法

郭峰濂等（2004）阐述了我国矿产资源可持续发展的现实障碍，构建了包括总量、构成、技术、本质和环境五个维度的矿产资源利用绩效评价体系。贾竞（2009）指出现有绩效评价体系并没有考虑到矿产资源型企业对环境的影响问题，不能有效激励企业建立可持续发展的战略目标，应将环境因素纳入绩效评价指标体系，根据循环经济"3R"原则和建设特点，结合发展循环经济的实际情况，建立循环经济企业绩效评价指标体系。罗能生等（2011）强调以科学发展观为指导，从发展水平、协调度、可持续性和人文关怀四个维度，构建了我国矿业可持续发展水平的测度体系，并根据五大矿业的统计数据进行了实证分析。汪巾力（2015）认为将平衡记分卡中原有四个维度的测评应用于煤炭企业是不科学的，因此对平衡记分卡的内容进行调整和改进，加入了社会责任维度，强调安全和绿色生产的可持续发展能力。朱海宁（2016）认为，建立在低碳减排基础之上的新能源企业绩效评价是实现快速和可持续发展的重要前提保证，据此他建议把层次分析法和模糊集理法应用于新能源企业绩效评价中,以达到减少指标冲突和提高绩效评价科学性的目的。马玉林(2018)指出了煤矿企业普遍采用的传统绩效评价方法的不足,并就当前形势煤矿企业运用平衡计分卡对企业降本增效、提升价值创造能力的重要作用进行了阐述。

通过对上述文献的综述研究,我们发现对矿产资源型企业必须走可持续发展之路。国内外学者为矿产资源型企业实现可持续发展提供了各种技术方法,但是,现有的研究,大多仅将环境、经济等因素融入矿产资源型企业的可持续发展评价中,而很少以矿产资源型企业实践为研究对象,缺少针对性的研究分析。当今社会越来越智能化,人工智能被各行各业所青睐,因此,我们也应该将矿产资源的可持续性与人工智能相结合,为矿产资源实现可持续发展提供更多的方法。

国内外学者关于企业绩效评价体系的研究广泛而深入,并随着不同时代的发展要求而逐步被完善。但是目前国内外学者对矿产资源型企业绩效方面的研究较少,大多数研究成果都是对国外研究成果的应用或整合,而且我国现行的评价体系还存在不少问题。从我国学者研究的文献中可以发现,我国学者尽管已经开始重视非财务指标的引进,但是对非财务指标的量化问题提及较少,在权重确定上也主要集中于运用层次分析法、网络层次分析法、数据包络分析法及模糊评价法。

随着可持续发展战略的进一步推进,国内外学者也提出了建立符合可持续发展要求的企业绩效评价体系的构想。然而,目前的绩效评价体系大多还是以财务绩效评价为重点,一些指标体系虽然也考虑了企业的社会贡献和环境影响,但仍然是片面的,不能充分反映企业价值创造在经济、生态、社会等方面的协调性和可持续性。因此,本书试图从经济、社会、环境绩效这三个维度重构地矿企业绩效评价指标体系,借鉴国内外企业绩效评价的研究成果和实践经验,找到适合提高地矿企业绩效的评价方法。

4　地矿企业发展概况

4.1　全球地矿企业发展状况

矿业是人类经济与社会发展的重要基石。据《全球矿业发展报告2019》数据显示，2018年人类所消耗的资源中，矿产资源占80%以上，而地球上平均每人每年要消耗约3吨矿产资源。能源占了矿产资源生产、消费中的大部分。据《2019年全球矿业全景图谱》，目前世界上常用的金属矿产约有80多种，其中，铁、铜、铝土矿、铅、锌、钴、磷酸盐、锡、汞等9种都具有产值大、外贸量大的优势，战略地位也十分重要。全球矿产开采集中度显著，70%~75%的矿产资源集中在十几个国家，尤其是少数工业发达国家。俄罗斯和美国是目前世界上矿业规模最大的国家。矿业发展迅速，采矿规模较大的还包括中国、智利、赞比亚、扎伊尔、秘鲁、墨西哥、巴西、阿根廷等。

第一，国际大型矿业公司金融化程度高，掌握了全球优质化资源。

目前，全球大中型采矿企业集中了世界大量优质的矿山，"占据"世界级矿山成为大中型采矿企业的核心战略。比如淡水河谷集团、必和必拓、力拓、FMG集团四大铁矿石生产巨头就"占据"了全球十大铁矿石山中的九座，而且铁矿石山的采矿、造矿等生产成本非常低，2018年四大铁矿石离岸现金成本（由采矿成本、选矿成本、管理和维护费等）平均为20~30美元/吨，2018年全球铁矿石价格平均在60美元/吨以上。全球十大铜矿均位于山区，必和必拓公司、力拓、嘉能可公司、英美资源集团和自由港拥有其中6座铜矿。

矿业企业的金融机构化程度可以透过金融机构在矿业企业中所占有份额的多寡体现：企业金融持股比率较高，反映了矿业企业与金融资本的结合程度较深，企业运用金融资本的实力较强，金融在矿业企业运营决策中的影响力也相对较高，这些企业的金融化程度较高。通过剖析境外大型采矿企业股权结构，计算金融机构在境外主要采矿企业的持有比率可看出：国外采矿企业金融机构持有比率一般偏高，运用金融资本实力较强。如2018年美国、加拿大、澳大利亚、日本、巴西、英国等国矿业企业金融机构持股比率一般在50%以上。

第二，矿业公司市场条件发生了变化，控制重大风险仍是重点。

受疫情影响，人们对制造业、飞机、车辆、建材等需求减少，加之国际贸易和税收优惠的影响，2020年上半年，全球矿业和金属行业的并购活动显著减少。据Global Data统计，2020年上半年全球矿业和金属制造业并购额为171.6亿美元，同比下降39.6%，其中第二季度为88.6亿美元，环比增长29.1%，加拿大、澳大利亚和美国分别位于前三。普华永道发布的《全球金属并购2020年中期报告》显示，2020年上半年金属行业并购数量为271起，较2019年同期的309件下降12.3%，较2019年同期的320亿美元下降81.3%，至60亿美元。不过，与2019年同期相比，第三季度和第四季度并购有所回升。

根据加拿大矿业网对全球市值50强公司的调研，它们的市值在2020年年底达到历史新高1.3万亿美元，较3—4月增加了5 800亿美元，仅第四季度就增加了2 500亿美元。市值最大的四家矿业公司必和必拓、力拓、淡水河谷和福特斯昆金属直接受益于铁矿石的大幅上涨，其中福特斯昆金属公司在铁矿石公司中排名从第八位上升至第四位，在矿产矿种方面，多元化和黄金企业占据多数。

4.2 我国地矿企业生产特点

4.2.1 我国矿产资源分类

矿产资源是指地质作用下产生的具有使用价值的固态、液态和气态物质资源。矿产资源按性质和功能分为能源矿产资源、金属矿产资源、非金属矿产资源和水气矿产资源。

1. 能源矿产资源

能源矿产资源较为丰富,但结构不理想,煤炭资源所占的比重比较大,石油、天然气资源相对较少。煤炭资源的主要特点是:储量大,但勘探程度低;煤炭资源丰富,肥厚不均;焦煤和无烟煤丰富,煤量大,煤层为褐煤。石油资源的主要特点是:石油资源量大(我国是世界可采资源量超过 150 亿吨的 10 个国家之一),勘探程度低,陆上探明的石油储量仅占总资源量的 1/5 左右,近海勘探较少;分布区较为集中,超过 10 万平方千米的 14 个盆地石油资源量占我国的 73%,中西部天然气资源量占全国的一半以上。此外,能源矿藏,如地球热能、油页岩等在我国也相当丰富。

2. 金属矿产资源

金属矿产资源方面,我国是世界上金属矿产资源比较丰富的国家之一。世界上已发现的金属矿产,基本在中国都有探明储量。其中,探明储量居世界第一的为钨、锡、锑、农用稀土、钽、钛等,居世界第二的为钒、钼、铌、铍、锂,居世界第四的为氧化锌,居世界第五的为铁、铅、金、银。金属矿产资源的主要特点是:分布范围广,在一些地方相对集中。如铁矿主要分布在鞍山—本溪地区、河北北部、山西三省,铝土矿主要分布在山西、河南、贵州、广西等地,钨矿主要分布在江西、湖南、广东,锡矿主要分布在云南、广西、广东、湖南。一些矿产储量大、质地优良,在国际上也有很强的竞争力,如钨、锡、铝、锑、稀土等。但在很多地方主要矿产物质资源较差,如铁、锌、镁、铜等,贫矿多,难造冶矿的多,小型矿床多,大型矿床所占比重不多。

3. 非金属矿产资源

非金属矿产资源方面,我国是世界上为数不多的非金属矿物产品比较齐全的国家之一,已探明储量的非金属矿产产地有 5 000 多个,涉及的非金属矿产资源有菱镁矿、石墨、萤石、光面岩、石棉、石膏、巴比伦石、明矾、膨润土、食盐等;钾盐和硼矿资源相对短缺。不过,一些非金属矿物的分布并不均匀,尤其在沿海地区和经济发展地区,已探明储量尚无法满足本区域经济社会发展和出口创汇资源的利用需求。

4. 水气矿产资源

水气矿产资源方面,我国已探明地下水自然资源量为 8 700 亿立方米/年,可开采资源量为 2 900 亿立方米/年,地下盐水自然资源约为 200 亿立方米/年。地下水资源区域分布不均衡,南部地区丰富,西北部明显不足。

4.2.2 矿业总体特征

矿业是指勘查、开发和生产利用矿产资源的行业,它对人类社会进步有着巨大的促进作用,为国民经济的高速发展提供了物质基础保障,矿业主要具备以下特征。

1. 矿业处于产业链前端,是基础产业

由于投资高、周期长,矿业本身经济效益不是很高,但对后续中下游加工业会产生比企业经济效益更大的效益,不发展矿产后续产业就会缺乏加工原料和能源,因此矿业是国民经济发展链条的前沿产业,是国家的基础产业。

2. 矿业是一个需要不断投资的资金密集型产业

矿业企业常被称为"流动的地下工厂"。资源储量的复杂性和开发要求的多样性,要求矿业企业继续进行技术升级,甚至更换生产工艺和技术装备。矿产资源开采完成后,应继续投入资金勘查新的资源储量、开发新的车间、培训工人、安置"闭坑"和闲置工人,以实现矿业的可持续发展。另外,矿业生产与生态环境密切相关,环境保护需要加大投入,否则环境问题就会演变成污染事件。危机管理所需的人、钱、物巨大,对企业来说血本无归。

3. 矿产资源企业地点远,作业条件艰苦

开采应根据已探明矿产资源的自然条件选定,矿产资源分布不均衡,一般处于远离城镇的偏远山区,工作环境艰苦,矿工家属及其子女就业条件较差。

4.2.3 主要矿产资源的基本情况

1. 能源矿产资源

我国已发现的能源矿产资源有煤、油页岩、铀、钍、油砂、天然沥青等12种固态,液态有石油以及气态有天然气、煤层气、页岩气。在中国,92%的一次能源来自矿产。人类通常使用煤炭、石油和天然气,它们有着悠久的历史,也是工业的重要原料。新开发的有煤层气、油砂、天然沥青等一次能源。20世纪以来,随着科学技术的进步和资源开发利用的升级,核能和地热矿产资源作为铀、钍、地热能等能源被开发出来。

我国能源矿产资源种类比较齐全,资源丰厚,分布广泛。已知探明储量的能源矿产有煤炭、石油、天然气、油页岩、煤、铀、钍和地热能8种。在最重要的能源矿产资源中,已标明的煤炭资源有5 345处,保有总储量10 025亿吨,居世界第三位;石油资源有32个油区,探明地质储量为181.4亿吨,剩余探明可采储量为22.41亿吨,居世界第十一位;天然气资源量约70万亿立方米,剩余可采储量为0.706万亿立方米,居世界第二十一位。

中国是最早发现和利用煤炭、石油、天然气和地热资源的国家之一,其中铀矿石的开发利用几乎与世界同步,各种能源矿产都有不同的发展历史。我国于1949年后进行了大规模的资源调查和开发,历经70多年,相关工作取得了重大进展。表4.1为中国能源矿产资源的主要分布地区与主要矿地。

表4.1　中国能源矿产资源的主要分布地区与主要矿地

分类	分布地区	主要矿地
煤矿	山西、内蒙古自治区、陕西、新疆、贵州、宁夏、安徽、河南、山东、黑龙江等地	大同、王坪、平朔、西山、太原、东山、阳泉、汾西、霍山、韩城、晋城、伊敏、大雁、霍林河、平庄、乌达、铜川、浦白、鹤岗、双鸭山、七台河、鸡西、龙口、新汉、兖州、枣庄、石嘴山、石炭井、灵物
石油天然气	目前,我国24个省市发现了可供利用的油气,进行过资源估算的有145个,例如准噶尔盆地、塔里木盆地、吐哈盆地、柴达木盆地、酒泉、鄂尔多斯盆地、苏北、珠江口、北部湾等	克拉玛依、淮东、塔北、塔西南、吐哈、青海、玉江、川中、大庆、吉林、长春、冀东、大港、华北、胜利、渤海、台西、万安、曾西等

(续表)

分类	分布地区	主要矿地
铀矿	主要分布在江西、广东、湖南、广西、新疆、辽宁、云南、河北、内蒙古自治区、甘肃等地	相山、下庄、青龙、腾冲、小丘源、蓝田、伊利、白杨河、衡阳、上尧、抚州、乐安、仁化、本溪、衡州等
地热	河北、北京、吉林、西藏、陕西、四川、天津、山西、湖南、福建、江西、广西、广东等地	怀来后郝窑、昌平小汤山、白头山、那曲、新绰阳王乡、长安蚌浴、英山、腾冲、阳江等

综合来看,我国能源矿产资源生产的重点地区主要分布在山东、广东、辽宁、江苏、陕西、河北、山西和四川等省,这些地区支撑了我国庞大的能源产业。

中国神华能源股份有限公司以煤炭生产为主营业务,拥有13家控股和自备公司,是神华集团于2004年独立发起设立的股份公司,是以煤炭为主的综合性能源公司,同时兼营铁路及港口运输、电力输送和销售。其2019年煤炭产量约282.7百万吨,煤炭销售量447.1百万吨,煤炭销售量284.8百万吨,外购煤162.3百万吨,铁路运输周转量285.5亿吨千米,港口黄骅港和神华天津煤炭码头水煤2.697亿吨,海运货运量10 980万吨,海运周转量896万吨,总发电量153.55亿千瓦时,售电量144.04亿千瓦时,煤化工、聚乙烯销量3.19亿吨,聚丙烯销量3.023亿吨。[①]

山西焦化集团有限责任公司是一家集煤焦化生产、销售、技术服务于一体的煤炭综合煤炭利用企业。该公司成立于1969年,总资产231亿元。现有JN60型焦炉6座,设计产能360万吨/年,拥有煤焦油加工30万吨、甲醇35万吨、苯精制10万吨、炭黑8万吨,主要生产焦炭、硫酸铵、工业萘、沥青、蒽油、洗油、苯酚、炭黑、甲醇、苯等45种产品。该公司持有山西中煤华晋责任有限公司49%股权。

山西焦煤领导班子在2020年下半年工作会议上提出了"三个三年三步走"战略布局,确定了新焦煤发展方向和路径。山西焦化集团有限

---

① 以上数据来源于企业年报。

责任公司牢牢把握高质量发展的主动权,践行精益化管理,深化内部改革,激发转型活力,加快培育企业发展新动能,努力打造"全国一流煤焦化原料循环经济产业示范基地",为山西焦煤打造世界一流炼焦煤和具有全球竞争力的焦化企业做出新贡献。

2. 金属矿产资源

金属矿产资源是指能够通过冶炼提取金属元素的矿产资源。1949年以来,金属工业快速发展,至2005年年底我国成为世界第一大有色金属生产国和消费国。据《中国矿产资源报告(2015)》报告,我国粗钢、10种有色金属(10种常用有色金属的简称)、稀土、金矿产量均居世界首位。根据工业用途和金属元素的性状,金属矿产资源的分类如表4.2所示。

表4.2 金属矿产资源分类

分类		金属
黑色金属		铁、锰、铬等
有色金属矿产	常用有色金属矿	铜、铅锌、镍、钴、锑、铝土、镁、汞、铋、钛、钠等
	贵金属矿	金、银、铂族金属(铂、钯、铑、铱、钌、锇)等
	稀有稀土金属矿	钼、氟碳铈镧、磷钇、独居石混合精矿等
	放射性金属矿	铀、钍矿等
	其他有色金属矿	锂、铍、铯、钽、铌、钛钽铌、钒、锆等

金属矿产资源是人类物质生产的重要基础,是人类生活资料的重要来源,是国家实力的体现。金属矿产资源在我国经济建设中发挥了巨大作用。金属矿产勘查技术主要有以下几种。

1) 地下电磁波法

在对金属矿产进行勘查时,较为常见的技术之一便是地下电磁波法。在实际工作中运用该方法,主要是对电磁波可在地下进行传播的特性进行利用,从而有效解决勘查工作中的问题,实现金属矿产资源高效勘查。

2) 地震勘查技术

这种金属矿产勘查技术目前仍处于前期发展阶段,其应用主要表现在两个方面:一是通过对某地段岩石和矿石的物理性质分析,判断对其进行勘测是否有意义;二是利用金属矿产和散射波长特性的相关性对散射波长进行分析,判断所探测的金属矿产是否存在。对千差万别的地质体,通过散射波定律,金属矿中的不均匀质体能有效及时地被发现。

3) 地质遥感技术

地质遥感技术可将现代遥感技术及时应用于地质勘查,进行地质资源勘查和调查研究。由于不同地质体对电磁波辐射的影响不同等,地质遥感技术可利用不同地质体的差异,并通过对相关数据的分析研究,获取相应区域的地质体的结构信息。该技术可快速分割矿区结构和腐蚀带,节约勘探成本,优化勘探效果。此外,高光谱遥感技术作为地质遥感技术的一种,也日益受到重视。

紫金矿业集团股份有限公司是一家以金、铜金属矿产资源勘查开发和工程技术研究应用为主的大型跨国矿业集团。该公司已在香港和上海全面上市。该公司在 2021 年《福布斯》公布的排行榜中显示,全球 2 000 家上市公司中排名第 398 位,全球黄金企业第 3 位和全球有色金属企业第 7 位,在 2020 年《财富》公布的排行榜中国 500 强中排名第 77 位。据紫金矿业集团官网介绍,公司矿产金、铜、锌、银产量排名前三,在国内 14 个省(区)及海外 12 个国家有重要矿业投资项目,如国内有福建紫金山金铜矿、黑龙江多宝山铜矿、西藏驱龙铜矿等重点矿山,海外有哥伦比亚弗里蒂卡金矿、刚果(金)卡莫阿铜矿、塞尔维亚佩吉铜金矿等具有国际影响力的矿山,其中卡莫阿铜矿铜矿资源储量达 4 369 万吨,是全球第四大铜矿。

3. 非金属矿产资源

非金属矿产资源是指能够供工业提取某种非金属元素或者直接利用矿物或矿物集合体的某种工艺性质的矿产资源。除金属矿物和燃料矿物外的所有经济矿物和岩石的总称。我国非金属矿产资源丰富,品种繁多,目前已探明储量的非金属矿产有 125 种(含亚种)。非金属矿物主要品种为金刚石、石墨、天然硫黄、黄铁矿、水晶、刚玉、蓝石等。

至 2021 年,我国主要探明的非金属矿产中,硫矿 760 多处,总保有储量为 14.93 亿吨,居世界第二;磷矿 412 处,总保有储量为 152 亿吨,居世界第二;钾盐 28 处,总保有储量为 4.56 亿吨;盐矿 150 处,总保有储量为 4 075 亿吨；芒硝矿 100 余处，总保有储量为 105 亿吨，居世界第一；硼矿 63 处，总保有储量为 4 670 万吨，世界第五；重晶石矿 103 处，总保有储量矿石为 3.6 亿吨，居世界第一；金刚石矿 23 处，总保有储量为 4 179 千克；石墨矿 91 处，总保有储量为 1.73 亿吨，居世界第一；石膏矿 169 处，总保有储量为 576 亿吨；石棉矿 45 处，总保有储量矿物为 9 061 万吨，居世界第三；滑石矿 43 处，总保有储量为 2.47 亿吨，居世界第三；云母矿 169 处，总保有储量为 6.31 万吨；硅灰石矿 31 处，总保有储量为 1.32 亿吨，居世界第一；高岭土矿 208 处，总保有储量 14.3 亿吨，居世界第七；膨润土矿 86 处，总保有储量为 24.6 亿吨，居世界第一。

4. 水气矿产资源

水气矿产资源是指以气体或液体为载体形式的矿山资源。水气矿产包括地下水、矿泉水、二氧化碳、硫化氢、氦气、氡气 6 种矿产。我国矿泉水资源和二氧化碳气资源也比较丰富。目前世界水气矿产的发展较快，品种不断增加，储量也在增大，如地下湖泊中新发现含有不同有益成分的矿泉水和氮气，波兰的一个地下湖水含有数亿吨有色金属，提高了水气矿产综合利用的附加值。

1) 地下水

地下水是指在一定时期内人类可利用的地下淡水量，地下水资源是水资源的组成部分，通常按地面渗透补给（包括自然补给和开采补给）计算。因此，地下水资源开采量不能超过供给量，否则会危害环境，使生态条件恶化。

2) 矿泉水

矿泉水是出自地下深部自然涌出或人工发掘、未受污染的地下矿泉水，含有定量矿盐、微量元素及二氧化碳气体。一般情况下，其化学成分、流量、水温等动态在天然波动范围内较为稳定。矿泉水是在地层深层循环形成的，含有符合国家标准规定的矿物质和限量指标。

3) 二氧化碳

二氧化碳是常温下无色、无味的气体，化学式为 CO_2，式量为 44.01，是一种碳氧化物，密度略高于空气，俗称碳酸气。固态的二氧化碳俗称干冰,在升华过程中会吸收很多热量,因此常被用作制冷剂,比如人工降雨,或者在舞台设计中用来制造烟雾。一般依据 CO_2 的工业价值,将 CO_2 含量超过 60% 的气藏称为 CO_2 气田或气藏,二氧化碳气田具有多种工业用途,经济效益显著。

4) 硫化氢

硫化氢是硫的氢化物中最简单的一种,又称硫酸氢。它是一种极性分子,其分子的几何形状与水分子相似,呈弧形。由于 H-S 键能较弱,硫化氢在约 300℃时分解。室温硫化氢是剧毒气体,应在通风中使用,必须采取防护措施。硫化氢在工业生产中应用较少,一般作为一些化学反应和蛋白质自然降解过程的产物,以及一些天然物质的成分和杂质,而存在于许多生产过程和自然界中。如采矿和有色金属冶炼、煤炭低温焦化、含硫油提取、精炼、橡胶、皮革、染料、制糖等行业均有硫化氢产生。

5) 氦气

氦气是无色无味的稀有气体,沸点最低,不易液化,稳定性好,扩散性强,溶解度低。氦气具有特殊的物理化学性质,是关系国家安全和高新技术产业发展不可替代的重要稀缺战略资源。氦气资源被广泛应用于各行各业,从半导体制造、焊接,到工程学应用、磁共振成像等,我国氦气资源在各行业中资源应用占比如图 4.1 所示。目前我国的氦气资源比较稀缺,仅占世界 2% 左右,95% 左右氦气资源需要进口,而美国是第一大氦气资源国。

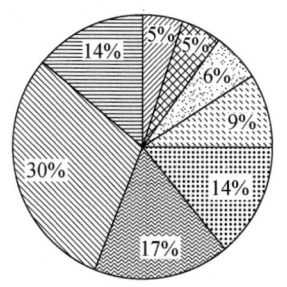

图 4.1 我国氦气资源在各行业中资源应用占比

6）氡气

氡气（Rn）是一种放射性惰性气体（又称稀有气体）。三种放射性元素锕（Ac）、钍（Th）、镭（Ra）均在变态后产生氡，即 Rn-219、Rn-220 和 Rn-222。它们是氡元素的三个自然放射性同位素，最稳定的是 Rn-222，最不稳定的是 Rn-219。氡是无色、无味，无臭的气体，密度是空气的 7.5 倍，氢气的 100 多倍。像其他放射性元素一样，氡对人体健康是有害的。特别是吸入的氧气会在人体内产生"内照射"，严重伤害细胞组织，诱发癌症。在美国，约有 14 000 人因吸入放射性氡而死亡。中国香港当局已确定 50% 的肺癌死亡为氡，氡不仅能导致肺癌，还能导致白血病，世卫组织已将氡列为 19 种致癌物之一。氡主要用于放射性物质的研究，可做实验中的中子源，也可用于气体示踪剂。

4.2.4 主要地矿企业生产流程及模式

1. 能源矿产资源企业的生产流程及模式

1）中国石油化工集团有限公司生产流程

中国石油化工集团有限公司的生产流程是：采取原油勘探泵送至原油罐，然后进入常减压后电解脱盐，加温至 225 度蒸馏分拣，进行催化焦化后加氢生成粗汽油、天然气、煤油及聚乙烯材料。常减压蒸馏工作流程，原油经原油泵升压后至换热器换热，经电脱盐后进入换热器，换热至 225 度后进入初馏塔，原油经筛板、塔板过滤，将细化的氢馏分至塔顶流出，做重整原料，初底油经换热后进入加热炉加热，后进入常压塔内进一步分馏出汽油、溶剂油、柴油，部分厂底油经加热炉后作为减压材料，分馏出柴油、蜡油，塔底拣渣作为二次原料。

催化裂化加工流程：从常减压车间过来的减压渣油、常压渣油和直流蜡油形成催化裂化装置原料，这些原料经过混合预热后进入提升管反应器，在再生高温催化器短接触的情况下发生催化裂化反应，生成反应油气，进入分馏塔分馏生成油浆、柴油、粗汽油、富气，粗汽油压缩富气在吸收塔、再吸收解析塔、稳定塔的作用下分馏出稳定汽油、液化气、干气。

焦化流程：原料进焦化管进泵打出，再经过换热器预热，进加热炉，对流进分馏塔 0 和 3 层 350 摄氏度与油炭塔顶高温油气接触加热，分馏塔顶切割富气,经压缩机压缩为石油液化气、汽油、柴油、蜡油,塔底油和循环油经泵送至加热炉快速升至490~500摄氏度,通过四通阀进入焦炭塔缩合形成的焦炭达到一定的高度后切换塔四通阀至另一个预热好的焦炭塔,此时达到一定高度,焦炭塔冷却初焦在全国多个地区设有炼油基地,结合委托分包加工的方式进行成品油生产。

2)中国神华能源股份有限公司生产流程

中国神华能源股份有限公司的生产流程是:采取勘察、设计、提炼、运输和销售一条龙系统化运营方式,其主要煤炭来源于神东煤田,神东煤田地质结构简单,煤炭层倾斜角小,煤源燃烧热量中高级以上,瓦斯含量低,便于机械式作业,开采难度较小。开采方式主要采取四种矿进模式:①二井二面配合配备二综四连580人,生产能力为20 Mt/a;②一井,二综四连400人,生产能力为20 Mt/a;③一井,一综二连300人,生产能力为10 Mt/a;④矿井一综100人生产能力为10 Mt/a。开采过程使用平硐开拓方式,无盘区式布置,沿煤层布置3~4条大巷,沿大巷两侧直接布置条带工作面,抽风式通风,走向前臂后退式采煤法,巷道掘进采用连续采煤机煤巷掘进,配备连采机、梭车、锚杆机、运煤车、破碎机,铲车百分之百采用树脂锚杆支护双巷掘进,日行进2 000~3 200 m,锚杆机打眼,双人同时打四个眼,从打眼到锚固保持2~4分钟,锚杆机配备临时支护系统提高人员作业安全,属于干式打眼法,配合吸尘器共同作业,采掘工作实行一体化战略布局,挖掘、支护、运输一体。输送装备使用无轨胶轮化传送带,安全监测实时系统。

采煤设备使用美国JOY公司和德国爱柯夫连续采煤机设备6LS-5型双滚筒采煤机,计算机系统远距离控制,工作记录参数可由地面调度读取。刮板运输机、转载机、破碎机采用美国JOY公司交叉倾斜机头,集中控制联动,输送设备采用软启动系统和过载警示系统。工作面运输巷输送机则是由美国朗艾道公司制造的,采煤方式主要通过煤层巷道机械挖掘作业,并通过控制机滚筒截割和履带行走机构前进或后退。其作业主要依据横置在前方的倾斜锯齿,履带控制行进距离对开采作业面进行定位,旋转推进滚筒切割煤层形成巷道,升降油缸改变滚筒行进方向向下,截割出于滚筒等宽的弧形作业带,循环作业后形成基本巷道。当循环作业到达规定深度后退出采煤机转换巷道,铲车进行浮煤清理工作,运送至破碎机进行处理,并对巷道及时进行锚杆支护,支护方式采取整体顶梁支护,防止塌落冒顶事故发生。安全技术员负责收集调度滚筒,编写安全技术措施,回收旧滚筒。井下更换滚筒由安全负责人统一指挥。井下供电(如通风供电)均采用地表35KV的移动电箱控制,连接地面调度控制室受控,确保用电及时和质量。

3) 山西焦煤集团有限责任公司生产模式与流程

(1) 定制焦生产模式如下:

该公司按照全面管理的要求,转变观念,积极践行,深入贯彻"以客户为中心,以效益为核心"的营销理念,在山西焦煤销售总公司的大力支持下,经过科学论证,焦化厂三大生产系统焦炭产品规格分别调整为一级焦、准一级焦、高硫准一级焦。其中,高硫准一级焦全部定向供应。这一调整,使公司的生产更趋于精益化、精准化,预示着定制焦生产将成为公司一种新的商业模式,原料采购和产品销售将走向集中化。

生产定制焦给生产系统带来了严峻的挑战和考验。生产需要什么煤种,如何优化配煤比方案,现有筒仓货位和煤场如何置换和调整,焦化加热系统如何调节,脱硫工艺如何稳定运行等,都需要兼顾考虑,协调配合。为确保定制焦顺利生产,该公司高度重视,提前谋划,多次召开专题会议对定制焦生产各环节进行科学论证和沟通,详细研究确定定制焦生产时间、供煤方式、货位调整、配比;各相关部门提高政治站位,生产调度中心牵头组织,煤炭公司、配煤实验中心、销售公司、焦化厂等产供销运单位各负其责、密切配合,树立效益优先理念,全力以赴保障按期生产。

(2) 炼焦生产工艺流程如下:

焦化生产根据精煤的特性,在焦炉内密闭高温干馏,分解碳化,生成焦炭和焦炉煤气,通过各种化工装置提炼焦炉煤气,回输焦油、硫铵、粗苯、硫黄等化工产品。在选煤车间,进厂洗选煤应按不同煤种分场所卸车储存。当需要储煤塔供煤时,精煤场将煤送入各个煤坑内的煤漏斗。煤坑配备了将煤炭送入破碎机的设备。可调式供煤机通过控制供煤速度,控制各种煤的大小,达到精确配煤的目的。这个过程不仅可以提高配煤效果,还可以减少投资。当地煤炭和晋城无烟煤通过石炭窑、可调节体积进料机进入PFCK可逆反击锤式粉碎机,粉碎成小于1毫米颗粒占75%以上。破碎后的弱粘度煤与共同投入PFJ反式破碎机的未破碎焦煤再次破碎混合,焦煤破碎至3毫米以下。经过粉碎、混合、粉碎三道工序的合煤,最终通过皮带输送机将球运到煤塔上供焦炉使用。选煤工艺的关键是用PFCK可逆反击式摊铺粉碎机粉碎结合的常规煤和无烟煤,用未粉碎的焦煤粉碎机粉碎粗粒PFJ变压器粉碎机。其目的是使弱耦合煤的粒度小于主焦煤的粒度。不同粒度的煤经粉碎混合后,可以形成更合理的粒度配比,提高煤堆密度,使主焦煤与弱结合煤或未结合煤结合,从而达到更好的捣焦固结效果。该技术是实现大量使用当地廉价非焦煤生产优质冶金焦的关键之一。

在焦化车间,通过摇摆给料器将煤放入坦帕车的煤箱中,再通过坦帕车根据运行侧放入炭化室,在炭化室中经过焦化循环的高温干馏将煤饼精制成焦炭和尾气。炭化室焦炭成熟后,引入推焦机。堵焦机引入熄焦车后,熄焦车由动力车牵引至熄焦塔喷水熄焦。焦炭卸至干焦台,干燥一段时间后供应筛分储存系统。蒸馏煤时产生的废气积存在炭化室上部空间进入上升管,再通过桥管进入回收管。废气中的焦油经桥管循环喷氨后凝集下落。气体与冷凝的焦油、氨水一起,通过气体吸引管进入气体净化和化工产品回收车间。从外管引入焦炉加热用焦炉煤气。焦炉加热过程产生的废气通过焦炉烟囱排入大气。在装煤过程中,炉膛真空吸孔产生的烟气被导烟车引导送至装煤除尘地面站除尘。推焦过程中产生的大量粉尘经隔焦车集气罩收集后送至地面站除尘。熄焦后的混合焦在焦台上冷却、排水、蒸发后,由焦炭传送带机送至筛焦楼或储焦场。在焦筛楼内,焦炭由2 560单层焦振动筛进行筛分,筛片分别为大于40毫米和小于或等于40毫米两级,大于40毫米的焦炭由传送带和可逆传送带经滑槽排入焦库储存;小于或等于40毫米的焦炭直接冲槽通过1 530双层振动筛,将其划分为40~25(含)毫米、25~10(含)毫米、小于10毫米三级,分别放入相应的仓库储存,然后将焦炭放入传送带转移到另一个传送带,再用电犁式小车将不同阶段的焦炭排入相应的现场,最后用装载机将焦炭回收储存。该过程中的主要空气污染物为焦尘。

在气体净化车间,为245孔550-D型捣固焦炉年产10万吨焦炭设计的气体净化,主要有气体冷却器、电焦阱、鼓风机、氨罐、焦罐、脱硫塔、氨塔、蒸汽氨塔、苯塔、脱苯塔等设施,主要用于气体冷凝冷却、气体中的焦雾去除、气体输送、气体脱硫脱氨、焦油粗苯回收、焦炉煤气集管循环输氨等工作。图4.2为山西焦化生产流程图。

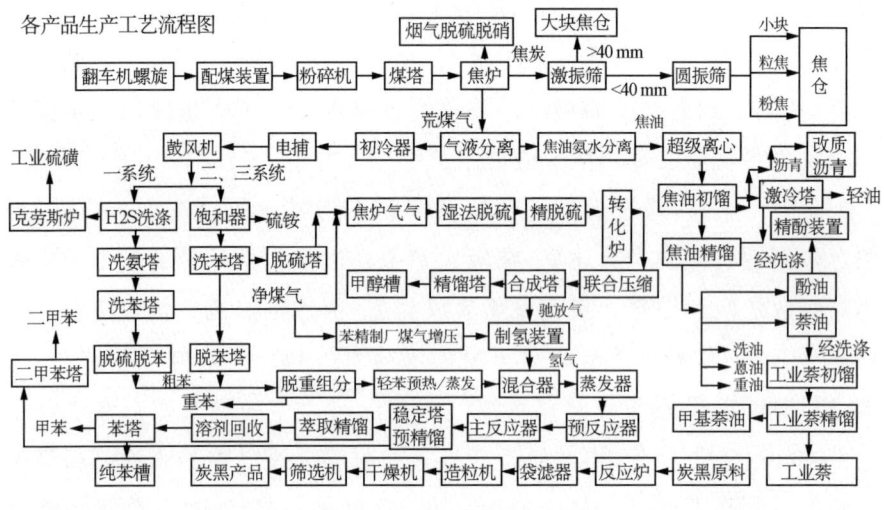

来源:公司公告、平安证券研究所。

图4.2 山西焦化生产流程图

2. 金属矿产资源企业生产流程及模式

以紫金矿业集团股份有限公司(简称紫金矿业)为例。

1)"矿石流五环归一"模式

在经济矿业和系统工程思想的指导下,紫金矿业不断探索,形成了集地勘、采矿、选矿、冶炼和环保五个环节为一体的全过程控制,确立了"矿石流五环归一"项目管理创新模式的总体目标(图4.3)。该公司推广应用"矿石流五环归一"项目管理创新模式取得明显成效,国内福建紫金山金铜矿、贵州水银洞金矿、新疆阿舍勒铜矿、吉林曙光金铜矿等矿山实现绿色高效发展,海外刚果(金)科洛维奇铜矿成为非洲矿山建设运营的典范,塔吉克斯坦泽拉夫尚、澳大利亚诺顿金矿场等实现了西方人管理矿业公司扭亏为盈。

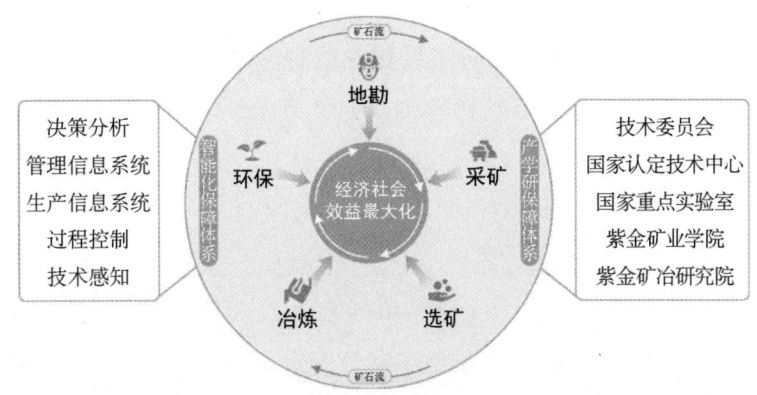

图 4.3　紫金矿业"矿石流五环归一"示意图

2)科技促发展理念

紫金矿业秉持"科技带动生产力,促进企业发展"的理念,加强人才技术培养,鼓励内部科技创新,形成创新主体免责制度。传统金矿产使用的全泥氰化工艺,投资损耗大,采出资源利用率低,不适用于低品位矿区。紫金山矿区位于汀江上游地区,该区域常年多雨湿润,并不利于堆浸法技术作业,危险系数大。紫金矿业技术人员采用"重选—堆浸—炭浆"的方法提高其回收率至 80% 以上,使很多不具备开采价值的低品位矿得以有效利用,这直接提高了紫金矿业的经济收益。同时,紫金矿业也重视环境效益,由于露天作业会产生大量粉尘,其就在作业周边区域进行绿化植树治理,升级水洗污染物处理设备,剥离废石废渣,再堆浸利用,将废石废渣加工成建筑材料加强拦渣坝,保证汀江上游水域的生态平衡。

3)"加温常压预氧化"技术

我国在贵州黔西南州的水银洞地区发现该地区藏有金矿,加拿大丹斯通公司率先介入,经过几年的勘探经营,最终还是因为不成功而放弃,水银洞金矿在地质上属于卡琳型金矿,是典型的难选冶金矿。以传统的常规熔烧冶炼技术来处理难选冶金矿,不仅成本高、回收率低,而且对生态环境的破坏也极为严重,企业还得为治理环境"买单"。而紫金矿业在开发紫金山金铜矿过程中自行研发成功的加温常压预氧化技术已日渐成熟,这一工艺技术对开发卡琳型难选冶金矿是十分有效的,紫金矿业硬是把加拿大人放弃了的矿山变成了一个真正的"金娃娃"。紫金矿业的加温常压预氧化技术也填补了我国难处理金矿加压预氧化空白,它标志着我国黄金矿山中占相当比例的难选冶矿资源从此将有可能得到全面、合理、有效的开发。

3. 非金属矿产资源企业生产流程及模式

以鹰牌陶瓷为例。

1999年,鹰牌陶瓷作为陶瓷领域的唯一代表入选建国大展,得到了国家的认可。2005—2007年,鹰牌陶瓷产品入选北京人民大会堂和北京2008国家体育场建设。鹰牌陶瓷取得的一系列成就得益于其持续创新的科技成果。

(1)"晶聚合"技术。"水晶聚合"是鹰牌陶瓷2011年全球首创的技术。这一创新克服了传统微晶石不耐磨、硬度低的缺陷,使新一代微晶石产品更加立体、光泽度高、抗污染,是微晶石技术在陶瓷行业的突破性里程碑。"晶聚合"技术的核心在于对微晶玻璃融块配方的创新。传统的融块配方无法解决排气问题,需要分两次燃烧。这种新型配方不仅易于排气,而且在高温烧成时产生更多的莫来石,提高了微晶石的耐磨性、硬度和热稳定性。同时,经过一次烧制,胎体和釉料进行熔融了,变得更加细腻有质感。

LED超玉技术。LED超玉技术即由液晶玉石材料生产玉质感半透明陶瓷砖的开发;LED超玉技术用高纯钾长石配方系统中的半透明材料取代工业上广泛使用的钠长石配方系统中的半透明材料,解决了钠长石配方系统所导致的抛光砖烧损范围窄、硬度低、防污性能差等问题,开创了抛光砖采用半透明材料的新思路。LED超玉技术新型半透明材料结合独特的生产工艺,使砖体纹理光滑自然,增强玉石质感的同时,进一步提高了砖块的硬度、耐磨性、抗污染性,达到经久耐用、常新。

鹰牌陶瓷具体生产工艺流程如图4.4所示。

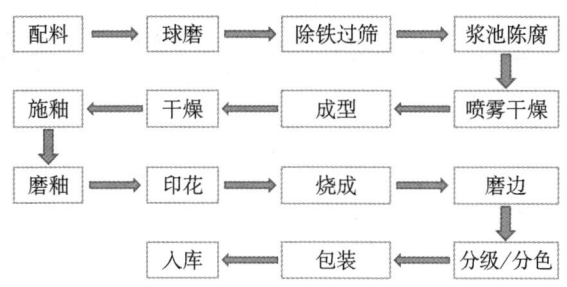

图 4.4　鹰牌陶瓷主要生产流程图

4．水气矿产资源企业生产流程及模式

以农夫山泉股份有限公司(简称农夫山泉)为例。

农夫山泉的生产基地位于千岛湖,拥有现代化的高科技设备、全自动化的生产流程。农夫山泉坚持在远离城市的深山密林建立生产基地,整个生产过程都在水源地完成。公司采用自动灌装系统,引进美国反渗透水处理设备、超滤水处理设备及臭氧发生器。

农夫山泉矿泉水的生产流程依次为:水源地取水→过滤(水处理)→灌装→贴标→膜包→入库。其具体流程如图 4.5 所示:从千岛湖取得水源后,即通过 3.5 千米的管道将水运送到工厂内,水处理设施中的多种物理过滤包括石英砂过滤(用于过滤水中的颗粒异物)、活性炭过滤(主要作用是脱色、吸臭、吸附小颗粒异物)、膜过滤(过滤膜孔径大于纯净水生产,矿物质水反渗透膜孔径不仅使水分子可通过,还保留人体所需的

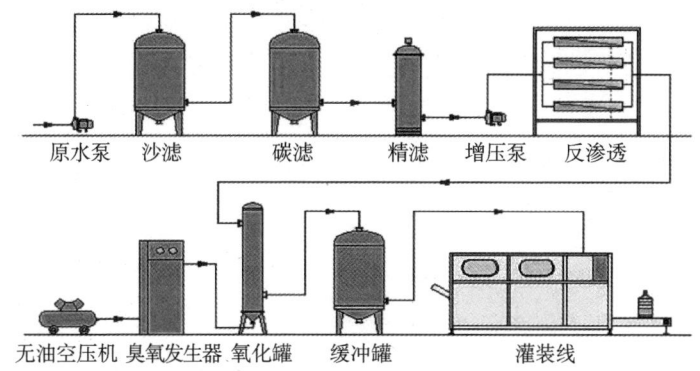

图 4.5　农夫山泉矿泉水的生产流程

矿物质或微量元素），这些流程可以确保农夫山泉矿泉水的天然水质和口感在同类产品中处于领先水平。过滤后的天然水被储存在大型储水罐中，最后对过滤后的天然水进行臭氧杀菌、灌装。

农夫山泉的生产模式大致可划分为三类：一是大批量型生产，主要是生产单一品种，以产量为重点；二是库存型生产，按照现有的标准或者产品系列进行生产；三是制造型生产，把有形的投入转化为有形的产出。

4.3 我国地矿企业经营状况分析

4.3.1 制约地矿企业发展的因素

1. 矿产资源需求增长，开发难度大

受资源保护、环境要求等因素的影响，矿产资源的开发成本和技术要求不断升高，国内钢铁水泥等结构性矿产资源开采成本增长尤为明显，铝铜功能性材料次之。而近年来由于需求的增长导致能源矿产资源价格波动较大，根据自然资源部发布《中国矿产资源报告2022》显示，我国2021年煤炭消费占一次能源消费总量的比重为56.0%，石油占18.5%，天然气占8.9%，水电、核电、风电等非化石能源占16.6%。需求依赖性较强的煤炭消耗量仍在能源矿产的高位，而且在相当一段时期能源价格整体或呈上浮走势。对此，一方面加快能源型消费结构的转型，另一方面矿产资源型企业加速开启跨国市场开发，而部分企业跨国经营模式仍处于初级阶段，在技术层面与大型国际矿产资源经营公司的竞争表现不足，加大了国际市场开发难度，同时我国多数地矿企业参与全球矿业市场往往偏重选择经济发达、法制健全的国家或地区，这在一定程度上降低了项目政治风险，但是这些国家或地区由于开放较早，优质矿产资源早已被本国和其他先知先觉的跨国企业占有，后期进入很难找到规模大、埋藏浅、易选冶的资源[①]。

[①] 周松林,杨霄.浅谈地矿企业资源产业布局及发展方向[J].中国煤炭地质,2014,26(12):94-96.

2. 人才资源紧缺,缺乏核心竞争力

中小型地矿企业普遍面临环保设备升级、技术设备升级、人才引进和培训等问题,他们或融入其他地矿企业,或停产停业被淘汰,技术工人老龄化严重,无法在竞争中寻找新的增长点,没有更多精力谋划核心竞争业务,难以形成核心竞争板块。目前,我国地矿企业新生力量成长速度与市场发展需要不同步,部分企业虽然掌握了关键核心技术,但在人才链与产业链的衔接上不够紧密,新跃身国际市场的企业数量增长不明显,同类企业差异化差距小,主要以竞价、削减经费和生产成本为竞争点,部分企业甚至违规开采获利,破坏市场的秩序;其次是盲目追求企业规模,通过规模化发展产生经济效益并以此提升竞争能力,对影响企业发展或者利润微薄的板块没有进行收缩、重组或者拍卖,对那些具有核心价值的业务板块发展创新速度较慢。

3. 追求账面发展,轻视业绩实效

随着市场经济改革、原材料上涨,地矿企业面临老龄化员工安置,生产线改扩建等问题,企业运转成本逐步上升,部分企业对地方补助依赖性较强,无法及时吸纳大额资金进行过渡,为寻求资金贷款等来源,讲究"账面利润",比如调整资产减值损失、管理费用对利润表的影响,从而直接导致成本的增加或减少,或一些矿产产出数据高标虚标,设备数量多报少用等现象,忽视供给关系的变化和市场需求,一味地通过账面数据"减税创收",不足以长久支撑企业发展。

4.3.2 地矿企业良性发展的对策

1. 转变市场发展观念,实行协同共进的发展策略

转变以往偏向价格市场竞争的模式,在提高效率和降低边际成本方面寻求突破口,转向一些生产力较为落后、劳动力充足的国家,强化合作意向,重视外籍基层工作人员的技能培养,充分利用当地低廉劳动力,降低整体的开支成本。对于较为成熟的市场,尝试合作开发并成立联合项目部,以资源交换或者技术互补形成合作,研讨新的战略方向。在新市场开发的过程中,重视优势互补,协同共进的发展的策略,避免因迫切掌握市场主动权,走主观封闭的道路,避免在资源开发过程中形成对立陷

入恶性竞争,同时注重关键核心技术的开发力度,防止市场开发的中后期陷入被动状态。无法形成合作的区域以及自身技术优势明显的区域,应积极主动参与到竞争中去,结合自身优势向外扩展销售,尤其是需求旺盛、技术发展水平不高的国家和地区,针对不同地区制定适合市场需求的营销策略,借助互联网技术进行线上销售,用高质量的商品和服务吸引客户群。

2. 员工内外部吸收,科学考核

地矿企业年轻技术人员的内部培养尤为重要,特别作为高技术含量运用的地矿企业应该重视内部员工技术素质的培养,通过定期的考评、能力比对等方式对员工技术能力进行考核,这部分员工对企业内部熟悉,发展潜力大,忠诚度高;同时明确人力资源部门的招聘方向,重视外部技术人员的引流,深挖同行业内有经验的优秀人员,设置的岗位主要为技术岗和高级管理岗位,结合岗位需求情况,编制详细的岗位职责说明书,使负责招聘的人员能够准确掌握所聘岗位在工作经验、能力、专业上的具体要求,确保引入人员与岗位完全匹配①,提高新进入员工的生活待遇,给予其住宿、子女教育等系列政策优惠,制定长期职业发展路线,灌输本企业文化精神,重在吸引人才、留住人才、发展人才,为员工提供更多的进步、交流、实践的平台,允许有容错机制,激励员工投入工作实绩转化和创新技术开发中去。

KPI绩效考核仍是目前多数企业对员工进行管理的方法,依据前述EVA与BSC等考核方法,各有优越性,可以相互融合结合使用。我国地矿企业目前还是处于优胜劣汰,横向兼并的发展趋势,部分企业具有一定的规模化、组织框架、战略管理模式相对成熟,目标关键管理法OKR更适用于灵活度较高,主观能动性强,属于开拓期或者转变期的企业,企业需要激励员工内部竞争,强化指标完成责任。因此目标关键指标考核法未来一段仍是地矿企业的关键考核方法。以地勘部门工作人员为例,在考核标准上将个人月度、年度考核与部门考核实绩实行挂钩,德勤兼

---

① 李丽娜.当前企业人员招聘的现状、问题及对策研究[J].全国流通经济,2019(03):91-92.

备突出工作实绩,在物质及精神上双重奖励,具体的业绩指标来源于工作岗位要求,包括工作进度完成量、技术规范落实、工作质量跟进、资料整理等。目前地矿企业新进入技术员工,尤其年轻从业者更看重绩效考核与自身劳动价值的结合,部门领导和主要负责人应采取问卷调查和会议集中方式,对考核指标进行讨论,得到广大员工的认可后确立员工月度绩效考核指标。如云南地矿股份有限公司对技术员工考核采取OKR法,如表4.3所示。

表4.3 技术员工的考核内容

考核内容	项目	权重	计评标准					得分计算
工作业绩 80%	工作量	40%	工作量系数 = ∑当月在每个项目完成的标准工日/额定工日					权重系数
	工作质量	40%	1.4-1.3	1.3-1.2	1.2-1.0	1.0-0.8	0.8-0.6	权重系数(加权平均)
			无原则性错误,未违反明确规范,工程量统计准确,数据记录详细有效	无原则性错误,未违反明确规范,工程量统计轻微差错,数据记录基本详细	无原则性错误,未违反明确规范,工程量统计差错较多,数据记录混乱	无原则性错误,未违反规范条例,工程量统计差错非常多,数据记录混乱	有原则性错误,违反规范条例,工程量统计差错非常多,数据记录混乱	
工作氛围 20%	工作态度	10%	1.4-1.3	1.3-1.2	1.2-1.0	1.0-0.8	0.8-0.6	权重系数(加权平均)
			主动参加学习培训获得奖项,岗位责任心重,同事联系密切交流多	主动参加学习培训获得奖项,岗位责任心重	主动参加学习培训	无学习记录,岗位责任心不强	岗位管理散乱,无学习记录	
	考勤记录	10%	1.4-1.3	1.3-1.2	1.2-1.0	1.0-0.8	0.8-0.6	权重系数(加权平均)
			满勤	基本满勤	达到工作日数目	未达到要求工作日数	经常缺勤,未达到工作日数	

表格指标资料来源:云南地矿股份有限公司。

3. 强化企业内部融资管理,注重工作实效

无论融资模式还是传统的固定资产抵押、银行信贷等,最基本的原

则是避免企业陷入高负债率。一是主动进入市场积极上市,直接融资或产品融资,分散资本经营风险,同时需摒弃把改制当成一种融资方式、一味追求上市"圈钱"的观念,保障自身权力机构、执行决策部门不被架空,守牢企业生产决策的重要职能,保障企业的生产过程科学、理性决策、运作的基本方向准确等。比如部分地矿企业正在转变思维,推进三权分立制度,即股权、经营权、法人所有权相互作用,明确岗位职责,实行谁签字谁负责,谁牵头谁落实的方针。二是对于工作年限久的技术骨干,管理层给予合理的股权与参与权,提高员工的工作积极性。企业遵循一级法人资格,不设二级或三级独立核算的非法人组织,总公司负责综合性事务与决策性事务,各分公司负责具体施工任务,管理自己的施工队伍,现场安全等,在对分公司进行划分时,可以按项目标底,也可以按区域进行划分,在经营权限上,可以采取联营分包转包等形式,同时建立风险机制,要求承包单位预交项目保证金,允许分公司采取私营企业模式管理公司,给予充分的话语权和用人权,由分公司自行任命中层管理人员,项目管理过程中,共同做好预算评估决策,避免出现同一集团内外竞价的现象。集团公司与分公司的分成问题,一般应区分为两部分,基础部分按照集团公司提供的资质、资产、核心技术人员等条件,缴纳一定的资源使用费;第二部分按照合同项目收入或项目预算利润的一定比例,缴纳一定的项目利润分成,切实保障每个人的利益需要,调动员工整体的工作积极性。

4.3.3 实现"双碳"目标对经营地矿企业的新要求

对地矿企业来说,实现"双碳"的目标不是一蹴而就的。首先,要提高思想意识,要有战略眼光,方法措施得当。其次,对企业整体运营需要进行科学规划,优化生产方式,推进减排降碳增效,坚持科学绿化,提高碳汇能力。同时,相关部门也要出台相关政策,鼓励对新能源矿产资源的开发利用,构建多元化清洁能源供应体系,实施"油"改"电"改革,加快构建以新能源为主体的新型电力体系。

尽管近年来我国在风电、光伏等新能源领域以及水电、核电等方面发展迅速,但面对巨大的电力需求,燃煤发电量还是超过总发电量的

70%。因此,2021年国家发展改革委进一步深化燃煤发电上网电价市场化改革,燃煤发电市场交易价格浮动幅度由现行上下不超过10%扩大到原则上不超过15%,直至不超过20%。高耗能企业市场交易价格原则上不受20%浮动限制。该政策的实施必将对地矿企业的生产经营带来现实而长远的影响。

4.4 江西省地矿上市企业经营绩效评价

江西省地矿资源丰富,对已经探明的矿产储量进行分析得知,有33种地矿位列全国前五,已利用矿产100种,是世界钨都、瓷都、中国铜都、锂都和稀土王国,也是我国铀、金、银等重要矿业基地。

随着地矿资源日益枯竭与经济高速发展对地矿资源需求日趋增加的矛盾日益显现,江西省开始加强地矿资源开发管理,立足可持续发展思想,加大产业结构调整力度,促进地方矿业转型升级。在地矿资源类企业的相关研究领域中,无论对正在迈向国际化且具有国际竞争力的地矿企业集团,还是对中小规模地矿资源类企业,进行加强经营绩效评价研究对本省地矿类企业的可持续发展具有深刻的实际意义。本书在选取江西省5家地矿资源型上市企业2014—2020年的有关数据基础上,利用DEA方法对这些企业的经营绩效进行评价,并进行纵横向对比,进而能有助于江西省地矿资源型企业了解自身问题所在,并根据企业自身情况想出进行更好发展的对策。

4.4.1 文献综述

在众多绩效评价方法中,传统的绩效评价有层次分析法、模糊数学评价法、平衡计分卡法等,这些是以定性分析为主的方法,存在一定主观判断,很可能影响了评价结果的精确性。数据包络分析(DEA)法作为一种非参数的绩效评价方法,其特点是直接进行数据计算,可以有效避免主观因素、简化算法带来的差错。DEA模型发展快速,从最初不考虑规模效益的CCR模型,到考虑规模效益的BCC模型,再到后来的CCGSS模型、CCW模型、CCWH模型,DEA方法逐渐完善并进一步发展。

近些年，DEA方法受到学者们青睐并被国内外广大学者使用，应用在能源、生态、科技等绩效效率方面的研究逐渐增多。Barba-Gutiérrez等(2009)尝试运用DEA从投入产出的角度分析生态绩效效率情况。Tawei Pan等(2010)描述33个亚洲和欧洲国家创新系统(NIS)的科技绩效，通过DEA测评发现亚洲国家的表现通常优于欧洲国家。刘雪琴等(2014)在可再生能源方面用DEA方法对光伏企业的经营绩效进行研究。金宏春等(2016)运用DEA法，通过收集环保上市公司的财务信息，从多角度对财务绩效进行了评价。林珮君(2020)运用因子分析和数据包络分析方法中的BCC模型，对我国A股上市煤炭企业进行了绩效评价，对经营绩效进行对比分析，并找出未提高效率的原因。

传统的绩效评价方法没有考虑到评价全过程，无法客观准确地反映企业实际经营绩效，同时目前学术界对地矿企业绩效评价的实践研究并不充分，缺乏统一、标准的定义。因此，本书使用数据包络分析法(DEA)的BCC方法和DEA模型来分析企业的经营效率，帮助企业决策者分析企业在运营过程中取得的绩效和存在的问题，为管理者提供有价值的信息，同时，这也有利于政府部门了解矿业企业经营状况，为相关决策者制定政策提供基础信息。

4.4.2 研究设计

1. 评价指标的选取

指标选择原则：

(1) 综合性。选取的指标体系要尽可能客观地反映出实质的评价结果，从多方面客观立体地评价主体。

(2) 有效性。选取的指标要有效反映出绩效管理水平，这不仅要求综合对主体进行评价，还要求在指标体系中强调主次的有效性。

(3) 针对性。本指标体系必须针对地矿资源绩效评价，反映内在作用机理，要针对江西省现阶段地矿企业所存在的特定问题，动态评价这些问题解决的程度。

(4) 弱相关性。如果两个指标之间出现了线性关系，则说明这些决策单元都是有效的，这会影响到整个指标体系的客观正确性，因此要避免指标中出现较强的线性关系。

（5）来源可靠性。数据来源方面，尽量利用统计部门现有的资料和财务统计资料，或直接采用，或计算所得，这是指标选取时不可逾越的底线。只有这样，分析出来的结论才更具有利用价值和说服力。

2. 指标变量选取

指标体系中，变量的选取主要参考地矿企业的经营成本、企业规模、资产投入以及具体评价需求。上述指标选择原则决定了变量的选取有限，为了满足DEA方法的具体要求，因此选取6个指标作为输入和输出指标。输入指标为员工人数、管理费用、主营业务成本和总资产；输出指标为净利润和主营业务收入。

总资产这一输入指标，其数额、增减变动情况反映了地矿企业的资源分配情况、规模情况以及未来的发展趋势。员工多为普通工人和技术人员，他们是企业经济利益的创造者，作为输入指标能充分体现出绩效管理水平。将管理费用作为输入指标，是因为地矿企业经营者利用这一指标进行管理效率分析。将主营业务成本作为输入指标，是因为企业的成本控制水平将直接影响其盈利情况。在输出指标中，净利润是地矿企业获得的税后利润，是进行经营管理决策的基础，同时也是投资者、债权人取得收益的基础和来源，这对地矿企业来说是能否实现可持续发展的关键指标。将主营业务收入作为输出指标，可以清楚地反映出地矿企业的发展现状、资金周转率等。

3. 评价对象的选取

传统的地矿企业主要提供的是找矿服务，为了更好地实现资源、资产以及资本的合理配置，地矿企业开始向探矿、采矿、选矿、冶炼、贸易等综合经营方向转型。地质勘查服务、资产经营运作以及资本经营是地矿企业发展过程中的三大阶段，其中，资本经营是地矿企业可持续发展的最终目的。基于这一理念，本书选取江西省A股上市地矿资源型企业作为研究样本，以2019年度《拥有矿产资源类上市公司汇总》为依据，选取江西铜业、章源钨业、方大特钢、安源煤业以及新钢股份这五家地矿上市企业，其地矿资源分布情况如表4.4所示。

表 4.4 江西省地矿资源型上市企业地矿资源分布情况

企业名称	地矿资源种类
江西铜业	铜、稀土、钼、白银、铀、铅锌、稀散金属
章源钨业	钨、锡、铜、铋、钼
方大特钢	铁矿
安源煤业	煤
新钢股份	铁矿

4.4.3 实证分析

1. 数据来源

本书基于数据包络分析模型,运用 DEA-BCC 模型对企业进行绩效测量,选取 2014—2020 年的数据作为样本数据。本书所选取的地矿企业上市时间均早于 2013 年 12 月 31 日,同时年报资料齐全,财务数据准确,通过选取近几年的时间进行分析能够科学体现当前经营绩效实际情况。相关数据来源于《江西统计年鉴》、RESSET 数据库和东方财富网,数据来源较为可靠与客观,可以在一定程度上确保结论的准确性。具体地,2014—2020 年度选取的变量指标原始数据如表 4.5 所示。

表 4.5 2014—2020 年变量指标原始数据表

金额单位:元

年份	企业名称	输入指标				输出指标	
		员工人数	主营业务成本	总资产	管理费用	净利润	主营业务收入
2014	江西铜业	21366	19 222 469.00	9 532 237.49	184 641.00	284 956.00	19 883 349.000 0
	方大特钢	8756	975 055.31	937 210.42	64 396.82	59 296.16	1 156 063.362 0
	安源煤业	25947	984 516.42	922 149.04	31 530.83	7 021.81	1 065 164.400 0
	新钢股份	20648	3 003 032.62	3 049 536.94	91 860.52	42 813.62	3 237 029.403 0
	章源钨业	3380	165 339.07	316 512.31	14 526.26	6 511.67	203 882.946 4
2015	江西铜业	20873	18 147 826.00	8 975 521.11	202 645.00	68 475.00	18 578 249.000 0
	方大特钢	8128	719 861.65	930 572.89	48 798.97	11 468.40	814 829.065 0
	安源煤业	14147	462 821.96	1 093 291.83	21 635.05	218.96	512 204.018 0
	新钢股份	19466	2 450 344.30	2 822 623.73	52 682.27	5 444.59	2 537 101.358 0
	章源钨业	3498	124 089.52	312 547.38	12 730.73	−15 982.66	134 383.735 0

(续表)

年份	企业名称	输入指标				输出指标	
		员工人数	主营业务成本	总资产	管理费用	净利润	主营业务收入
2016	江西铜业	21489	19 531 027.00	8 748 111.24	166 967.00	93 516.00	20 230 822.000 0
	方大特钢	7422	717 317.84	847 709.76	58 609.01	69 416.49	892 377.931 0
	安源煤业	9497	291 430.51	734 516.36	18 428.54	-214 334.91	326 123.566 7
	新钢股份	19363	2 851 730.25	2 927 765.21	46 457.41	50 821.09	3 046 264.244 0
	章源钨业	3369	111 209.87	331 229.54	11 408.93	4 725.49	131 138.938 5
2017	江西铜业	20880	19 568 238.00	9 746 981.54	167 572.00	171 326.00	20 505 424.000 0
	方大特钢	7438	947 762.94	861 649.80	81 407.27	255 023.30	1 394 474.960 0
	安源煤业	11761	373 885.90	707 170.74	17 674.77	-71 784.02	413 016.795 9
	新钢股份	18667	4 448 722.69	3 322 592.94	23 268.91	313 941.10	4 996 701.359 0
	章源钨业	3355	150 553.05	359 766.90	10 102.89	3 148.80	183 060.607 3
2018	江西铜业	19711	20 747 187.00	10 286 582.70	155 861.70	245 431.00	21 528 987.000 0
	方大特钢	7362	1 160 447.08	961 776.16	165 519.47	293 197.78	1 728 585.098 0
	安源煤业	9179	437 686.43	665 789.44	15 289.12	6 146.69	504 865.573 4
	新钢股份	18412	4 876 822.98	4 163 575.60	31 193.20	591 325.87	5 696 330.204 0
	章源钨业	3419	152 797.00	400 479.79	9 879.12	4 800.78	186 925.604 6
2019	江西铜业	23213	23 116 769.00	13 491 391.54	179 655.92	217 839.00	24 036 034.000 0
	方大特钢	7480	1 159 069.43	1 294 982.15	133 534.01	171 489.56	1 538 899.913 0
	安源煤业	9818	503 949.86	661 220.86	17 833.97	1 172.56	555 398.717 8
	新钢股份	17738	5 271 341.26	4 516 664.52	35 383.59	342 993.62	5 790 357.467 0
	章源钨业	3552	170 468.73	368 882.02	12 204.44	-29 420.79	182 779.967 5
2020	江西铜业	24831	42 302 111.71	14 088 155.29	203 167.01	244 381.00	24 036 033.000 0
	方大特钢	7468	1 283 127.89	1 371 540.94	60 836.28	215 819.53	1 660 147.930 0
	安源煤业	9047	721 799.71	748 753.93	19 465.63	-22 193.56	760 278.140 0
	新钢股份	16755	6 952 238.47	521 749.34	40 751.68	274 621.09	7 241 193.470 0
	章源钨业	3442	166 226.93	390 430.72	10 219.55	3 754.27	193 122.520 0

2. DEA-BCC 模型效率指标

根据无量纲化归一化梳理后,采用 DEAP 2.1 软件中的 BCC 模型计算出效率指标,如表 4.6 所示。

表 4.6 2014—2020 年江西省 5 家企业数据 DEAP 处理结果

企业名称	年份	总体效率	纯技术效率	规模效率	规模收益增减
江西铜业	2014	1.000	1.000	1.000	—
	2015	1.000	1.000	1.000	—
	2016	1.000	1.000	1.000	—
	2017	1.000	1.000	1.000	—
	2018	1.000	1.000	1.000	—
	2019	1.000	1.000	1.000	—
	2020	1.000	1.000	1.000	—
方大特钢	2014	1.000	1.000	1.000	—
	2015	1.000	1.000	1.000	—
	2016	1.000	1.000	1.000	—
	2017	1.000	1.000	1.000	—
	2018	1.000	1.000	1.000	—
	2019	1.000	1.000	1.000	—
	2020	1.000	1.000	1.000	—
安源煤业	2014	0.966	0.971	0.994	irs
	2015	1.000	1.000	1.000	—
	2016	0.302	0.619	0.488	irs
	2017	0.617	0.714	0.864	irs
	2018	0.843	0.897	0.940	irs
	2019	0.886	0.997	0.889	irs
	2020	0.923	0.819	0.889	irs
新钢股份	2014	0.973	0.987	0.986	drs
	2015	0.988	0.988	0.999	drs
	2016	1.000	1.000	1.000	—
	2017	1.000	1.000	1.000	—
	2018	1.000	1.000	1.000	—
	2019	1.000	1.000	1.000	—
	2020	1.000	1.000	1.000	—

(续表)

企业名称	年份	总体效率	纯技术效率	规模效率	规模收益增减
章源钨业	2014	1.000	1.000	1.000	—
	2015	0.831	1.000	0.831	irs
	2016	0.911	1.000	0.911	irs
	2017	0.767	1.000	0.767	irs
	2018	0.846	1.000	0.846	irs
	2019	0.666	1.000	0.666	irs
	2020	0.613	1.000	0.613	irs

对表 4.6 中的效率指标进行均值处理,整理得出 2014—2020 年 5 家江西地矿资源型上市公司平均效率指标,如表 4.7 所示。

表 4.7 2014—2020 年 5 家江西地矿资源型上市公司平均效率指标

企业名称	总体效率	纯技术效率	规模效率	规模收益增减
江西铜业	1.000	1.000	1.000	—
方大特钢	1.000	1.000	1.000	—
安源煤业	0.791	0.860	0.866	irs
新钢股份	0.994	0.996	0.998	drs
章源钨业	0.805	1.000	0.805	irs
均值	0.918	0.971	0.934	
方差	0.009 6	0.002 7	0.005 8	

3. DEA-BCC 模型分析评价

1) 总体效率分析

总体效率分析可以清晰反映出企业的经营管理水平,尤其是对于评价单元在规模配置、技术水平和资源利用率等多方面的综合评价分析。从表 4.6 中可以看出,江西铜业和方大特钢的总体效率、纯技术效率以及规模效率都达到了 1,表明这两家上市企业处在江西省地矿企业的经营管理前列,无论在经营规模还是技术水平上企业对资源的利用都达到比较高的效率。而安源煤业、新钢股份和章源钨业这三家企业的总体效率均小于 1,实际产出量并没有达到最大可能的产量,说明这些企业对资源的利用不够充分，可能存在部分资源利用上的浪费。

2）纯技术效率分析

纯技术效率分析所反映的是管理机制、经营水平以及技术水平等方面对企业经营效率的影响。由表4.7可知，江西铜业、方大特钢、章源钨业纯技术有效，说明这三家企业在地矿企业内部管理水平相对较高，整个行业均处在技术管理的先进水平，可以有效调动企业产出效率。而对于纯技术效率小于1的两家公司，则需要调整企业内部构成要素，引进先进生产设备，提高技术管理水平，加强企业的科技发展创新水平。

3）规模效率分析

规模效率反映了地矿资源型上市企业生产规模的状态。江西铜业、方大特钢规模效率均为1，说明企业实现规模效率有效，其生产规模已经达到了最大值，此时正处于最恰当的状态；新钢股份自2016年起实现规模效率有效。而安源煤业、章源钨业这两家企业规模效率小于1，规模无效，可能是由生产规模较小造成的。

4）规模收益增减分析

规模收益的递增是由于企业产出能力的提高和规模扩大，进而引起地矿产品成本的降低。在评价对象中规模收益递增的地矿资源型上市企业有安源煤业、章源钨业，这两家企业需要继续扩大规模来提高企业竞争力。规模收益保持不变的上市企业有江西铜业、方大特钢，其当前规模达到了最大生产值，最为合理。规模收益递减的上市企业为新钢股份，其规模水平不断降低，主要是由于地矿开采生产规模较大，在开发过程中出现不协调现象，使生产受到影响，导致效率下降；但近四年来，新钢股份通过某些措施使其生产规模变得较为合理。

4.4.4 结论及建议

1. 研究结论

江西省地矿资源型上市企业的总体效率方差为0.009 6，纯技术效率方差为0.002 7，规模效率方差为0.005 8，这表明整个行业内的效率差异较小，企业与企业间没有明显差异，江西省地矿上市企业的经营绩效情况也大致相同。进行纵横向研究对比后，本书总结出以下结论：

（1）江西铜业与方大特钢 DEA 相对有效。研究表明这两家企业总体效率、纯技术效率、规模效率均为1，说明其经营绩效管理水平较高，生产规模达到了最大生产值，在江西省地矿企业中处于行业领先地位。这两家企业的发展数据对其他企业有借鉴作用，其他企业应参照这两家对效率低下和经营不稳定的原因进行分析，提出改进的最优方法，并进行适当改进。

（2）安源煤业与章源钨业 DEA 相对无效，但规模收益递增。这两家企业的经营绩效存在不足，虽然安源煤业、章源钨业处于规模效率递增状态，但从结果来看，这两家公司，总体效率、纯技术效率、规模效率均有所欠缺，但可以通过提高产出效率、投入要素生产效率达到更高的总体效率。其中，章源钨业规模效率无效、纯技术规模有效的这一现象，可能是因为企业的规模和投入产出不平衡，综合技术效率方面未达到有效。

（3）新钢股份从 DEA 无效到相对有效。这家企业在 2014—2015 年规模收益递减，规模不经济，但在 2016—2010 年，由于调整企业战略、改善绩效管理等措施，其经营绩效水平逐渐稳定，总体效率、纯技术效率、规模效率最终均达到1。

综合来说，江西省地矿资源型上市企业在 2014—2020 年总体上发展状况良好，处于不断发展之中。纯技术效率水平 0.971 大于规模效率水平 0.934，因此，未实现有效性的那一部分企业，大多是由于企业规模无效，个别是由于纯技术无效，也有可能是受两方面因素共同影响。

2. 建议

通过分析江西省地矿上市公司的综合经营绩效效率，本书提出如下几点建议：

第一，江西省地矿资源型上市企业处在不同的规模报酬阶段的数量差异不大，大多数企业都处于递增阶段，应根据自身的发展状况来确定是否需要适当地扩大规模，注重企业规模的规范与调整，争取实现行业水平规模最优化；借鉴并学习行业前列的地矿上市企业，加强成本控制，优化管理规模，进而提高产出效率，这样就可以提高其总体运营效率，使规模收益变为有效。

第二,对纯技术无效的地矿资源型上市企业来说,需要引入先进的生产设备,提高技术水平。而对整个地矿企业来说,其面临着产品价格下降带来的压力,企业要实现获利,仍需不断创新技术,进一步提升行业的科技水平。江西省地矿资源型上市企业从长远发展来看要走技术创新之路,以提高行业集中度为主要目标,提高产品品质,降低成本;应从行业水平、地矿资源情况等多角度来强化创新因素在企业的投入,进而提高其技术效率、规模效率和资源环境利用效率。

第三,管理层应该转变传统的效益第一的观念,提高自身的管理水平,进一步优化资源投入利用效率,从而提高地矿资源型企业的经营绩效水平。江西省地矿有关部门应建立适合本省地矿企业发展的管理体制,以促进本省地矿企业经营绩效提高。

第四,加大高学历人才比重,提升员工专业水平,注重员工素质培养。地矿企业往往低水平人才较多,而具有高经验、高技术的人才却非常稀少。地矿企业急需制定出人才管理计划,吸纳更多的创新型人才,并给予优厚的待遇,从可持续发展的角度解决地矿企业人才稀缺、结构失衡的困境。

5 可持续发展视角下地矿企业绩效评价及应用(一)[①]

本章主要内容是构建可持续发展视角下地矿企业绩效评价的指标体系,并将其运用到具体企业的综合绩效评价中。在构建指标体系之前,首先要区分可持续发展视角下地矿企业绩效评价目标定位,确定其相应的构建原则,在此基础上进行评价指标的选取。依据"三重底线"理论(即经济底线、生态环境底线和社会底线),企业在发展过程中,除了关注经济利益,还应该考虑企业对环境和社会的影响,如果不遵守这三条底线,就谈不上可持续发展。企业在进行绩效评价时,应该包括这三个方面的内容,对此,本书构建了集经济效益、社会效益和环境效益于一体的绩效评价体系,最后对其评价方法的具体实现过程及应用进行详细论述。其具体流程如图5.1所示。

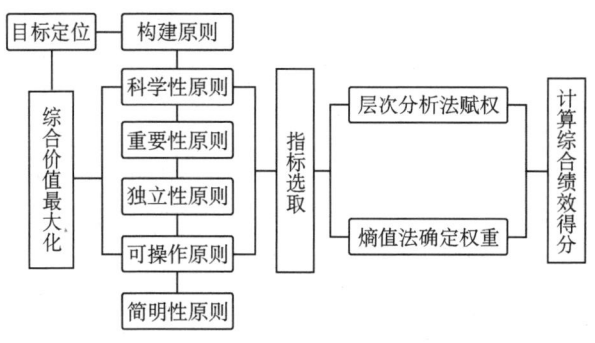

图 5.1 可持续视角下地矿企业绩效评价体系构建流程

---

① 陈莉.可持续发展视角下有色金属矿采选企业综合绩效评价研究:以西藏珠峰为例[D].南昌:东华理工大学,2021.

5.1 可持续发展视角下地矿企业综合绩效评价体系构建

5.1.1 构建原则

1. 科学性原则

科学性原则要求评价指标要建立在科学的理论基础上,有清晰的理论和科学的内涵作为支撑,不能使用模棱两可或表述矛盾的理论,即要以我国现行地矿企业相关法律法规、标准以及制度为依据,能为企业各相关利益人员理解和接受。指标设定要客观反映企业综合绩效状况,避免主观性;指标设计在参考相关标准的同时,要符合矿采选企业实际;统计数据可获得,评价方法科学。

2. 重要性原则

重要性原则是指要有重点地选取指标,避免繁杂冗余。指标较少则不全面;指标较多则会繁杂重叠,不仅影响地矿企业绩效评价结果的准确性,还会增加评价成本。因此,设计企业绩效评价指标要遵循重要性原则。

3. 独立性原则

独立性原则是指一个完整有效的评价体系中,评价指标要相互独立,因为越是复杂、综合的评价体系,往往选取的指标要越全面、越完整,但是很多指标之间存在相关性,尤其是财务指标,或者一些指标既能反映企业的环境绩效,也能反映企业的社会绩效,这样的指标会出现交叉重复,评价结果的准确性将会受到影响。所以我们在选取评价指标时,要遵循独立性原则。

4. 可操作性原则

可操作性原则是指设计的指标要便于计算,能够量化,原始数据可以获得。尤其是综合绩效评价体系,不仅涉及定量的指标,也涉及定性的指标,不仅有正向指标,也有逆向指标,这就需要我们合理地将此类指标量化。此外,财务数据能够从企业年报中获得,但那些非财务数据,如能代表环境绩效和社会绩效的指标数据,就很难获取,一些企业甚至从来不会披露这些数据。可操作性原则要求在达到评价目的前提下,指标应尽量简洁、明晰,数据应易于通过多种渠道获取。

5. 简明性原则

在可持续发展视角下,对地矿企业进行业绩评价需要考虑的指标较多,不仅有经济方面,还有生态环境与社会方面指标。在评价时选取指标越多,评价结果则越全面;但若选取过多,一方面会加大数据收集与分析难度,另一方面可能影响评价者忽视重要的部分,也不符合成本效益原则。因此,在选取指标时,应从各个维度中选取具有代表性的指标,遵循简明性原则,以构建符合实际情况与规模适度的业绩评价指标体系。

5.1.2 构建目标

可持续发展视角下地矿企业综合绩效评价是促进企业能够将履行社会责任、保护环境与追求经济效益相结合,从而实现企业综合价值最大化。在此评价过程中,每一维度指标的作用不是单方向的影响,只有将经济效益、社会效益和环境效益三者融合,才能促进企业健康、稳定、可持续地发展。

5.1.3 绩效评价方法的选取

绩效评价方法是指评价主体为了获得评价对象较为可靠的绩效结果所选用的评价方法。常用综合绩效评价方法有模糊评价法、层级分析法、平衡计分卡法、主成分法、突变级数法等。

本书主要选取的绩效评价方式为层次分析法与突变级数法相结合。从本书的视角出发,层次分析法的基本原理是将已确定的评估指标体系根据层次结构进行划分,分为相互影响的梯阶层次,在同一个层级中,先根据相对的重要性准则,将评估指标两两对比,形成一个判断矩阵,随后再对矩阵内的评估指标进行多次归一化处理,在一致性检查通过后再确定该层级的指标权重,最后再以类似的原理推导出最终权重。而突变级数法是一种对评估目标进行多层级矛盾分解,然后利用突变理论与模糊数学相结合产生突变模糊隶属函数,再由归一公式进行量化运算,最后归一为一个参数,即求出总的隶属函数,从而对目标进行排序分析的综合评价方法。

在对"可持续发展视角下地矿企业综合绩效评价"方法进行选择时

应注意以下问题：

（1）目前的综合绩效评价方法都有其自身的优点和弊端，不同的方法有不同的针对点，所考虑角度也不尽相同，因此在选择地矿企业综合绩效评价方法时，应注重选择具有可操作性且有针对性的方法。

（2）评价对象不同，选择的评价方法也有差异，而无论选择哪种综合评价方法，其自身都存在一定局限性。因此，在进行综合绩效评价时，需要根据评价对象、指标情况，选择一个最佳的办法。

综上所述，本书在综合评价体系构建完成后，充分考虑评价体系的复杂、多目标性，采用层次分析法和通过专家打分对各指标进行赋权，再用突变级数法计算绩效，相对来说，评价方法更客观、科学。

5.1.4 地矿企业综合绩效指标选取

1. 经济绩效评价指标

可持续发展理论并非要求企业为了保护生态环境，在履行社会责任过程中放弃对经济效益的追求，相反，由于经济效益是基础，企业应首先保障经营的效益，进而兼顾生态与社会的效益。可见，经济绩效评价在可持续发展视角下地矿企业的业绩评价中依然居于重要地位。

经济绩效评价主要是对企业的财务状况以及经营成果进行评价。本书借鉴了《中央企业综合绩效评价管理暂行办法》《中央企业综合绩效评价实施细则》等文件，并在前人研究成果基础上，遵循可获得性、可比性等原则选取评价指标。所选指标主要包括盈利能力、偿债能力、营运能力及发展能力四个二级指标。

2. 环境绩效评价指标

可持续发展视角下，地矿企业不能一味追求经济效益而大量消耗资源和污染环境。传统的地矿企业在发展中存在滥开采、排放废气与固体废弃物、污染水资源的现象，给生态环境造成严重破坏，与可持续发展理念相悖。可见，地矿企业应当摒弃以往的发展观念，实现绿色可持续发展，这对企业绩效评价提出了新的要求。

环境绩效评价主要是对企业在生态方面的表现进行评价。本书借鉴了全球报告倡议组织发布的《可持续发展报告指南》、原国家环保部门发布的《企业环境行为评价技术指南》等文件,并在前人研究成果基础上,遵循前文所述原则选取指标。所选指标主要包括开采冶炼、生态治理与管理、环境质量及循环利用等二级指标。

3. 社会绩效评价指标

可持续发展思想要求企业承担其应有的社会责任,对众多利益相关者负责。所谓社会责任,国际标准化组织在2010年给出了定义,即企业由于自身行为而应承担的与这些行为带来的社会影响相关的责任。企业的发展离不开社会,因而企业在发展中必须兼顾社会中不同利益相关者的利益,为社会发展做出其应有的贡献。

社会绩效评价主要是对企业在承担社会责任方面的表现进行评价,需要考虑多方利益相关者的诉求。本书借鉴了全球报告倡议组织发布的《可持续发展报告指南》、我国社科院针对煤炭采选业编制的《中国企业社会责任报告编写指南》等文件,并在前人研究成果基础上,遵循前文所述原则选取指标。所选指标主要包括劳动就业、员工安全及社会影响等二级指标。

5.2 可持续发展视角下有色金属矿采选企业综合绩效评价研究——以西藏珠峰为例

作为我国矿产资源产业之一的有色金属矿采选,在国民经济的建设与发展中起着重要的基础性作用,对此,本书以有色金属矿采选企业为例,构建企业综合绩效评价体系并进行适用性验证。

5.2.1 综合绩效评价指标体系构建

1. 经济绩效评价指标

追求经济效益是企业生存和发展的根本目的,而经济绩效是通过财务指标来体现的。因此,根据2012年2月财政部印发的《企业绩效评价操作细则》中的八项基本指标,并参考国务院国资委2006年9月发布的《中央企业综合绩效评价实施细则》,结合《中国企业社会责任报告编写指南2.0》和2020年发布的企业绩效评分标准,本书最终选定12项经济绩效评价指标,具体如表5.1所示。

表 5.1 经济绩效评价指标

一级指标	二级指标	三级指标	计算方法
经济绩效	盈利能力	总资产报酬率	(利润总额+利息支出)/平均资产总额×100%
		净资产收益率	净利润/平均净资产×100%
		营业利润率	营业利润/营业收入×100%
	偿债能力	资产负债率	负债总额/资产总额×100%
		速动比率	(流动资产-存货-预付账款-待摊费用)/流动负债总额×100%
		资本化率	长期负债合计/(长期负债合计+所有者权益合计)×100%
	运营能力	应收账款周转率(次)	主营业务收入/平均应收账款
		总资产周转率(次)	主营业务收入净额/平均资产总额
		流动资产周转率(次)	主营业务收入净额/平均流动资产总额
	发展能力	主营业务收入增长率	(本期主营业务收入-上期主营业务收入)/上期主营业务收入×100%
		净利润增长率	(本年净利润-上年净利润)/上年净利润×100%
		总资产增长率	(期末总资产-期初总资产)/期初总资产×100%

1) 反映盈利能力的指标

利润最大化是每个企业都追寻的目标,企业投资者关心他们的投资是否有回报,回报有多少,政府关心企业能缴纳多少企业所得税,员工关心企业能为他们发放多少薪酬和福利,企业自身也要考虑能否长远发展,这些归根结底都要看企业能否盈利。因此,本书选取以下三个指标反映有色金属矿采选企业的盈利能力情况。

(1) 总资产报酬率:该指标反映企业所有的资产投入能带来的利润回报水平。本书选取该指标衡量有色金属矿采选企业所有资产投资带来的利润情况。

(2) 净资产收益率:该指标反映企业股东权益投资的收益水平,可以衡量有色金属矿采选企业运用资金的效率。

(3) 营业利润率:该指标反映企业从营业收入中获取利润的能力。

如果该指标越高,说明企业赚取的利润越多,和同行业相比企业可能售价更高,或者成本更小,或者两种运营优势都具备。

2）反映偿债能力的指标

市场上绝大部分的企业在运营过程中不仅需要依靠股东的投入资金和企业的利润积累,还要通过举债的方式解决企业运转资金不够的问题。① 但是有借就有还,为衡量企业的还款能力,本书选取以下三个指标。

（1）资产负债率:该指标反映企业的总资产里的负债水平。如果该指标过高,说明企业自有资金不足,运营需要通过举债周转,本书选取该指标来衡量企业财务状况稳定与否。

（2）速动比率:该指标反映企业可以立即变现用于偿还流动负债的流动资产水平。

（3）资本化比率:该指标反映企业所有者权益所承担的长期债务水平。该比值越小,说明企业长期偿债压力小;反之,长期偿债压力大。

3）反映运营能力的指标

该维度指标可以衡量有色金属矿采选企业的资产运营效率。企业资金周转快,则资本运用效率高,运营能力强。② 为衡量有色金属矿采选企业的运营能力,本书选取如下三个指标。

（1）应收账款周转率（次）:该指标反映一定期限内,企业将赊销在外或因其他方式产生的主营收入变为现金的次数。如果该指标越高,说明企业收款的速度越快,那么相同时间内,资金得以周转的次数也越多。

（2）总资产周转率（次）:该指标反映在一定经营期间内企业所有资产的运转速度。该指标越高,说明企业运用资产的能力越强。

（3）流动资产周转率（次）:该指标反映企业流动资产的周转速度,体现了其流动资产的运营效率。

---

① 项贝蕾,谭勇,谢洁.基于因子分析法的有色金属上市公司绩效评价[J].武汉轻工大学学报,2019,38(03):68-73.

② 段夏莹.基于绿色发展视角的钢铁企业绩效评价指标体系研究[D].西安:长安大学,2018.

4) 反映发展能力的指标

企业发展能力是利益相关者特别关心的指标之一,因为它与企业的可持续发展、投资者的投资回报率以及债权债务风险密切相关。本书选取以下三个指标来衡量企业的发展能力。

(1) 主营业务收入增长率:该指标反映企业开采出矿产资源以及矿产资源经过冶炼后形成产品的销售速度。该指标越高,说明有色金属矿采选企业的主营业务产销能力越强,企业的发展前景越好。

(2) 净利润增长率:净利润是指企业缴纳企业所得税后的利润,企业可以将其分配给股东,也可以将其留作企业扩大经营生产规模的资本积累。净利润增长越快,说明企业发展能力越强。

此处值得注意的是:有的企业第1年经营状况不好,企业亏损,净利润是负数,到第2年的时候,企业转亏为盈,此时再用表5.1里的公式计算净利润增长率没有意义。因此,对这种情况,本书直接将此净利润增长率指标量化为1。

(3) 总资产增长率:该指标可以反映有色金属矿采选企业当期资产规模的增长情况。该指标越高,说明该时期内有色金属矿采选企业的资产规模的扩张速度越快。

2. 环境绩效评价指标

可持续发展就是要协调环境保护和经济增长共同发展,以期实现资源效率最大化,提高经济效益。[①] 这要求企业在发展的同时履行环境保护责任。而有色金属矿采选业作为高污染企业,其发展对生态环境有很大的影响。有色金属矿采选业在开采、选矿、冶炼等过程中会产生大量污染物,这些污染物如果未经处理或者处理不达标会严重污染生态环境,甚至打破生态平衡。因此,环境绩效指标在有色金属矿采选业的综合绩效评价体系中非常重要。

国际会计报告标准认为,企业环境绩效评价应重点关注废弃污染物

---

① 邵卫声.甘肃有色金属矿产资源勘查开发及可持续发展研究[J].世界有色金属,2019(09):104-105.

带来的影响。在我国,上海证券交易所发布了《上市公司环境信息披露指引》。本书参照这份文件,结合我国有色金属矿采选业特点,借鉴学者相关研究成果,从有色金属开采与冶炼、生态治理与管理两个方面构建了有色金属矿采选业环境绩效的二级评价指标,如表5.2所示。

表5.2 有色金属矿采选业环境绩效评价指标评价体系

一级指标	二级指标	三级指标	计算方法
环境绩效	有色金属开采与冶炼	单位产值水污染因子排放量	水污染因子排放量/主要有色金属生产总量×100%
		单位产值大气污染因子排放量	大气污染因子排放量/主要有色金属生产总量×100%
		单位产值尾矿、废渣排放量	尾矿、废渣排放量/主要有色金属生产总量×100%
	生态治理与管理	环境治理投入率	当年环境治理投入/营业收入×100%
		技术人员占比	当年技术人员数量/员工总人数×100%
		社会责任报告发布	当年发布社会责任报告赋值1,否则0

在可持续发展思想指导下,各类行业构建环境绩效评价体系都将可持续发展观念贯彻其中,有色金属矿采选企业也不例外。本书结合有色金属矿采选企业的特点,对有色金属矿采选业从开采、冶炼、生态治理到管理的几个方面进行考虑,通过分类,构建两个二级指标和六个三级指标反映有色金属矿采选企业的环境绩效。

1) 有色金属开采与冶炼

有色金属开采与冶炼反映有色金属矿采选企业开采和冶炼过程的"三废"排放情况,具体分为三个指标,单位产值水污染因子排放量、单位产值大气污染因子排放量和单位产值尾矿、废渣排放量。单位产值水污染因子排放量为当年水污染因子排放量与主要有色金属生产总量的占比,单位产值大气污染因子排放量为当年大气污染因子排放量与主要有色金属生产总量的占比,单位产值尾矿、废渣排放量为当年尾矿、废渣排放量与主要有色金属生产总量的占比。

2) 生态治理与管理

有色金属矿采选企业在矿产资源开采和冶炼过程中,会产生大量废弃污染物,虽然国家对此制定了排放标准,但是很多企业达不到标准,新闻中频频报道各类企业的偷排行为,并且国家制定的标准只是底线,企业自身可以做得更好。有色金属矿采选企业可以组建研发团队,提高技术人员比例,投入研发资金,设计减排方案,提高废物利用率,争取做到最少环境污染,努力改善环境质量。有色金属矿采选企业也可以发布社会责任报告,让污染信息透明化,接受社会和政府的监督,这些都是有色金属矿采选企业生态治理与管理的体现。

3. 社会绩效评价指标

国外一些社会责任组织和环保组织针对不同类型的行业构建了社会绩效评价体系。我国目前仍没有对企业社会绩效进行评价的统一评价体系,中国社会科学院发布的《中国企业社会责任报告编写指南 5.0》等为本书社会绩效指标的选取提供了参照依据。

本书参照有关文件和相关学者的文献,从员工安全与就业、社会影响两个方面建立社会绩效评价指标体系,具体指标如表 5.3 所示。

表 5.3 社会绩效评价指标体系

一级指标	二级指标	三级指标	计算方法
社会绩效	员工安全与就业	安全费用率	当年实际安全费用投入/营业收入×100%
		工资福利率	(员工工资+福利)/员工总人数×100%
		就业贡献率	(年末员工人数-年初员工人数)/年末员工人数×100%
	社会影响	社会捐赠总额与精准扶贫总额率	(社会捐赠总额+精准扶贫总额)/营业收入×100%
		实际支付税费率	当年实际支付税额/营业收入×100%

1) 员工安全与就业

促进就业、保障员工生命安全是企业社会责任的一种体现。虽然说企业为员工购买"五险一金"或者"六险一金"等方式是其保障员工权益的体现,但是由于有色金属矿采选业的特殊性(员工在采矿过程中经常面临矿山坍塌、爆破伤害、矿井安全等风险),有色金属矿采选企业不仅要为员工购买保险来保障员工权益,还需要投入大量的安全生产费保障员工的安全,尽可能从源头上杜绝安全事故发生。此外,员工最关注的还是自己的工资待遇,社会关注的是就业岗位的增加。因此,本书选取安全费用率、工资福利率、就业贡献率来代表企业对员工安全与就业所作的贡献。

2) 社会影响

2020年新冠疫情来袭,给整个社会带来猝不及防的灾难,各类企业参与了捐赠物资,这是企业积极履行社会责任的体现。参与社会公益,说明企业不仅是"经济人"更是"社会人"。除了社会捐赠,企业缴纳的各项税费也是其履行社会责任的一种体现,国家的财政收入主要来源于企业纳税,国家的税收也主要用于社会群众,例如公共基础设施建设、科学领域研究等多方面。因此,本书选取社会捐赠总额率与精准扶贫总额率和实际支付税费率作为企业社会影响层面的绩效评价指标。

5.2.2 评价指标权重的确定

1. 层次分析法及步骤

层次分析法作为一种确定指标权重的工具,通过可量化的决策模型,将复杂问题简单化,可靠性高,应用领域广。因此,本书选用层次分析法确定各层指标权重,具体步骤如图5.2所示。

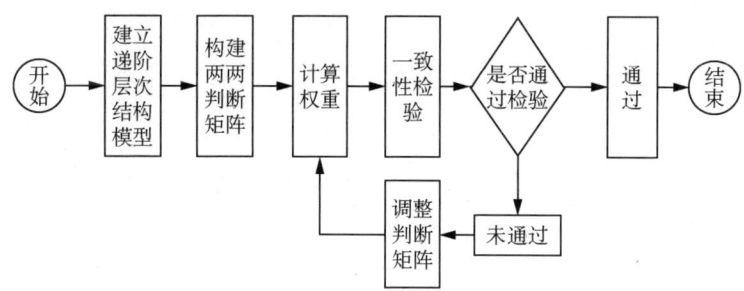

图5.2 采用层次分析法确定各层指标权重的具体步骤

步骤一:建立递阶层次结构模型。

本书在前文的基础上构建我国有色金属矿采选企业综合绩效评价指标的层次结构,其中包括1个目标层、3个准则层、8个子准则层以及23个指标层,如表5.4所示。

表 5.4 有色金属矿采选企业综合绩效评价指标层次结构表

目标层	准则层	子准则层	指标层
有色金属矿采选企业综合绩效评价体系 A	经济绩效 B1	盈利能力 B11	总资产报酬率 C111
			净资产收益率 C112
			营业利润率 C113
		偿债能力 B12	资产负债率 C121
			速动比率 C122
			资本化率 C123
		运营能力 B13	应收账款周转率 C131
			总资产周转率 C132
			流动资产周转率 C133
		发展能力 B14	主营业务收入增长率 C141
			净利润增长率 C142
			总资产增长率 C143
	环境绩效 B2	有色金属开采与冶炼 B21	单位产值水污染因子排放量 C211
			单位产值大气污染因子排放量 C212
			单位产值尾矿、废渣排放量 C213
		生态治理与管理 B22	环境治理投入率 C221
			技术人员占比 C222
			社会责任报告发布 C223
	社会绩效 B3	员工安全与就业 B31	安全费用率 C311
			工资福利率 C312
			就业贡献率 C313
		社会影响 B32	社会捐赠总额与精准扶贫总额率 C321
			实际支付税费率 C322

步骤二:构建两两判断矩阵。

上述层次结构模型构建完成后,要对目标层的和准则层的因素代表以及子准则层的指标代表相对重要性进行两两比较,从而得到构造判断矩阵。例如,比较上述目标层的因素代表 B1,B2,…,Bn 对于上一层因素 A 的相对重要性,得到判断矩阵 $A=(a_{ij})n*n$,其中 a_{ij} 的取值方法是 1-9 的比较比例标度,各标度含义如表 5.5 所示。

表 5.5　1-9 比较比例标度及其含义

标度值	含义
1	表示两元素相比,具有同等重要性
3	表示两个元素相比,一个元素比另一个元素稍重要
5	表示两个元素相比,一个元素比另一个元素明显重要
7	表示两个元素相比,一个元素比另一个元素强烈重要
9	表示两个元素相比,一个元素比另一个元素极端重要
2,4,6,8	如果成对事物的差别介于两者之间时,可取上述相邻判断的中值
上述各数的倒数	若元素 i 与元素 j 的重要性之比为 a_{ij},则元素 j 与元素 i 重要性之比为 $a_{ji}=1/a_{ij}$

步骤三:计算权重。

计算最大特征值 λ_{max} 和特征向量 W。求特征向量 $W=(W_1,W_2,…,W_n)T$ 常用的方式有两种:根法和积法,本文采用第一种,具体公式如下:

$$w_i = \sqrt[n]{\prod_{j=1}^{n} a_{ij}} \quad (i\ 表示行号, j=1,2,…,n)$$

(式 5.1)

再将特征向量 W 归一化后,判断矩阵 A 的最大特征 λ_{max} 可由如下公式近似得到:

$$\lambda_{max} = \frac{1}{n}\sum_{i=1}^{n}\frac{(AW)_i}{w_i} \quad (i=1,2,…,n) \quad (式\ 5.2)$$

步骤四:一致性检验。

由于两两判断的过程存在主观性,其结果可能会有较大误差,因此需要对判断矩阵进行一致性检验。CI（一致性指标）可以用来判断矩阵是否一致：

$$CI = \frac{\lambda_{\max} - n}{n - 1} \qquad (式5.3)$$

为衡量 CI 的大小，引入随机一致性指标 RI，不同 n 阶判断矩阵对应的 RI 值如表 5.6 所示。

表 5.6 n 阶判断矩阵的 RI 值对照表

n	1	2	3	4	5	6
RI	0	0	0.58	0.89	1.12	1.62

计算机随机一致性比例：

$$CR = \frac{CI}{RI} < 0.10 \qquad (式5.4)$$

当 CR<0.10 时，说明权重可用，否则需要调整原矩阵。

2. 指标权重计算及其一致性检验

在确定有色金属矿采选企业综合绩效评价指标体系后，本次研究邀请有色金属矿采选企业里的在职员工（包括公司管理层、研发团队及需要去矿区开采和后期销售的员工）4 人和从事有色金属矿采选工作方面的研究专家 6 人对其进行打分。其中，有 2 份问卷未收回。对于其余 8 份问卷的数据，本书采用层次分析法进行统计分析，从而确定各项指标的权重。限于篇幅，本书选取部分内容对经济绩效层级下的各项指标权重确定具体阐述：

（1）根据可持续发展理论可知，追求健康、稳定和持久发展的企业应当将经济绩效、环境绩效和社会绩效视为同等重要（温素彬，2010）。因此，准则层的权重 W = [1/3 1/3 1/3]。因为本书的权重保留到小数点后四位，不用分数表示，所以在表 5.10 中将其调整为 W = [0.3334 0.3333 0.3333]。其一致性验证如表 5.7 所示。

表 5.7 准则层权重计算表

A	B1	B2	B3	W_i	λ_{max}	CI	RI	CR
B1	1	1	1	1/3				
B2	1	1	1	1/3	3	0	0.52	0
B3	1	1	1	1/3				

由表 5.7 可知 $CR=0<0.10$，通过一致性检验。

(2) 专家 1 对经济绩效下四个指标的判断如表 5.8 所示。

表 5.8 B1 的权重计算表

B1	B11	B12	B13	B14	W_i	λ_{max}	CI	RI	CR
B11	1	3	3	2	0.452 2				
B12	1/3	1	1/2	2	0.173 4	4.216 5	0.072 2	0.89	0.081 1
B13	1/3	2	1	2	0.236 8				
B14	1/2	1/2	1/2	1	0.137 6				

由表 5.8 可知 $CR=0.0811<0.10$，通过一致性检验。

(3) 通过一致性检验的权重求得算术平均值作为该项指标的权重，如表 5.9 所示。

表 5.9 B1 的算术平均权重计算表

B1	B11	B12	B13	B14	CR
专家 1	0.452 2	0.173 4	0.236 8	0.137 6	0.081 1
专家 2	0.367 5	0.138 3	0.217 7	0.276 5	0.057 8
专家 3	0.395 3	0.210 7	0.120 9	0.273 1	0.044 2
专家 4	0.380 7	0.107 7	0.169 4	0.342 2	0.017 2
专家 5	0.450 0	0.117 4	0.241 9	0.190 7	0.053 9
专家 6	0.456 6	0.120 2	0.222 2	0.202 0	0.017 2
专家 7	0.389 1	0.232 9	0.110 4	0.267 6	0.065 7
专家 8	0.299 9	0.125 7	0.190 6	0.383 8	0.053 6
平均权重 Wi	0.398 9	0.153 3	0.188 7	0.259 2	—

(4) 通过上述方法，将获得的指标权重列入表 5.10。

表 5.10 有色金属矿采选企业综合绩效指标权重表

目标层	准则层	权重 W_1	子准则层	权重 W_{11}	指标层	权重 W_{111}	权重 $W=W_1 \times W_{11} \times W_{111}$
有色金属矿采选企业综合绩效评价体系 A	经济绩效 B1	0.333 4	盈利能力 B11	0.398 9	总资产报酬率 C111	0.362 1	0.048 2
					净资产收益率 C112	0.395 4	0.052 6
					营业利润率 C113	0.242 5	0.032 3
			偿债能力 B12	0.153 3	资产负债率 C121	0.328 9	0.016 8
					速动比率 C122	0.355 7	0.018 2
					资本化率 C123	0.315 4	0.016 1
			运营能力 B13	0.188 7	应收账款周转率 C131	0.351 6	0.022 1
					总资产周转率 C132	0.382 5	0.024 1
					流动资产周转率 C133	0.265 9	0.016 7
			发展能力 B14	0.259 2	主营业务收入增长率 C141	0.313 6	0.027 1
					净利润增长率 C142	0.249 6	0.021 6
					总资产增长率 C143	0.436 8	0.037 7
	环境绩效 B2	0.333 3	有色金属开采与冶炼 B21	0.600 6	单位产值水污染因子排放量 C211	0.332 6	0.066 6
					单位产值大气污染因子排放量 C212	0.342 8	0.068 6
					单位产值尾矿、废渣排放量 C213	0.324 6	0.065 0
			生态治理与管理 B22	0.399 4	环境治理投入率 C221	0.423 8	0.056 4
					技术人员占比 C222	0.372 5	0.049 6
					社会责任报告发布 C223	0.203 7	0.027 1
	社会绩效 B3	0.333 3	员工安全与就业 B31	0.581 2	安全费用率 C311	0.208 7	0.040 4
					工资福利率 C312	0.381 1	0.073 8
					就业贡献率 C313	0.410 2	0.079 5
			社会影响 B32	0.418 8	社会捐赠总额与精准扶贫总额率 C321	0.426 5	0.059 5
					实际支付税费率 C322	0.573 5	0.080 1

5.2.3 重要程度排序

按照表 5.10 对权重的确定,对各指标重要程度排序,排序从一级指标开始,依次往下。排序结果如表 5.11 所示。

表 5.11 综合绩效评价体系指标重要程度排序

一级指标	权重	二级指标	权重	三级指标	权重
经济绩效 B1	0.333 4	盈利能力 B11	0.398 9	净资产收益率 C112	0.052 6
				总资产报酬率 C111	0.048 2
				营业利润率 C113	0.032 3
		发展能力 B14	0.259 2	总资产增长率 C143	0.037 7
				主营业务收入增长率 C141	0.027 1
				净利润增长率 C142	0.021 6
		运营能力 B13	0.188 7	总资产周转率 C132	0.024 1
				应收账款周转率 C131	0.022 1
				流动资产周转率 C133	0.016 7
		偿债能力 B12	0.153 3	速动比率 C122	0.018 2
				资产负债率 C121	0.016 8
				资本化率 C123	0.016 1
环境绩效 B2	0.333 3	有色金属开采与冶炼 B21	0.600 6	单位产值大气污染因子排放量 C212	0.068 6
				单位产值水污染因子排放量 C211	0.066 6
				单位产值尾矿、废渣排放量 C213	0.065 0
		生态治理与管理 B22	0.399 4	环境治理投入率 C221	0.056 4
				技术人员占比 C222	0.049 6
				社会责任报告发布 C223	0.027 1
社会绩效 B3	0.333 3	员工安全与就业 B31	0.581 2	就业贡献率 C313	0.079 5
				工资福利率 C312	0.073 8
				安全费用率 C311	0.040 4
		社会影响 B32	0.418 8	实际支付税费率 C322	0.080 1
				社会捐赠总额与精扶贫总额率 C321	0.059 5

以上部分研究借鉴国内外关于企业绩效评价指标相关的文献、结合国家发布的各项文件,构建了地矿资源型企业综合绩效评价体系,然后结合有色金属矿采选企业特点,用层次分析法和专家打分,对各层级评价指标赋予权重,最后进行重要程度排序。

5.2.4 综合绩效评价体系适用性验证

1. 突变级数法操作过程

突变级数法是基于突变理论的综合评价方法。突变理论假设给定的一系列变量 $X1, X1, \cdots, Xn$ 可以通过某种函数关系来确定系统的状态,这种函数 $f(x)$ 我们称为势函数;一系列独立控制变量 $a, b, c, d, \cdots, n$ 也可以同时控制系统的状态,我们称 Xi 为状态变量,$a, b, c, d, \cdots, n$ 为控制变量。系统的状态用势函数 $f = f(X)$ 表示。势函数是一个连续的函数,若点 M 使得 $\frac{\partial f(X)}{\partial X_1}|_M = \cdots \frac{\partial f(X)}{\partial X_n}|_M = 0$,我们称此时的 M 为 f 的临界点。

2. 确定突变模型

最常见的三种突变系统类型为尖点突变系统、燕尾突变系统、蝴蝶突变系统,具体模型公式如下:

尖点突变系统模型:$f(x) = x^4 + ax^2 + bx$

燕尾突变系统模型:$f(x) = \frac{1}{5}x^5 + \frac{1}{3}ax^3 + \frac{1}{2}bx^2 + cx$

蝴蝶突变系统模型:$f(x) = \frac{1}{6}x^6 + \frac{1}{4}ax^4 + \frac{1}{3}bx^3 + \frac{1}{2}cx^2 + dx$

这三种模型的主要区别是子指标的个数差异,尖点突变系统模型有两个子指标;燕尾突变系统模型有三个子指标;蝴蝶突变系统模型有四个子指标。

3. 由突变系统导出归一公式

以尖点突变为例,由公式尖点突变的势函数 $f(x) = x^4 + ax^2 + bx$,令 $\frac{\partial f(x)}{\partial (x)} = 0$

得到临界点平衡曲面方程:

$$f'(x) = 4x^3 + 2ax + b \qquad (式5.5)$$

根据平衡曲面方程 $f'(x) = 4x^3 + 2ax + b$,令 $\frac{\partial f'(x)}{\partial (x)} = 0$

得到 $f(x)$ 的奇点集方程:

$$f''(x) = 12x^2 + 2a = 0 \quad \text{（式5.6）}$$

联立式5.5和式5.6，消去 x，得到分歧方程：

$$a = -6x^2 \quad b = 8x^3 \quad \text{（式5.7）}$$

令 $a' = \dfrac{a}{-6}$, $b' = \dfrac{b}{8}$ 则 $x_a = \sqrt{\dfrac{a}{-6}} = \sqrt{\dfrac{-6a'}{-6}} = \sqrt{a'}$, $x_b = \sqrt[3]{\dfrac{b}{8}} = \sqrt[3]{\dfrac{b' \times 8}{8}} = \sqrt[3]{b'}$

至此归一公式可以表示为：$x_a = \sqrt{a'}$ $x_b = \sqrt[3]{b'}$。

表5.12列示了三种突变系统模型的区别。

表5.12 三种突变系统模型公式

名称	尖点突变系统模型	燕尾突变系统模型	蝴蝶突变系统模型
模型	$f(x) = x^4 + ax^2 + bx$	$f(x) = \dfrac{1}{5}x^5 + \dfrac{1}{3}ax^3 + \dfrac{1}{2}bx^2 + cx$	$f(x) = \dfrac{1}{6}x^6 + \dfrac{1}{4}ax^4 + \dfrac{1}{3}bx^3 + \dfrac{1}{2}cx^2 + dx$
变量	a, b	a, b, c	a, b, c, d
分歧点方程	$a = -6 \times 2; b = 8 \times 3$	$a = -6 \times 2; b = 8 \times 3$ $c = -3 \times 4$	$a = -10 \times 2; b = 20 \times 3$ $c = -15 \times 4; d = 5 \times 5$
归一公式	$x_a = \sqrt{a'}; x_b = \sqrt[3]{b'}$	$x_a = \sqrt{a'}; x_b = \sqrt[3]{b'}$ $x_c = \sqrt[4]{c'}$	$x_a = \sqrt{a'}; x_b = \sqrt[3]{b'}$ $x_c = \sqrt[4]{c'}; x_d = \sqrt[5]{d'}$

4. 利用归一公式进行评价

利用归一公式计算时，要考虑指标间的关系，如果指标间相互关联，则为互补关系，"取平均值"，如果指标层有两个因素，即 $X_i = \dfrac{Y_1^{1/2} + Y_2^{1/3}}{2}$；如果指标层有三个因素，即 $X_i = \dfrac{Y_1^{1/2} + Y_2^{1/3} + Y_3^{1/4}}{3}$；如果指标层有四个因素，即 $X_i = \dfrac{Y_1^{1/2} + Y_2^{1/3} + Y_3^{1/4} + Y_4^{1/5}}{4}$，一般不会超过四个因素。如果指标间互不关联，则为非互补关系，"大中取小"，同样可得 $X_i = \min\{Y_1^{1/2}, Y_2^{1/3}\}$ 或 $X_i = \min\{Y_1^{1/2}, Y_2^{1/3}, Y_3^{1/4}\}$ 又或 $X_i = $

$\min\{Y_1^{1/2}, Y_2^{1/3}, Y_3^{1/4}, Y_4^{1/5}\}$。

5.2.5 综合绩效评价体系适用性验证样本选择

2020年在同花顺、东方财富等网站按照"有色金属矿采选行业板块"分类搜索,共检索出22家有色金属矿采选企业。其中,ST 企业1家,本书予以剔除。本书需要2015—2019年共计5年数据,因此删除数据不完整的园城黄金、华钰矿业和中润资源3家企业,选取剩下的18家有色金属矿采选企业进行评价体系适用性验证,如表5.13所示。

表5.13 有色金属矿采选企业样本列表

序号	企业	序号	企业
1	广晟有色	10	紫金矿业
2	西藏珠峰	11	金钼股份
3	中金黄金	12	洛阳钼业
4	驰宏锌锗	13	兴业矿业
5	山东黄金	14	盛达资源
6	盛屯矿业	15	国城矿业
7	赤峰黄金	16	中色股份
8	西部黄金	17	银泰黄金
9	西部矿业	18	湖南黄金

5.2.6 综合绩效评价体系适用性验证的计算结果及分析

1. 综合绩效评价体系适用性验证的计算结果

根据构建的综合绩效评价体系和选择的综合绩效评价方法,利用 SPSS 和 Excel 软件,计算出上述18家样本企业2015—2019年各项绩效值,但由于篇幅限制,表5.14仅列示了2015—2019年的综合绩效评价结果和环境绩效评价结果。

表5.14 2015—2019年有色金属矿采选企业综合绩效和环境绩效评价结果

序号	企业	2015年		2016年		2017年		2018年		2019年	
		综合绩效	环境绩效	综合绩效	环境绩效	综合绩效	环境绩效	综合绩效	环境绩效	综合绩效	环境绩效
1	广晟有色	0.765 6	0.919 3	0.891 2	0.930 3	0.844 1	0.895 8	0.704 8	0.919 9	0.788 1	0.799 7

(续表)

序号	企业	2015年		2016年		2017年		2018年		2019年	
		综合绩效	环境绩效	综合绩效	环境绩效	综合绩效	环境绩效	综合绩效	环境绩效	综合绩效	环境绩效
2	西藏珠峰	0.871 9	0.662 8	0.838 4	0.589 4	0.801 3	0.698 4	0.874 1	0.735 9	0.682 7	0.466 1
3	中金黄金	0.873 1	0.913 1	0.891 0	0.893 7	0.906 3	0.827 9	0.883 6	0.849 4	0.828 9	0.847 2
4	驰宏锌锗	0.916 1	0.918 3	0.787 3	0.919 5	0.931 3	0.906 2	0.934 0	0.921 5	0.870 5	0.958 1
5	山东黄金	0.851 7	0.930 6	0.878 8	0.940 3	0.883 2	0.942 4	0.871 5	0.946 8	0.808 3	0.919 3
6	盛屯矿业	0.883 7	0.895 3	0.862 2	0.912 1	0.880 0	0.912 7	0.874 8	0.911 8	0.771 6	0.907 2
7	赤峰黄金	0.914 0	0.765 9	0.891 7	0.881 6	0.918 8	0.886 3	0.922 7	0.917 6	0.846 5	0.886 2
8	西部黄金	0.924 5	0.865 9	0.933 4	0.878 9	0.898 3	0.860 1	0.932 9	0.884 9	0.844 1	0.833 7
9	西部矿业	0.871 3	0.860 8	0.893 8	0.900 3	0.909 8	0.909 6	0.897 9	0.898 7	0.850 4	0.922 3
10	紫金矿业	0.937 8	0.934 0	0.929 5	0.952 3	0.931 6	0.942 8	0.947 1	0.954 0	0.933 8	0.940 4
11	金钼股份	0.912 0	0.923 5	0.915 7	0.914 5	0.897 7	0.918 1	0.921 7	0.969 1	0.901 3	0.972 7
12	洛阳钼业	0.874 8	0.954 0	0.861 1	0.950 3	0.882 9	0.931 9	0.877 6	0.952 0	0.872 8	0.923 9
13	兴业矿业	0.888 2	0.700 6	0.908 5	0.763 7	0.893 1	0.712 4	0.905 7	0.742 9	0.855 4	0.731 7
14	盛达资源	0.761 7	0.441 9	0.849 9	0.613 8	0.856 1	0.627 4	0.880 0	0.681 5	0.835 7	0.698 4
15	国城矿业	0.911 5	0.757 4	0.917 2	0.771 6	0.915 9	0.768 3	0.923 1	0.786 6	0.893 5	0.798 3
16	中色股份	0.876 9	0.884 1	0.906 1	0.892 5	0.875 1	0.903 9	0.897 0	0.889 6	0.800 7	0.879 1
17	银泰黄金	0.895 8	0.821 4	0.895 6	0.837 8	0.901 1	0.841 0	0.941 9	0.835 5	0.885 4	0.824 4

(续表)

序号	企业	2015年		2016年		2017年		2018年		2019年	
		综合绩效	环境绩效	综合绩效	环境绩效	综合绩效	环境绩效	综合绩效	环境绩效	综合绩效	环境绩效
18	湖南黄金	0.905 8	0.975 4	0.896 8	0.984 2	0.908 1	0.977 4	0.898 5	0.977 8	0.773 8	0.973 8

数据来源：通过18家样本有色金属矿采选企业2015—2019年报和社会责任报告计算得出。

2. 综合绩效评价体系适用性验证结果分析

在验证分析前，为方便说明问题，本书将18家样本有色金属矿采选企业按是否发布社会责任报告分为两类。2015—2019年一共有11家企业发布社会责任报告，7家未发布。在此基础上，本书从以下几个层面对综合绩效评价体系适用性进行验证。

1) 综合绩效与净资产收益率关系层面验证分析

随着可持续发展观念深入人心，人们对企业的要求已经不是仅追求经济效益就可以了，他们评判企业的优良还以企业的环境保护措施以及为社会的贡献为依据，从多方面综合评估。但是从企业利益相关者的角度来说，他们最关心的还是企业能否获利以及企业获利能力如何。那么倡导多方面综合评估企业绩效会和企业利益相关者对企业的盈利追求相矛盾吗？以下就对此进行验证。狭义上来说，企业利益相关者中股东更关心其投资回报情况，所以本书选用净资产收益率指标与综合绩效验证分析，这同时也是在验证可持续发展视角下有色金属矿采选企业综合绩效评价体系的适用性。2015—2019年18家样本企业的综合绩效和净资产收益率排名如表5.15所示。

表5.15 2015—2019年18家有色金属矿采选企业综合绩效和净资产收益率排名

企业	2015年		2016年		2017年		2018年		2019年	
	综合绩效排名	净资产收益率排名	综合绩效排名	净资产收益率排名	综合绩效排名	净资产收益率排名	综合绩效排名	净资产收益率排名	综合绩效排名	净资产收益率排名
广晟有色	17	18	11	15	17	17	18	17	15	14

(续表)

企业	2015年 综合绩效排名	2015年 净资产收益率排名	2016年 综合绩效排名	2016年 净资产收益率排名	2017年 综合绩效排名	2017年 净资产收益率排名	2018年 综合绩效排名	2018年 净资产收益率排名	2019年 综合绩效排名	2019年 净资产收益率排名
西藏珠峰	14	2	17	1	18	1	16	1	18	1
中金黄金	13	12	12	13	7	15	12	13	12	17
驰宏锌锗	3	14	18	18	2	8	3	9	6	9
山东黄金	16	7	13	4	12	11	17	10	13	8
盛屯矿业	10	11	14	11	14	3	15	7	17	12
赤峰黄金	4	4	10	3	3	7	6	16	9	7
西部黄金	2	10	1	6	9	16	4	14	10	15
西部矿业	15	15	9	16	5	14	10	18	8	3
紫金矿业	1	8	2	7	1	6	1	4	1	5
金钼股份	5	15	4	17	10	18	7	11	2	11
洛阳钼业	12	9	15	10	13	10	14	5	5	10
兴业矿业	9	17	5	14	11	5	8	15	7	16
盛达资源	18	1	16	5	16	4	13	2	11	2
国城矿业	6	3	3	2	4	2	5	3	3	6
中色股份	11	5	6	8	15	13	11	12	14	18
银泰黄金	8	6	8	9	8	9	2	6	4	4
湖南黄金	7	13	7	12	6	12	9	8	16	13

为了更直观地反映综合绩效和净资产收益率之间的关系，在此以2019年的数据作图5.3，并加以分析。

从图5.3可看出，这18家企业中，西藏珠峰的净资产收益率排名靠前，但是综合绩效排名靠后，相差极大。剩余公司的净资产收益率排名和综合绩效排名基本同升同降，趋势比较一致。这说明两者之间不存在对立关系，同时也说明了有色金属矿采选企业在为社会做贡献的同时不会损害投资者利益，有一些企业趋势不同是因为该企业环境绩效和社会

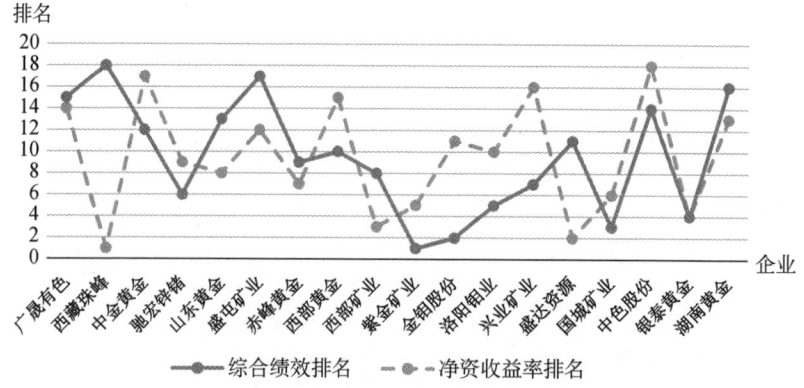

图 5.3 2019 年综合绩效排名和净资产收益率排名趋势图

绩效较低,从而拉低了其综合绩效水平,若其净资产收益率更低,其综合绩效水平也更低。因此在可持续发展视角下建立有色金属矿采选企业综合绩效评价体系,行之有效。

2)环境绩效层面验证分析

本书继续从环境绩效层面来验证可持续视角下有色金属矿采选企业综合绩效评价体系的适用性。通过表 5.14 计算出的样本企业环境绩效值,对 18 家样本企业环境绩效值进行排名,得出结果如表 5.16 所示。

表 5.16 2015—2019 年 18 家有色金属矿采选企业环境绩效排名

企业	2015 年	2016 年	2017 年	2018 年	2019 年
广晟有色	6	5	10	7	14
西藏珠峰	17	18	17	17	18
中金黄金	8	10	14	13	11
驰宏锌锗	7	6	8	6	3
山东黄金	4	4	3	5	7
盛屯矿业	9	8	6	9	8
赤峰黄金	14	12	11	8	9
西部黄金	11	13	12	12	12
西部矿业	12	9	7	10	6

(续表)

企业	2015年	2016年	2017年	2018年	2019年
紫金矿业	3	2	2	3	4
金钼股份	5	7	5	2	2
洛阳钼业	2	3	4	4	5
兴业矿业	16	16	16	16	16
盛达资源	18	17	18	18	17
国城矿业	15	15	15	15	15
中色股份	10	11	9	11	10
银泰黄金	13	14	13	14	13
湖南黄金	1	1	1	1	1

从2015—2019年18家有色金属矿采选企业环境绩效排名可以看出，2015—2019年，大多数发布社会责任报告的企业环境绩效高于未发布的企业。这也可以反映出发布社会责任报告的有色金属矿采选企业相对于未发布的企业对环境保护更重视，从而可以推断出在可持续发展视角下，运用所建立的综合评价体系，有助于企业增强环保意识，加强环保的治理。

3）平均值层面验证分析

最后，本书从综合平均值层面验证可持续发展视角下有色金属矿采选企业综合绩效评价体系的适用性。本书同样将样本企业按照是否发布社会责任报告进行分类，然后加以分析。从图5.4可以看出，除2015年的经济绩效、2016年的综合绩效和2017年的经济绩效未发布社会责任报告上市样本有色金属矿采选企业略高于发布了的企业外，其余绩效平均值均是发布社会责任报告的有色金属矿采选企业高。

综上，未发布社会责任报告的企业各指标值绝大多数低于发布社会责任报告的企业，可以说明，可持续发展观念能够让企业重视对环境的管理，为社会做出一份贡献。由此，可进一步推出，建立可持续发展视角下有色金属矿采选企业综合绩效评价体系可行且有意义。

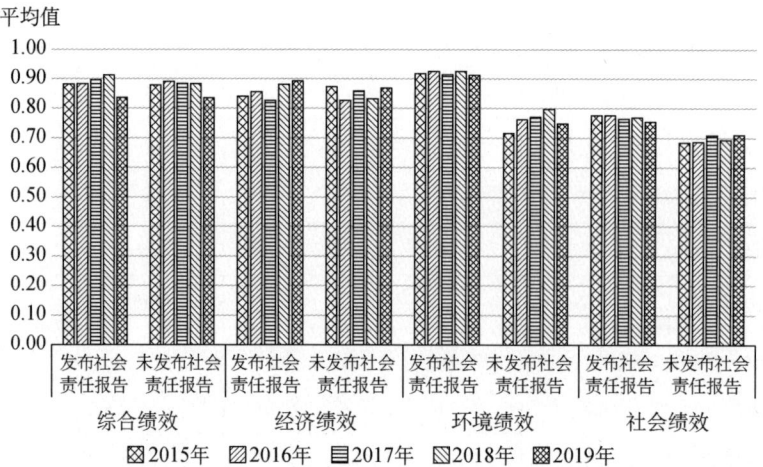

图 5.4 18 家有色金属矿采选企业 2015 年—2019 年绩效平均值分析图

数据来源：通过 18 家有色金属矿采选企业 2015—2019 年报和社会责任报告计算得出。

本书通过对上述三个层面的适用性验证发现：第一，18 家有色金属矿采选企业中多数企业的净资产收益率和综合绩效趋势一致；第二，发布社会责任报告的有色金属矿采选企业环境绩效排名均高于未发布企业；第三，2015—2019 年 18 家有色金属矿采选企业的各绩效平均值，同样是发布社会责任报告的企业评分较高。

以上说明，倡导多方面综合评估企业绩效和企业利益相关者对企业的盈利追求并不矛盾，即推行综合绩效评价是可行的。再者，发布社会责任报告的有色金属矿采选企业各项绩效均较高也间接说明，倡导可持续发展同样会使有色金属矿采选企业承担起保护环境的责任。

因此，本书认为在可持续发展理论指导下建立的可持续发展视角下有色金属矿采选企业综合绩效评价体系是有效的，所选取的综合评价方法也合适，可以合理地评估出有色金属矿采选企业的综合绩效水平。

5.2.7 西藏珠峰综合绩效评价分析及提升对策

前述研究构建了有色金属矿采选企业综合绩效评价体系并验证了其行业适用性，得出有色金属矿采选企业综合绩效评价体系和方法具有可行性,但缺少详细的分析过程,因此,本部分以西藏珠峰资源股份有限公司(以下简称西藏珠峰)为案例对象,运用上述有色金属矿采选企业综合绩效评价体系和方法分析西藏珠峰的综合绩效,从而进一步证明在可持续发展理论指导下,我国有色金属矿采选企业综合绩效评价体系的有效性。

1. 案例介绍

1) 案例对象选取依据

本案例以西藏珠峰为研究对象,依据上文选取的18家有色金属矿采选企业样本企业绩效情况,西藏珠峰在营业利润排第1名或者第2名,经济效益较好,但环境绩效和综合绩效基本排名在第17名或第18名,相对较差,对此需要分析其原因。西藏珠峰各指标具体排名情况如表5.17所示。

表5.17　2015—2019年西藏珠峰部分绩效排名

2015年			2016年			2017年			2018年			2019年		
营业利润排名	综合绩效排名	环境绩效排名	营业利润排名	综合绩效排名	环境绩效排名	营业利润排名	综合绩效排名	环境绩效排名	营业利润排名	综合绩效排名	环境绩效排名	营业利润排名	综合绩效排名	环境绩效排名
6	14	17	2	17	18	1	18	17	1	16	17	1	18	18

2) 企业简介

西藏珠峰的主要经营业务是有色金属矿山采掘与销售,主要经营产品有铅精矿、锌精矿和铜精矿等产品。2015—2019年,西藏珠峰平均营业收入为194 306.77万元,有色金属冶炼和采矿收入为179 714.33万元,有色金属产量为134.109 9万吨。该企业有色金属冶炼和采矿收入平均占总收入的92.49%。

西藏珠峰依托位于塔吉克斯坦的铅锌多金属矿山,发展有色金属资源行业上游产业,在"一带一路"倡议下,已经发展成为中资企业在"一带"沿线国家成功投资的标杆企业。西藏珠峰在"一路"沿线的阿根廷已开始布局,投资新能源产业上游的锂盐湖开发项目。西藏珠峰不断实现产业转型升级,成为证券市场上矿业资源开发板块的龙头股之一。

3）数据收集

本部分研究主要以西藏珠峰为案例分析对象，运用上述有色金属矿采选企业综合绩效评价体系和方法分析西藏珠峰的综合绩效，从而进一步证明在可持续发展理论指导下，有色金属矿采选企业综合绩效评价体系的有效性。其原始数据如表5.18所示。

表5.18 2015—2019年西藏珠峰综合绩效评价原始数据表

一级指标	二级指标	三级指标	2015年	2016年	2017年	2018年	2019年
经济绩效	盈利能力	净资产收益率	24.02%	50.11%	65.35%	41.46%	22.59%
		总资产报酬率	25.6985%	45.6262%	43.6873%	27.6016%	14.7532%
		营业利润率	13.4276%	52.0808%	57.1726%	53.6161%	34.7626%
	运营能力	总资产周转率（次）	1.7478	0.9362	0.9518	0.5099	0.5071
		应收账款周转率（次）	16.7807	9.9832	18.9021	10.5706	12.0098
		流动资产周转率（次）	4.1101	2.6024	1.9086	0.8206	0.8559
	发展能力	总资产增长率	141.8001%	61.289%	66.1431%	48.0729%	-11.6687%
		主营业务收入增长率	-3.2534%	-0.9852%	67.0234%	-17.0368%	11.7912%
		净利润增长率	1246.0885%	363.6858%	71.9849%	-19.0997%	-30.6848%
	偿债能力	速动比率	0.5816%	0.9333%	1.3664%	1.4853%	1.3865%
		资产负债率	44.4749%	33.3038%	47.3311%	54.6562%	34.6861%
		资本化率	0	0	14.2421%	21.4872%	0
环境绩效	有色金属开采与冶炼	单位产值大气污染因子排放量	0.0512%	0.0413%	0.0451%	0.0214%	0.0254%
		单位产值尾矿、废渣排放量	876.1610%	685.6855%	594.8453%	471.6814%	369.6468%
		单位产值水污染因子排放量	0.0065%	0.081%	0.0078%	0.0063%	0.0051%
	生态治理与管理	环境治理投入率	0.26%	0.34%	0.53%	0.52%	0.06%
		技术人员占比	2.01%	1.05%	2.54%	2.67%	2.54%
		社会责任报告发布	0	0	0	0	0

(续表)

一级指标	二级指标	三级指标	2015年	2016年	2017年	2018年	2019年
社会绩效	员工安全与就业	就业贡献率	62.7975%	13.2465%	-56.6169%	-1.1575%	1.0951%
		工资福利率	2.9146%	3.0114%	5.4591%	5.4247%	5.2652%
		安全费用率	0	0	0	0	0
	社会影响	实际支付税费率	8.3218%	12.4004%	18.7874%	22.4781%	17.3110%
		社会捐赠总额与精扶贫总额率	0.0459%	0.1190%	0.4897%	0.2721%	0.0988%

数据来源:西藏珠峰2015—2019年的年度财务报告。

4)数据处理

企业综合绩效评价所使用的指标有多种类型,有的指标值越大表示评价结果越好(如主营业务收入增长率、净利润增长率和总资产增长率等),这样的指标称为"正向指标";而有的指标值越小表示评价结果越好(如有色金属开采与冶炼中的单位产值水污染因子排放量、单位产值大气污染因子排放量和单位产值尾矿、废渣排放量),这样的指标称为"逆向指标"。本书以构建的可持续发展视角下有色金属矿采选企业综合绩效评价指标体系评价有色金属矿采选业上市企业,除了通过权重将所有指标有效整合在一起,还要考虑到所选取的指标相互间的数量级或者计量单位的不同,需要对各指标值进行加工处理,使其具有可比性。因此本书对取得的原始数据进行无量纲化处理,使选取的评价指标值全部落在[0,1]区间。具体公式如下:

正向指标: $$Y_{ij} = \frac{X_{ij} - X_{\min, j}}{X_{\max, j} - X_{\min, j}}$$ (式5.8)

逆向指标: $$Y_{ij} = \frac{X_{\max, j} - X_{ij}}{X_{\max, j} - X_{\min, j}}$$ (式5.9)

其中,Y_{ij}是标准化值,X_{ij}是控制变量,$X_{\min, j}$是最小控制变量,$X_{\max, j}$是最大控制变量。西藏珠峰2015—2019年原始数据标准化处理结果如表5.19所示。同时,为了避免各目标层级代表符号与表5.10重叠,表5.19用X、Y、Z字母表示。

表 5.19 2015—2019 年西藏珠峰评价指标原始数据标准化处理分值

一级指标	二级指标	三级指标	2015 年	2016 年	2017 年	2018 年	2019 年
经济绩效 X_1	盈利能力 Y_1	净资产收益率 Z1	0.961 4	1.000 0	1.000 0	1.000 0	1.000 0
		总资产报酬率 Z2	0.696 1	1.000 0	1.000 0	0.479 8	0.189 5
		营业利润率 Z3	0.305 6	0.836 4	1.000 0	1.000 0	1.000 0
	运营能力 Y_2	总资产周转率(次) Z4	0.253 4	0.442 8	0.548 5	0.111 9	0.186 7
		应收账款周转率(次) Z5	0.023 3	0.005 9	0.013 1	0.014 8	0.019 1
		流动资产周转率(次) Z6	0.180 4	0.106 4	0.115 4	0.021 0	0.012 6
	发展能力 Y_3	总资产增长率 Z7	1.000 0	0.340 5	0.548 5	0.556 0	0
		主营业务收入增长率 Z8	0.248 2	0.187 3	0.323 6	0.138 8	0.217 2
		净利润增长率 Z9	1.000 0	0.933 8	0.256 5	0.801 8	0.604 1
	偿债能力 Y_4	速冻比率 Z10	0.916 6	0.872 1	0.886 4	0.704 4	0.694 8
		资产负债率 Z11	0.575 7	0.569 1	0.352 6	0.254 0	0.586 3
		资本化率 Z12	1.000 0	1.000 0	0.560 8	0.257 5	1.000 0
环境绩效 X_2	有色金属开采与冶炼 Y_5	单位产值大气污染因子排放量 Z13	0.375 9	0.498 1	0.372 2	0.688 4	0.595 0
		单位产值尾矿、废渣排放量 Z14	0.374 7	0.525 5	0.495 8	0.551 6	0.644 6
		单位产值水污染因子排放量 Z15	0.821 8	0.000 0	0.831 9	0.881 5	0.890 6
	生态治理与管理 Y_6	环境治理投入率 Z16	0.077 4	0.095 4	0.159 4	0.217 2	0
		技术人员占比 Z17	0	0	0	0	0
		社会责任报告发布 Z18	0	0	0	0	0
社会绩效 X_3	员工安全与就业 Y_7	就业贡献率 Z19	1.000 0	0.703 9	0	0.130 3	0.258 4
		工资福利率 Z20	0	0	0	0	0
		安全费用率 Z21	0	0	0	0	0
	社会影响 Y_8	实际支付税费率 Z22	0.161 7	0.270 7	0.623 5	0.749 8	0.744 4
		社会捐赠总额与精扶贫总额率 Z23	0.003 7	0.009 8	0.036 6	0.018 9	0.007 9

2. 西藏珠峰综合绩效评价过程

根据突变级数法的操作原理可知,突变系统模型根据指标层个数确定,计算取值根据指标间关系确定。对互补型的指标关系,采取平均值原则;对非互补型指标关系,采取大中取小原则。本文前面选取指标时有相应说明,二级、三级指标层呈互补型的指标关系,一级指标层呈非互补型指标关系。

现以西藏珠峰2019年数据为例,说明各层指标的计算过程。

1) 经济绩效计算过程

(1) 盈利能力。盈利能力($Y1$)含有三个三级指标,并且指标间关系互补,因此可以构建互补型的燕尾突变系统模型。对西藏珠峰盈利能力指标取平均值:

$$Y1 = \frac{Z1^{1/2} + Z2^{1/3} + Z3^{1/4}}{3}$$

$$= \frac{1.0000^{1/2} + 0.1895^{1/3} + 1.0000^{1/4}}{3}$$

$$= 0.8581$$

(2) 运营能力。运营能力($Y2$)含有三个三级指标,并且指标间关系互补,因此可以构建互补型的燕尾突变系统模型。对西藏珠峰运营能力指标取平均值:

$$Y2 = \frac{Z4^{1/2} + Z5^{1/3} + Z6^{1/4}}{3}$$

$$= \frac{0.1867^{1/2} + 0.0191^{1/3} + 0.0126^{1/4}}{3}$$

$$= 0.3447$$

(3) 发展能力。发展能力($Y3$)含有三个三级指标,并且指标间关系互补,因此可以构建互补型的燕尾突变系统模型。对西藏珠峰发展能力指标取平均值:

$$Y3 = \frac{Z7^{1/2} + Z8^{1/3} + Z9^{1/4}}{3} = \frac{0^{1/2} + 0.2172^{1/3} + 0.6041^{1/4}}{3} = 0.4942$$

(4) 偿债能力。偿债能力(Y4)含有三个三级指标,并且指标间关系互补,因此可以构建互补型的燕尾突变系统模型。对西藏珠峰发展能力指标取平均值:

$$Y4 = \frac{Z10^{1/2} + Z11^{1/3} + Z12^{1/4}}{3}$$

$$= \frac{0.694\ 8^{1/2} + 0.586\ 3^{1/3} + 1.000\ 0^{1/4}}{3}$$

$$= 0.890\ 2$$

(5) 经济绩效。经济绩效(X1)由上述四个关系互补的指标层(Y1、Y2、Y3、Y4)构成,所以是互补型的蝴蝶突变系统模型。对西藏珠峰经济绩效取平均值:

$$X1 = \frac{Y1^{1/2} + Y2^{1/3} + Y3^{1/4} + Y4^{1/5}}{4}$$

$$= \frac{0.858\ 1^{1/2} + 0.344\ 7^{1/3} + 0.494\ 2^{1/4} + 0.890\ 2^{1/5}}{4}$$

$$= 0.860\ 7$$

2) 环境绩效计算过程

(1) 有色金属开采与冶炼。二级指标层有色金属开采与冶炼(Y5)包含三个三级指标,分别是单位产值大气污染因子排放量(Z13)、单位产值尾矿、废渣排放量(Z14)和单位产值水污染因子排放量(Z15),Z13、Z14、Z15构建互补型的燕尾突变系统模型。西藏珠峰有色金属开采与冶炼指标计算值如下:

$$Y5 = \frac{Z13^{1/2} + Z14^{1/3} + Z15^{1/4}}{3}$$

$$= \frac{0.595\ 0^{1/2} + 0.644\ 6^{1/3} + 0.890\ 6^{1/4}}{3}$$

$$= 0.868\ 9$$

(2) 生态治理与管理。二级指标层生态治理与管理(Y6)包含三个三级指标,三级指标间关系互补,因此可以构建互补型的燕尾突变系统模型。对西藏珠峰生态治理与管理指标取平均值：

$$Y6 = \frac{Z16^{1/2} + Z17^{1/3} + Z18^{1/4}}{3} = \frac{0^{1/2} + 0^{1/3} + 0^{1/4}}{3} = 0$$

（3）环境绩效。环境绩效（$X2$）由上述两个关系互补的二级目标（$Y5$ 和 $Y6$）构成，因此可以构建互补型的尖点突变系统模型。对西藏珠峰环境绩效取平均值：

$$X2 = \frac{Y5^{1/2} + Y6^{1/3}}{2} = \frac{0.8689^{1/2} + 0^{1/3}}{2} = 0.4661$$

3）社会绩效计算过程

（1）社会影响。社会影响（$Y8$）下有两个底层指标：实际支付税费率（$Z22$）和社会捐赠总额与精扶贫总额率（$Z23$），两者关系互补。因此，$Z22$、$Z23$ 可以构建互补型的尖点突变系统模型。对西藏珠峰社会影响指标取平均值：

$$Y8 = \frac{Z22^{1/2} + Z23^{1/3}}{2} = \frac{0.7444^{1/2} + 0.0079^{1/3}}{2} = 0.5311$$

（2）员工就业与安全。员工就业与安全（$Y7$）含有三个三级指标，并且指标间关系互补，所以可以构建互补型的燕尾突变系统模型。对西藏珠峰计算员工就业与安全指标取平均值：

$$Y7 = \frac{Z19^{1/2} + Z20^{1/3} + Z21^{1/4}}{3} = \frac{0.2584^{1/2} + 0^{1/3} + 0^{1/4}}{3} = 0.1649$$

（3）社会绩效。社会绩效（$X3$）是由上述两个关系互补的二级目标（$Y7$ 和 $Y8$）构成，因此可以构建互补型的尖点突变系统模型。对西藏珠峰社会绩效取平均值：

$$X3 = \frac{Y7^{1/2} + Y8^{1/3}}{2} = \frac{0.1649^{1/2} + 0.5311^{1/3}}{2} = 0.6079$$

4）综合绩效计算过程

可持续发展视角下有色金属矿采选企业综合绩效评价从三个方面进行评价：经济绩效（$X1$）、环境绩效（$X2$）和社会绩效（$X3$），这三者缺

一不可,属于非互补关系,因此可以构建非互补型的燕尾突变系统模型。对西藏珠峰综合绩效"大中取小":

$$A = \min\{X1^{1/2}, X2^{1/3}, X3^{1/4}\} = \min\{0.860\ 7^{1/2}, 0.466\ 7^{1/3}, 0.607\ 9^{1/4}\}$$
$$= 0.682\ 7$$

同理可以计算得出 2015—2018 年西藏珠峰各指标结果和综合绩效评价值。

3. 评价结果

经过计算,得到 2015—2019 年西藏珠峰各级指标计算汇总结果,如表 5.20 所示。

表 5.20　2015—2019 年西藏珠峰各级指标计算汇总

项目	2015 年	2016 年	2017 年	2018 年	2019 年
盈利能力	0.870 1	0.985 4	1.000 0	0.927 6	0.858 1
运营能力	0.480 2	0.472 3	0.519 7	0.320 3	0.344 7
发展能力	0.876 1	0.712 9	0.712 9	0.736 6	0.494 2
偿债能力	0.929 8	0.920 9	0.837 8	0.728 3	0.890 2
有色金属开采与冶炼	0.762 1	0.504 3	0.785 5	0.872 9	0.868 9
生态治理与管理	0.092 7	0.102 9	0.133 1	0.155 3	0
员工安全与就业	0.329 1	0.276 5	0	0.116 0	0.164 9
社会影响	0.278 7	0.367 1	0.560 9	0.566 1	0.531 1
经济绩效	0.917 2	0.918 5	0.922 0	0.878 1	0.860 7
环境绩效	0.662 8	0.589 4	0.698 4	0.735 9	0.466 1
社会绩效	0.613 4	0.620 9	0.412 3	0.583 9	0.607 9
综合绩效	0.871 9	0.838 4	0.801 3	0.874 1	0.682 7

通过上面的评价结果可以看出,西藏珠峰的经济绩效相对而言比较出色,这也说明企业的获利能力较强,运营能力比较出众,但是反观其环境绩效和社会绩效,评价结果一般,说明其在发展的同时,没有注重对环境的保护,也没有尽到该履行的社会责任。

4. 西藏珠峰综合绩效评价结果纵向对比分析

1）经济绩效纵向对比分析

根据表5.20的绩效评价结果，本部分研究对经济绩效进行纵向对比说明，2015—2019年西藏珠峰经济绩效评价结果如表5.21所示。

表5.21　2015—2019年西藏珠峰经济绩效及代表指标评价结果

项目	2015年	2016年	2017年	2018年	2019年
经济绩效	0.917 2	0.918 5	0.922 0	0.878 1	0.860 7
盈利能力	0.870 1	0.985 4	1.000 0	0.927 6	0.858 1
运营能力	0.480 2	0.472 3	0.519 7	0.320 3	0.344 7
发展能力	0.876 1	0.712 9	0.712 9	0.736 6	0.494 2
偿债能力	0.929 8	0.920 9	0.837 8	0.728 3	0.890 2

从图5.5可以看出，2015—2017年，西藏珠峰的经济绩效处于较平稳的状态，但是从2018年开始下滑，并且西藏珠峰的盈利能力最好，其次是偿债能力，然后是发展能力，最差的是运营能力。其具体原因是：在2018年，除发展能力稍有提高，西藏珠峰的盈利能力、运营能力、偿债能力均下降，且降幅较大；在2019年，西藏珠峰运营能力和偿债能力有所提高，但是盈利能力和发展能力仍在下降。

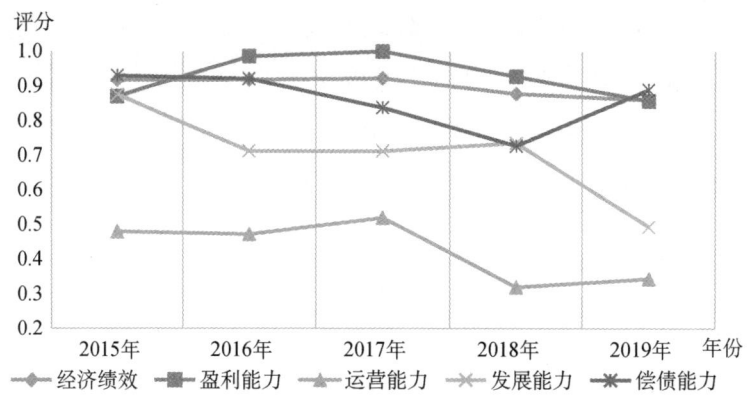

图5.5　2015—2019年西藏珠峰经济绩效及代表指标评价结果趋势图

首先，从盈利能力评分来看，代表盈利能力的三项指标均下降，总资产报酬率从43.687 3%下降到14.753 2%，降幅达到66.23%；净资产收益率更是从 65.35% 下降到 22.59%，降幅达到 65.43%；营业利润率从 57.172 6% 下降到 34.762 6%，降幅达到 39.20%。其次，从运营能力评分来看，代表运营能力的三项指标也均在下降，应收账款周转率从 18.902 1 次下降到 12.009 8 次；总资产周转率从 0.951 8 次下降到 0.507 1 次；流动资产周转率从 1.908 6 次下降到 0.855 9 次。再次，从发展能力评分来看，虽然 2018 年稍有提高，但是 2019 年跌落得厉害，其净利润增长率和总资产增长率直接跌落为负数。最后，从偿债能力评分来看，其在 2018 年还是有所下降，但是在 2019 年急速回转，甚至超越了 2017 年评分。这是因为西藏珠峰在 2019 年偿还了大额的长期负债。

2）环境绩效纵向对比分析

根据表 5.20 的绩效评价结果，本部分研究对环境绩效进行纵向对比说明，2015—2019 年西藏珠峰环境绩效评价结果如表 5.22 所示。

表 5.22　2015—2019 年西藏珠峰环境绩效及代表指标评价结果

指标	2015 年	2016 年	2017 年	2018 年	2019 年
环境绩效	0.662 8	0.589 4	0.698 4	0.735 9	0.466 1
有色金属开采与冶炼	0.762 1	0.504 3	0.785 5	0.872 9	0.868 9
生态治理与管理	0.092 7	0.102 9	0.133 1	0.155 3	0

从图 5.6 可以看出，西藏珠峰的环境绩效 2016 年和 2019 年在下降，2017 年和 2018 年稍有提高。具体而言：有色金属开采与冶炼指标评分在 2016 年下降，因为西藏珠峰在 2016 年废水污染物排放较多；生态治理与管理评分在 2019 年较低，因为西藏珠峰 2019 年环境治理投入

图 5.6　2015—2019 年西藏珠峰环境绩效及代表指标评价结果趋势图

减少,从2018年环境治理投入的106.408 1万元减少到13.405 8万元,缩减将近8倍;技术人员也相应减少,所以其环境绩效评分在2016年和2019有所降低。

3)社会绩效纵向对比分析

根据表5.20的绩效评价结果,本部分研究对社会绩效进行纵向对比说明,2015—2019年西藏珠峰社会绩效评价结果如表5.23所示。

表5.23 2015—2019年西藏珠峰社会绩效及代表指标评价结果

指标	2015年	2016年	2017年	2018年	2019年
社会绩效	0.613 4	0.620 9	0.412 3	0.583 9	0.607 9
员工安全与就业	0.329 1	0.276 5	0.000 0	0.116 0	0.164 9
社会影响	0.278 7	0.367 1	0.560 9	0.566 1	0.531 1

从图5.7可以看出,西藏珠峰的社会绩效评分在2017年有所下降,其余年份环境绩效水平保持比较稳定,评分在0.6左右浮动。但是其社会影响评分在2017年有所提升,尽管此指标提升,但是这仍然弥补不了员工安全与就业因素带来的社会绩效下降幅度。西藏珠峰在2016年增加社会捐赠额以及向国家上缴的各项税费,但是增加额不多;在2016年减少就业岗位,进行人员调整,在职员工人数从1 715人减少到417人,员工数量呈倍数式下降,就业贡献率严重下滑。

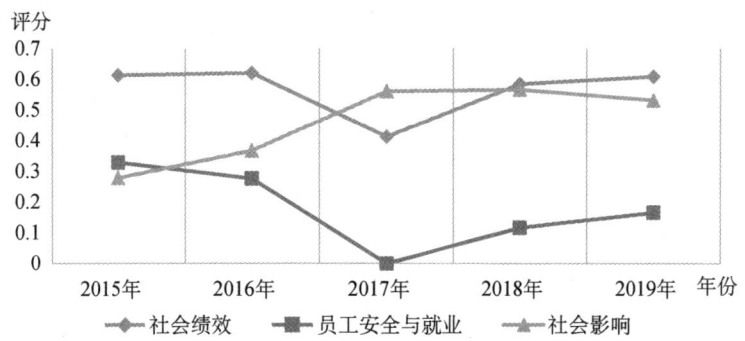

图5.7 2015—2019年西藏珠峰社会绩效及代表指标评价结果趋势图

4)综合绩效纵向对比分析

根据表5.20的绩效评价结果,本部分研究对综合绩效进行纵向对比说明，2015—2019年西藏珠峰综合绩效评价结果如表5.24所示。

表5.24 2015—2019年西藏珠峰综合绩效及代表指标评价结果

指标	2015年	2016年	2017年	2018年	2019年
综合绩效	0.871 9	0.838 4	0.801 3	0.874 1	0.682 7
经济绩效	0.917 2	0.918 5	0.922 0	0.878 1	0.860 7
环境绩效	0.662 8	0.589 4	0.698 4	0.735 9	0.466 1
社会绩效	0.613 4	0.620 9	0.412 3	0.583 9	0.607 9

从图5.8可以看出，西藏珠峰的综合绩效评分2015—2017年逐年降低，在2018年，综合绩效评分有所回升，但是2019年又再次下降。这具体是因为2015—2016年环境绩效评分降低，2016—2017年环境绩效的评分没有弥补社会绩效带来的下降，2017—2018年除经济绩效稍有下降外，其余绩效评分均上升，2018—2019年，社会绩效基本不变，但是其余绩效评分均大幅度降低。

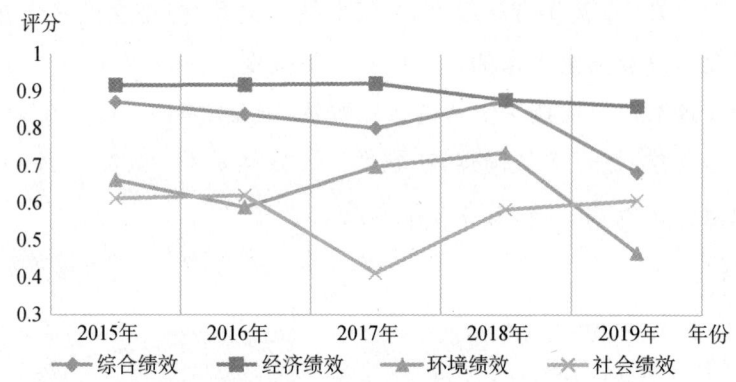

图5.8 2015—2019年西藏珠峰综合绩效及代表指标评价结果趋势图

5. 西藏珠峰综合绩效评价结果横向对比分析

本书前一部分对西藏珠峰的综合绩效评价结果进行了纵向对比，分析其趋势的变化，并找出了其趋势变化的原因；本书这一部分将对其在行业内的表现进行横向对比分析。

1）经济绩效横向对比分析

经济发展能力是企业一切发展的根基，企业的利益相关者更是重视此能力,为了更直观地反映西藏珠峰在行业内的经济发展能力,图5.9绘制了18家有色金属2015—2019年矿采选企业经济绩效均值评分情况。

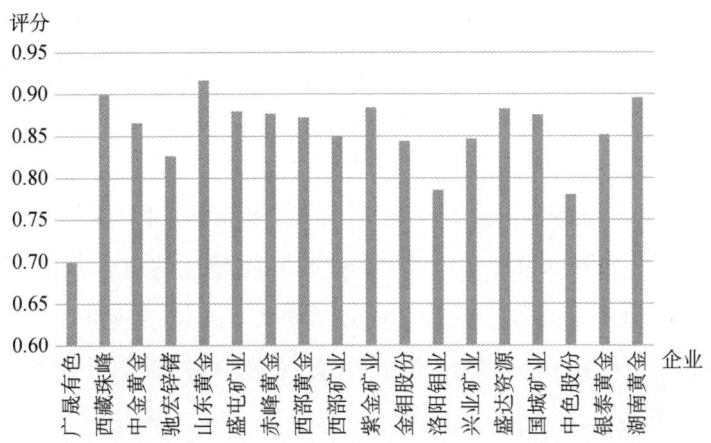

图 5.9　18家样本有色金属矿采选企业2015—2019年经济绩效均值评分图

从图5.9可以看出,西藏珠峰2015—2019年的经济绩效均值水平在有色金属矿采选企业中排名第二,排名第一的是山东黄金。从前面的分析可知,西藏珠峰的盈利能力最好,其次是偿债能力,然后是发展能力,最差的是运营能力。但是2015—2019年这四项指标的均值高于行业内其他企业。

首先,从盈利能力来看,西藏珠峰代表盈利能力的三项指标均高于行业平均水平,总资产报酬率均值达到31.473 6%,行业均值是19.621 3%;净资产收益率达到40.706%,行业均值是6.319 4%;营业利润率达到42.211 9%,行业均值是12.344 8%。其次,从运营能力来看,西藏珠峰的运营能力差,其三项指标均低于行业平均水平,其中最差的是应收账款周转率,行业应收账款周转率的均值达到136.115 0次,西藏珠峰的应收账款周转率平均是13.649 2次,才达到行业均值的10.03%左右。再次,从发展能力来看,西藏珠峰的净利润增长率很高,达到326.394 9%,行业均值是-19.138 5%;总资产增长率也高于行业平均水平,西藏珠峰的总资产增长率达到61.127 3%,行业均值为

19.118 1%。最后，从偿债能力来看，西藏珠峰的偿债能力和行业平均水平相差不大，略微强一些，主要是因为西藏珠峰在 2019 年偿还了大额长期负债，不仅体现了其较强的还款能力，也降低了企业负债情况。

总体上来说，2015—2019 年，西藏珠峰的经济绩效表现较好，领先于大部分其他的有色金属矿采选企业。其需要提高的是应收账款回款能力，需要继续保持良好的利润增长。

2）环境绩效横向对比分析

如今，节能减排是企业谋求长远发展必须要考虑的问题。从图 5.10 可知，西藏珠峰 2015—2019 年的环境绩效均值在行业中评分倒数，并且与其他有色金属矿采选企业相差很大。环境绩效包含有色金属开采与冶炼和生态治理与管理两个方面，而西藏珠峰这 5 年在这两方面做得都不好，尤其是生态治理与管理投入很少。从有色金属开采与冶炼层面来看，西藏珠峰在"三废"的排放量方面做得并不够。有色金属矿采选企业本身就是严重污染型企业，在对"三废"的处理上一定要达到国家要求，只有环境实现可持续发展，企业才能可持续发展。从有生态治理与管理层面来看，西藏珠峰的环境治理费用虽然有投入，但投入较少，且技术人员占比也很小，这严重影响公司的研发进展；并且环境治理投入小，在开采、冶炼有色金属时对环境造成的污染也更大。此外，西藏珠峰一直没有发布过社会责任报告，缺乏大众的监督，没有承担起事后监督的责任。

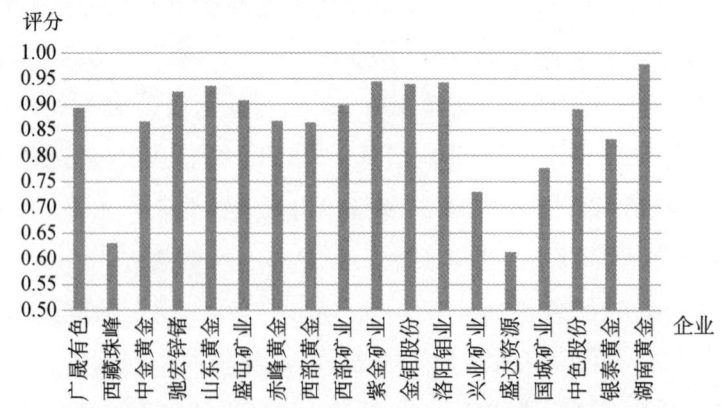

图 5.10　18 家样本有色金属矿采选企业 2015—2019 年环境绩效均值评分图

总体上来说,西藏珠峰的环境绩效表现很差,在环境保护方面缺乏执行力,需要向湖南黄金学习。

3)社会绩效横向对比分析

企业在注重经济绩效的同时,也应关注对社会的贡献,做好企业公民,企业只有对社会负责,才能获得持续发展的能力。

从图5.11可知,西藏珠峰2015—2019年的社会绩效均值在样本有色金属矿采选企业中评分最差。而社会绩效由员工就业与安全、社会影响两个方面构成。西藏珠峰员工安全与就业指标值没有同行业的其他公司高,西藏珠峰在社会影响方面有所改善,但是仍然有不足之处。相对来说,紫金矿业、国城矿业以及兴业矿业贡献较大。具体分析是:西藏珠峰在工资福利和安全费用方面投入非常少,尤其是安全费用投入,几乎没有;社会影响稍好在于其又包括实际支付税费和社会捐赠总额与精扶贫总额两个方面,在实际支付税费方面,西藏珠峰在2015年和2016年缴纳的各项税费并不多,但是从2017年开始,西藏珠峰各项税额的缴纳增加;但是西藏珠峰在社会捐赠以及精准扶贫方面投入较少,2015—2019年西藏珠峰社会捐赠以及精准扶贫平均投入占营业收入的比重是0.0126,行业平均投入是0.8348。并且西藏珠峰整体的工资水平不高,福利待遇也没有同行业其他企业高。

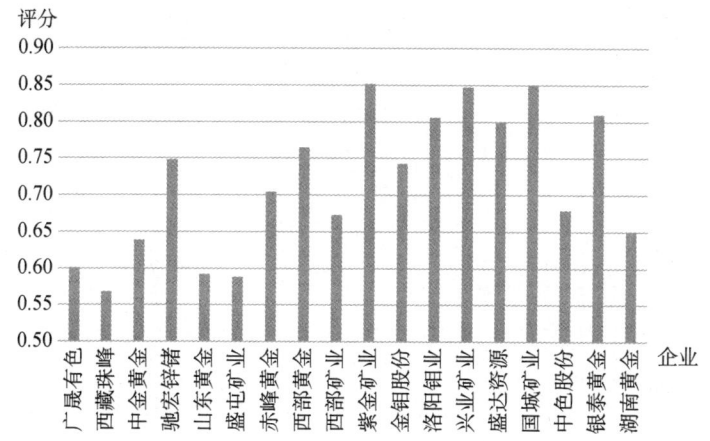

图5.11　18家样本有色金属矿采选企业2015—2019年社会绩效均值评分图

总体来说,西藏珠峰社会绩效表现较差,虽然在纳税方面表现优异,但是在其他各方面,尤其是安全投入方面以及社会捐赠和精准扶贫方面做得远远不够。

4)综合绩效横向对比分析

从图5.12看,西藏珠峰2015—2019年的综合绩效均值评分在有色金属矿采选企业里排名倒数,排名靠前的是紫金矿业,具体原因是:第一,西藏珠峰的环境绩效和社会绩效差,导致综合绩效水平较低,尤其是环境绩效的生态治理与管理方面,研发投入不足,同时西藏珠峰5年里也未发布社会责任报告,缺少公众对该企业的事后监督。这说明企业对可持续发展意识不足,影响了综合绩效水平。第二,企业并不重视安全投入以及社会捐赠,西藏珠峰一味地追求经济利益,缺少对员工的保障以及对社会的回馈,这导致其综合绩效水平较低。第三,西藏珠峰在2017年缩减了雇佣员工人数,且大幅度降低员工福利,因此员工就业与安全层面整体绩效较差,这也导致2017年西藏珠峰社会绩效差;在2019年,西藏珠峰在生态治理与管理层面,不仅没有加大投入,反而减少资金投入,因此,2019年,西藏珠峰环境绩效差。所以2017年和2019年西藏珠峰的综合绩效下降,与同行业其他企业综合绩效相差甚远。

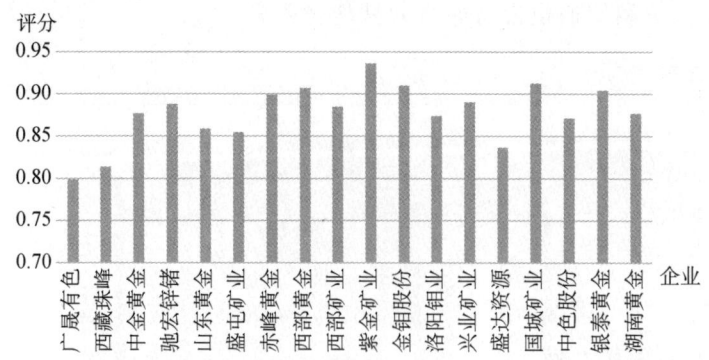

图5.12 18家样本有色金属矿采选企业2015—2019年综合绩效均值评分图

总体来说,西藏珠峰的综合绩效是较差的,其经济绩效处于行业领先地位,但是其环境绩效和社会绩效不尽如人意,因此拉低了其综合绩效水平。

6. 西藏珠峰综合绩效提升的建议

1) 采取分段措施,践行可持续发展观

通过上述研究发现,西藏珠峰环境绩效表现较差,尤其是生态治理与管理方面,远远低于有色金属矿采选企业样本平均值,这说明西藏珠峰可持续发展意识薄弱。而当下企业要想长远发展,就必须走可持续发展道路,因此西藏珠峰需要践行可持续发展观念,坚定地走可持续发展道路。

首先,西藏珠峰应该建立可持续发展观的企业文化。企业文化是企业的精神支柱,能够增强员工的认可度,增强企业凝聚力。西藏珠峰应该宣传可持续发展文化,传达可持续发展思想,切实让每位员工都有可持续发展意识。

其次,西藏珠峰应全面了解有色金属矿产资源开采、冶炼过程,针对不同阶段,采取不同措施。例如,开采、冶炼时注意对 SO_2、COD、尾矿和废渣的处理,对土壤、植被的破坏要恢复。

最后,西藏珠峰可以组建研发团队,进行技术创新,设计节能减排方案,以期金属矿采选企业在开采、冶炼过程中实现低消耗、低污染。

2) 健全应收账款管理机制,加快应收账款周转率

西藏珠峰应收账款周转率低,说明其资金回笼速度慢,短期偿债能力弱,应收账款的收回成本增加且成为坏账的可能性也增大,所以西藏珠峰要健全应收账款管理机制,提高应收账款周转率。本书为此提出具体做法:

第一,建立客户信用等级制度。为了尽可能减少坏账、缩短回款时间,可以根据客户的资产规模和信用状况分类,设定该客户的最高赊销额和最长赊销期。

第二,健全应收账款内部控制制度。首先,赊销与销售要分离,防止赊销责任人滥用职权,为增强销售业绩给不达标的客户赊销;其次,授权审批,审批人要严格按照企业的赊销标准决定是否给予客户赊销,并且也要将赊销的质量与审批人年终绩效考核挂钩,增强相关责任人的责任;最后,企业内部要对应收账款进行定期检查,并做好内部核查制度。

第三,成立清账小组,确保应收账款及时回笼。清账小组应该分析

客户不回款的原因,并采取不同的清账方法。若是无力回款,可以适当减少回款金额,尽量减少企业损失;若是故意拖欠,可以采取法律手段。可以将清账能力作为清账小组绩效考核的主要依据,总体上确保应收账款及时收回。

3）坚持主业为重,保持净利润增长率

西藏珠峰的盈利能力、发展能力和偿债能力在行业里都处于领先水平,因此其经济绩效也较好,这是因为西藏珠峰一直立足于有色金属矿采选主业,且其优质资源的储备量也处于行业领先水平,但是在2018年和2019年西藏珠峰的经济绩效略有下降,表现在其主营业务收入增长率和净利润增长率两个方面。在全球经济增速明显放缓,投资信心下降,产品市场价格波动、外汇汇率波动和海外开发运营的风险下,西藏珠峰始终坚持主业为主,围绕有色金属加新能源和新材料的核心行业领域,实现采矿量、生产量和利润总额的突破,保持较为稳定的净利润增长率,使其经济绩效继续处于领先地位。

4）增加安全投入,提高员工工资福利

首先,有色金属矿采选业本身就是高危行业,尤其是在有色金属矿产资源开采时,容易发生安全事故,西藏珠峰应建立安全生产机制,加大对安全生产费用的投入,确保员工的生命安全;其次,企业想要长久发展,也要留得住员工,员工选择是否留在企业,最主要的因素是工资待遇,从西藏珠峰这5年的工资福利率也可看出,其工资待遇在行业中较为靠后。只有坚持以人为本,善待企业员工,才能留得住人才。

5）制定指标标准,披露指标完成情况

目前我国没有强制要求各类企业发布环境报告和社会责任报告,对企业年报中关于污染排放量、废物排放达标率以及废物利用率等数据的披露也是由企业自行选择是否公布。但是我们从前述分析可以看出,发布社会责任报告的有色金属矿采选企业环境绩效较高,而未发布社会责任报告的西藏珠峰环境绩效很差。因此,西藏珠峰应该制定各指标标准并严格监督,对各指标,如矿山回采率、有色金属开采和冶炼废水利用率、"三废"排放达标率等情况做一个详细分析,并每年发布一次社会责任报告或环境报告。发布社会责任报告和环境报告不仅能使企业了解本单位环境指标完成状况,达到节约资源的目的,还能体现西藏珠峰的社会责任感。再有,发布社会责任报告,无形中是让社会公众对企业环境进行监督,反过来也可以促使企业节约资源,保护环境。

6　可持续发展视角下地矿企业绩效评价及应用(二)

前面构建了地矿企业绩效评价的指标体系,对其适应性进行了验证,并以有色金属矿采选企业为例对地矿企业可持续发展视角下的绩效变化状况进行了具体分析,而煤炭企业属于能源依赖型和环境消耗型企业,其本身存在高开采、高能耗、高污染、高排放等特征,这显然不符合可持续发展的需要,为了更好地衡量地矿企业绩效的变化状况,本章选取煤炭行业比较有代表性的企业进行具体分析。

6.1　可持续发展视角下煤炭企业综合绩效评价研究——以冀中能源为例[①]

6.1.1　综合绩效评价指标体系构建

1. 经济绩效评价指标

本部分研究同样从企业的盈利、偿债、运营和发展能力四个方面进行经济效益维度指标选取。由于有色金属采选企业与煤炭企业同属高污染企业,企业的特点也类似,因此选取的经济维度指标相一致。

2. 环境绩效评价指标

企业在发展的同时还要履行环境保护责任,而能源集团作为高污染企业,其发展对生态环境有很大的影响,可能会对生态环境产生很大的危害,甚至会导致生态系统的失衡。为此,环境绩效在能源产业的综合

[①] 刘敏.绿色转型下的H煤矿企业绩效评价研究[D].南昌:东华理工大学,2022.

绩效评价体系中非常重要。

本部分研究结合绿色转型企业的特点,从环境质量控制和资源循环利用两个方面考虑,通过分类,构建两个二级指标和六个三级指标,来反映绿色转型企业的环境绩效(表6.1)。

表6.1 环境绩效指标

一级指标	二级指标	三级指标	计算方法
环境绩效	环境质量控制	节能量(吨)	期内实际能源消耗量－按比较基准计算的能源消耗量
		COD减排量(吨)	统计期COD排放量－比较期同期COD排放量
		SO_2减排量(吨)	统计期SO_2排放量－比较期同期SO_2排放量
	资源循环利用	煤矸石综合利用率	年利用量/年产生总量×100%
		矿井水利用率	矿井井下排水直接或经处理后用于生产、生活系统的水量/矿井总用水量×100%
		采区回采率	实际开采矿石量/设计矿石量×100%

1)环境质量控制

环境质量控制反映绿色转型企业的节能减排情况,具体分为三个指标,节能量、COD减排量和SO_2减排量。

2)资源循环利用

资源循环利用是企业绿色转型过程中的一个重要环节。企业加大对资源的重复利用不仅可以减少环境污染,而且还可以增加企业的经济利益。资源循环利用具体选取三个指标来衡量资源的循环利用率,分别为煤矸石综合利用率、矿井水利用率和采区回采率。

3. 社会绩效评价指标

中国社会科学院发布的《中国企业社会责任报告编写指南》为社会绩效指标的选取提供了参照。本部分研究参照相关文件和研究成果,从员工安全和社会影响两个方面建立社会绩效评价指标体系,所选指标如表6.2所示。

表 6.2 社会绩效评价指标

一级指标	二级指标	三级指标	计算方法
社会绩效	员工安全	原煤生产百万吨死亡率	死亡人数/实际产量(吨)× 1 000 000×100%
		较大及以上事故发生次数	—
		采煤机械化率	机械化采煤工作面产量/回采产量×100%
	社会影响	社会捐赠与精准扶贫总额(万元)	—
		实际支付税费(万元)	—

社会绩效反映企业履行社会责任情况。本书将社会绩效分为员工安全和社会影响两个二级指标。

1) 员工安全

通过原煤生产百万吨死亡率、较大及以上事故发生次数和采煤机械化率三个方面来衡量企业的员工安全情况。

2) 社会影响

企业需要积极参与社会公益,履行社会责任。本部分研究选取社会捐赠与精准扶贫总额和实际支付税费作为企业社会影响层面的绩效评价指标。

6.1.2 评价指标权重的确定

在前文的基础上构建我国有可持续发展视角下能源企业综合绩效评价指标的层次结构,其中包括1个目标层、3个准则层、8个子准则层以及23个指标层,如表6.3所示。

表 6.3 能源企业综合绩效指标层次结构表

目标层	准则层	子准则层	指标层
可持续发展视角下能源企业综合绩效评价体系A	经济绩效 B1	盈利能力 B11	净资产收益率 C111
			总资产报酬率 C112
			营业利润率 C113
		运营能力 B12	总资产周转率 C121
			应收账款周转率 C122

（续表）

目标层	准则层	子准则层	指标层
可持续发展视角下能源企业综合绩效评价体系 A	经济绩效 B1	运营能力 B12	流动资产周转率 C123
		发展能力 B13	总资产增长率 C131
			主营业务收入增长率 C132
			资本保值增值率 C133
		偿债能力 B14	速动比率 C141
			资产负债率 C142
			产权比率 C143
	环境绩效 B2	环境质量控制 B21	节能量 C211
			COD减排量 C212
			SO_2减排量 C213
		资源循环利用 B22	煤矸石综合利用率 C221
			矿井水利用率 C222
			采区回采率 C223
	社会绩效 B3	员工安全 B31	原煤生产百万吨死亡率 C311
			较大及以上事故发生次数 C312
			采煤机械化率 C313
		社会影响 B32	社会捐赠与精准扶贫总额 C321
			实际支付税费 C322

按照前文层次分析法的具体赋权步骤，得到能源企业综合绩效的指标权重表，具体内容如表6.4所示。

表6.4 能源企业综合绩效指标权重表

目标层	准则层	权重 W_1	子准则层	权重 W_{11}	指标层	权重 W_{111}	权重 $W=W_1\times W_{11}\times W_{111}$
能源企业综合绩效评价体系 A	经济绩效 B1	1/3	盈利能力 B11	0.389 8	净资产收益率 C111	0.386 8	0.050 3
					总资产报酬率 C112	0.334 4	0.043 4
					营业利润率 C113	0.278 8	0.036 2
			运营能力 B12	0.186 8	总资产周转率 C121	0.380 0	0.023 7
					应收账款周转率 C122	0.346 6	0.021 6

(续表)

目标层	准则层	权重 W_1	子准则层	权重 W_{11}	指标层	权重 W_{111}	权重 $W=W_1 \times W_{11} \times W_{111}$
能源企业综合绩效评价体系 A	经济绩效 B1	1/3	运营能力 B12	0.186 8	流动资产周转率 C123	0.273 4	0.017 0
			发展能力 B13	0.286 9	总资产增长率 C131	0.439 2	0.042 0
					主营业务收入增长率 C132	0.309 6	0.029 6
					资本保值增值率 C133	0.251 2	0.024 0
			偿债能力 B14	0.136 5	速动比率 C141	0.355 0	0.016 2
					资产负债率 C142	0.337 8	0.015 4
					产权比率 C143	0.307 2	0.014 0
	环境绩效 B2	1/3	环境质量控制 B21	0.589 6	节能量 C211	0.329 5	0.064 8
					COD减排量 C212	0.300 2	0.059 0
					SO$_2$减排量 C213	0.370 4	0.072 8
			资源循环利用 B22	0.410 4	煤矸石综合利用率 C221	0.429 2	0.058 7
					矿井水利用率 C222	0.256 8	0.035 1
					采区回采率 C223	0.314 0	0.043 0
	社会绩效 B3	1/3	员工安全 B31	0.427 1	原煤生产百万吨死亡率 C311	0.381 5	0.054 3
					较大及以上事故发生次数 C312	0.333 0	0.047 4
					采煤机械化率 C313	0.285 5	0.040 6
			社会影响 B32	0.572 9	社会捐赠与精准扶贫总额 C321	0.431 3	0.082 4
					实际支付税费 C322	0.568 7	0.108 6

6.1.3 重要程度排序

按照表6.4确定的权重,对评价重要程度排序,排序从一级指标开始,依次往下,排序结果如表6.5所示。

表 6.5 能源企业综合绩效评价体系指标重要程度排序

目标层	准则层	权重 W_1	子准则层	权重 W_{11}	指标层	权重 W_{111}	权重 $W = W_1 \times W_{11} \times W_{111}$
能源企业综合绩效评价体系 A	经济绩效 B1	1/3	盈利能力 B11	0.389 8	净资产收益率 C111	0.386 8	0.050 3
					总资产报酬率 C112	0.334 4	0.043 4
					营业利润率 C113	0.278 8	0.036 2
			发展能力 B13	0.286 9	总资产增长率 C131	0.439 2	0.042 0
					主营业务收入增长率 C132	0.309 6	0.029 6
					资本保值增值率 C133	0.251 2	0.024 0
			运营能力 B12	0.186 8	总资产周转率 C121	0.380 0	0.023 7
					应收账款周转率 C122	0.346 6	0.021 6
					流动资产周转率 C123	0.273 4	0.017 0
			偿债能力 B14	0.136 5	速动比率 C141	0.355 0	0.016 2
					资产负债率 C142	0.337 8	0.015 4
					产权比率 C143	0.307 2	0.014 0
	环境绩效 B2	1/3	环境质量控制 B21	0.589 6	节能量 C211	0.329 5	0.064 8
					COD 减排量 C212	0.300 2	0.059 0
					SO_2 减排量 C213	0.370 4	0.072 8
			资源循环利用 B22	0.410 4	煤矸石综合利用率 C221	0.429 2	0.058 7
					矿井水利用率 C222	0.256 8	0.035 1
					采区回采率 C223	0.314 0	0.043 0
	社会绩效 B3	1/3	社会影响 B32	0.572 9	社会捐赠与精准扶贫总额 C321	0.431 3	0.082 4
					实际支付税费 C322	0.568 7	0.108 6
			员工安全 B31	0.427 1	原煤生产百万吨死亡率 C311	0.381 5	0.054 3
					较大及以上事故发生次数 C312	0.333 0	0.047 4
					采煤机械化率 C313	0.285 5	0.040 6

根据企业绩效评价指标以及国家发布的各项文件选定依据,结合能源

企业的特点,本部分研究构建了综合绩效评价体系,然后将层次分析法和专家打分相结合,对各层级评价指标赋予权重,最后进行重要程度排序。

6.1.4 冀中能源综合绩效评价分析

本部分研究以冀中能源集团有限责任公司(以下简称冀中能源)为案例对象,基于能源企业综合绩效评价体系,分析冀中能源的综合绩效,建立综合绩效评价模型,并对其综合绩效进行评价分析。

1. 冀中能源选取依据

煤炭是我国使用的主要能源之一,它在我国的能源生产和消费结构中占比60%以上,但从平均能源利用率上看,煤炭行业仍然低于全国的平均水平。由于煤矿企业的采掘工艺和采煤装备相对比较落后,而且采煤的回收率也不高,高能耗、高排放量,必须加强对煤炭行业的科学管理,走可持续发展之路,以此来提高煤炭行业经济效益和社会效益。由于冀中能源属于煤炭企业,为了可持续发展进行了绿色转型,可选用该公司作为研究对象,分析其绿色转型后的综合绩效,为同类企业走可持续发展之路提供可借鉴的经验。

2. 企业简介

冀中能源股票代码(000937),企业自1999年成立以来,积极发展自身的业务,形成了一个以煤炭业务为主、化工、电力等其他业务综合发展的企业。冀中能源是国内主要的冶金煤生产企业,其生产的煤炭主要用于钢铁和发电等行业,煤炭产品的质量比较稳定。该企业的焦精煤等产品多次获国家和省级名牌产品称号,企业在煤炭的业务发展方面取得了显著的成就。以冀中能源2018年的营业收入构成为例,当年煤炭的营业收入为176.19亿元,占总收入的82.11%,当年煤炭的主营成本为123.48亿元,占总成本的78.66%。2010年冀中能源投入很大精力开始进行绿色转型,在2015年后绿色转型效果渐显,2020年企业煤炭产量一直处于1亿吨以上,销售收入已经占据整个煤炭行业销售收入的10%。

1) 主要经营业务

冀中能源的主要经营业务有煤炭、电力、化工和建材四大板块,但煤炭所占的比重最大。该企业一直致力于技术的研发,不断壮大煤炭主业,使煤炭产品的营业收入一直稳居各产品首位。现从2020年冀中能源的经营业务(表6.6)来看,各产品中营业收入最高的是煤炭,为1 559 311万元;第二高的是化工产品,为437 976万元;最低的是其他产品,为3 510万元。通过对比发现,其煤炭营业收入是化工产品的3.56倍,是其他产品营业收入的444倍,由此可以看出,冀中能源在经营业务方面主要倾向于主营业务的生产。

表6.6 2020年冀中能源各产品经营业务情况

金额单位:万元

业务	营业收入	营业成本	毛利率	营业收入	营业成本	毛利率
				同期增减		
煤炭	1 559 311	1 140 263	27%	-0.22	-0.16	2%
电力	7 353	8 437	-15%	-0.11	-0.18	9%
建材	46 288	40 925	12%	0.24	0.21	2%
贸易	9 816	9 599	2%	-0.71	-0.71	0.3%
化工	437 976	372 448	15%	0.15	0.22	-0.4%
其他	3 510	4 973	-42%	-0.01	-0.33	68%

注:数据来源于冀中能源年报。

2) 生产流程及主要的污染物

冀中能源在开采的过程中采用的是地下作业方式,其具体流程如图6.1所示。煤炭开采过程中,会有大量矿井水排出,长时间作用会造成地表下沉,破坏原有的土地资源和植物资源,未经过处理的矿井水还会对环境造成污染。煤炭的生产过程中,产生的煤矸石堆积到一起,会造成土地资源的大量浪费,而且还有自燃的可能,会对水循环系统造成损害,给当地居民的生活及安全留下很大隐患。煤炭开采所造成的噪声污染,主要分为地表和地下两类,这些噪声污染主要来源于提升机等机械设备。由于煤炭本身的特质,其在运输的过程中也会造成污染,露天运输依然是有些煤炭的运输方式,这些煤炭所到之处易有粉尘污染。煤炭在燃烧使用的过程中,会形成 CO_2、SO_2 等,对大气造成污染,也会产生许多煤渣、炉渣等固态污染物。

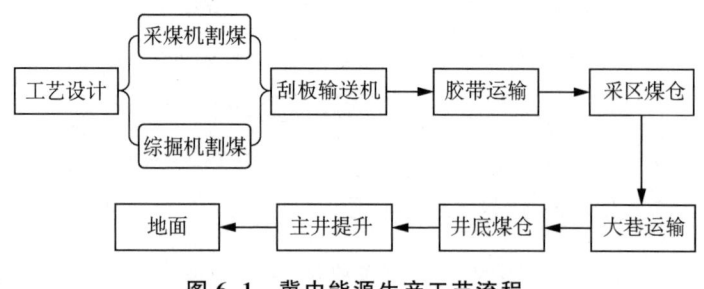

图 6.1　冀中能源生产工艺流程

3. 绿色转型模式

1) 建设绿色生态矿山,实施绿色开采模式

冀中能源在煤炭开采时采用"用水不排水,采煤不见煤,出煤不烧煤,排矸不提矸"的模式,不断提升绿色矿山建设水平。2011 年,冀中能源完成了首座没有矸石山的"绿色矿山",5 年内清除了 5 座矸石山,共计 2 300 万吨的矸石。

2) 节能减排,实行循环经济发展模式

冀中能源为了达到节能减排的目标,采取以下几项措施:首先,实行节约能源和减少三废排放的项目,如矿井水排水系统自动化改造、矸石山绞车改造等;其次,建立节能减排管理系统,制定《环境保护管理考核办法及考核标准》,通过抓管理、重考核的方式实现煤炭企业的节能减排目标;最后,强化环保设施运行管理,在实施循环经济发展模式时,运用循环发展技术,以矸石为原料打造循环经济产业链,实现污染物的减量化、资源化及再利用,这不仅提高了企业效益,还保护了环境。

3) 加大安全投入,创建安全管理模式

冀中能源不断引进新技术,更新生产设备,促进安全生产。煤炭企业在开采煤炭时很容易发生瓦斯爆炸,为解决这一问题,冀中能源制定了一套瓦斯治理方针:先抽后采,以风定产,监测监控。在这套治理方针的指导下,冀中能源大大提升了瓦斯防爆能力。

4. 数据的收集与整理

1) 数据收集

数据主要来源于2016—2020年冀中能源的年度财务报告及国库安数据库,其原始数据如表6.7所示。

表6.7 2016—2020年冀中能源综合绩效评价原始数据表

一级指标	二级指标	三级指标	2016年	2017年	2018年	2019年	2020年
经济绩效	盈利能力	净资产收益率	0.80%	5.23%	4.86%	5.25%	5.00%
		总资产报酬率	2.21%	4.74%	4.47%	5.07%	4.49%
		营业利润率	2.01%	8.68%	8.14%	9.42%	8.60%
	运营能力	总资产周转率(次)	0.313 3	0.445 2	0.468 9	0.478 2	0.411 9
		应收账款周转率(次)	2.986 2	5.248 2	10.206 0	12.906 2	13.366 3
		流动资产周转率(次)	0.877 0	1.134 8	1.130 5	1.189 4	1.073 9
	发展能力	总资产增长率	6.89%	5.19%	0.02%	0.67%	10.23%
		主营业务收入增长率	39.01%	-4.31%	-6.45%	-13.87%	-14.90%
		资本保值增值率	100.65%	103.62%	103.64%	106.24%	100.57%
	偿债能力	速动比率	94.58%	117.76%	124.09%	132.27%	80.76%
		资产负债率	53.82%	54.51%	52.85%	49.56%	53.98%
		产权比率	116.57%	119.88%	112.09%	98.27%	117.31%
环境绩效	环境质量控制	节能量(吨)	11 606	7 176	9 205	2 368	2 584
		COD减排量(吨)	120.00	16.92	528.57	822.82	425.00
		SO_2减排量(吨)	277.00	159.24	359.21	338.31	323.95
	资源循环利用	煤矸石综合利用率	77.0%	77.2%	77.1%	77.0%	76.9%
		矿井水利用率	76.8%	76.5%	75.2%	75.3%	75.5%
		采区回采率	91.6%	90.7%	90.8%	90.7%	90.5%
社会绩效	员工安全	原煤生产百万吨死亡率	14%	0	0	0	7%
		较大及以上事故发生次数	0	0	0	0	0
		采煤机械化率	1	1	1	1	1
	社会影响	社会捐赠与精准扶贫总额(万元)	449.38	337.71	676.15	3 842.93	1 514.57
		实际支付税费(万元)	215 034	44 157	40 106	57 598	48 020

2) 数据处理

企业综合绩效评价所使用的指标有多种类型,有的指标值越大表示评价结果越好,如主营业务收入增长率、净利润增长率和总资产增长率等,这样的指标我们称为"正向指标";而有的指标值越小表示评价结果越好,如节能量、COD减排量、SO_2减排量,这样的指标我们称为"负向指标"。表 6.8 列举了正负向指标划分结果。

表 6.8 正负向指标划分

正向指标	负向指标
净资产收益率、总资产报酬率、营业利润率、总资产周转率、应收账款周转率、流动资产周转率、总资产增长率、主营业务收入增长率、资本保值增值率、速动比率、节能量、COD减排量、SO_2减排量、煤矸石综合利用率、矿井水利用率、采区回采率、采煤机械化率、社会捐赠与精准扶贫总额、实际支付税费	资产负债率、原煤生产百万吨死亡率、较大及以上事故发生次数

本部分研究依据已构建的可持续发展视角下冀中能源综合绩效评价指标体系,对煤炭企业综合绩效进行评价分析,除了通过权重将所有指标有效整合在一起,还考虑了所选取的指标相互间的数量级或者计量单位的不同,对各指标值进行加工处理,使其具有可比性。因此,对取得的原始数据进行无量纲化处理,使选取的评价指标全部转化至[0,1]区间(具体公式参考第 5 章),根据公式,计算出 2016—2020 年冀中能源原始数据标准化处理分值,如表 6.9 所示。

表 6.9 2016—2020 年冀中能源评价指标原始数据标准化处理分值

一级指标	二级指标	三级指标	2016 年	2017 年	2018 年	2019 年	2020 年
经济绩效	盈利能力	净资产收益率	0.076 7	0.290 4	0.272 6	0.291 4	0.279 3
		总资产报酬率	0.044 8	0.243 9	0.222 7	0.269 9	0.224 2
		营业利润率	0.233 8	0.826 7	0.778 7	0.892 4	0.819 6
	运营能力	总资产周转率(次)	0.009 1	0.140 6	0.164 2	0.173 5	0.107 2
		应收账款周转率(次)	0.012 5	0.171 9	0.521 0	0.711 2	0.743 6
		流动资产周转率(次)	0.001 3	0.100 9	0.099 3	0.122 0	0.077 4
	发展能力	总资产增长率	0.175 0	0.143 1	0.046 0	0.058 2	0.237 7
		主营业务收入增长率	1	0.400 7	0.371 1	0.268 5	0.254 3
		资本保值增值率	0.131 2	0.217 7	0.218 3	0.294 1	0.128 8

(续表)

一级指标	二级指标	三级指标	2016年	2017年	2018年	2019年	2020年
经济绩效	偿债能力	速动比率	0.351 8	0.750 5	0.859 3	1	0.114 2
		资产负债率	0.446 0	0.356 3	0.572 2	1	0.425 2
		产权比率	0.513 6	0.606 5	0.387 9	0	0.534 4
环境绩效	环境质量控制	节能量（吨）	0.273 0	0.142 1	0.202 0	1	0.006 4
		COD减排量（吨）	0.127 9	0	0.634 9	1	0.506 4
		SO_2减排量（吨）	0.035 1	0	0.059 6	0.053 4	0.049 1
	资源循环利用	煤矸石综合利用率	0.011 7	0.035 1	0.023 4	0.011 7	0
		矿井水利用率	0.695 7	0.565 2	0	0.043 5	0.130 4
		采区回采率	0.314 3	0.057 1	0.085 7	0.057 1	0
社会绩效	员工安全	原煤生产百万吨死亡率	0	1	1	1	0.500 0
		较大及以上事故发生次数	0	0	0	0	0
		采煤机械化率	1	1	1	1	1
	社会影响	社会捐赠与精准扶贫总额（万元）	0.006 7	0.003 3	0.013 7	0.111 3	0.039 5
		实际支付税费（万元）	1	0.256 4	0.238 8	0.314 9	0.273 3

6.1.5 冀中能源综合绩效评价结果

根据2016—2020年冀中能源共计18项综合绩效指标以及通过层次分析法确定的权重，可以计算得出2016—2020年冀中能源一级和二级指标的综合得分，如表6.10所示。

表6.10 2016—2020年冀中能源一级和二级指标综合得分

指标	2016年	2017年	2018年	2019年	2020年
盈利能力	0.109 8	0.424 4	0.397 0	0.451 8	0.411 5
运营能力	0.008 1	0.140 6	0.270 1	0.345 8	0.319 7
发展能力	0.419 4	0.241 6	0.189 9	0.182 6	0.215 5
偿债能力	0.433 3	0.573 1	0.617 5	0.692 8	0.348 3
环境质量控制	0.141 4	0.046 8	0.279 2	0.320 0	0.172 3
资源循环利用	0.282 4	0.178 1	0.037 0	0.034 1	0.033 5
员工安全	0.199 2	0.100 7	0.179 8	0.202 7	0.115 3

(续表)

指标	2016年	2017年	2018年	2019年	2020年
社会影响	0.285 5	0.667 0	0.667 0	0.667 0	0.476 3
经济绩效	0.571 6	0.147 2	0.141 7	0.227 1	0.172 5
环境绩效	0.223 8	0.339 2	0.344 0	0.387 6	0.329 5
社会绩效	0.199 2	0.100 7	0.179 8	0.202 7	0.115 3

1）经济绩效分析

下面根据一级和二级指标得分进行分析，首先分析与财务绩效相关的盈利能力、运营能力、发展能力和偿债能力，2016—2020年其变化规律如图6.2所示。

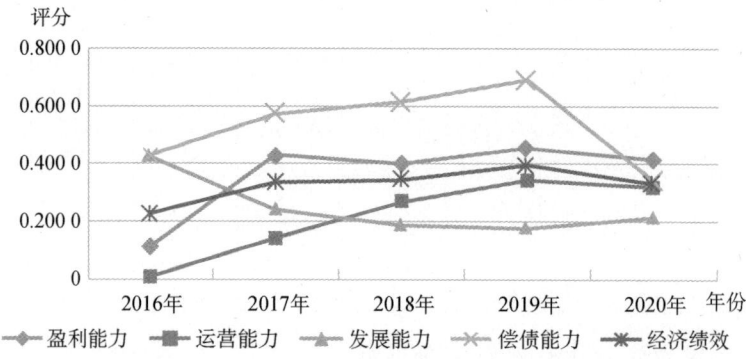

图6.2 2016—2020年冀中能源经济绩效及代表指标评价结果趋势图

从图6.2可以看出，冀中能源经济绩效总体走势是上升的，只在2020年有下滑的趋势，这一情况与疫情的暴发有很大的关系。盈利能力对经济绩效的影响除2016年居于第三位外，2017—2019年都居于第二位，而且盈利能力总体呈上升趋势，到了2020年盈利能力对经济绩效的影响达到第一位，至最大值。运营能力发展速度很快，但排名一直靠后。发展能力总体呈下降趋势，只有在2016年居于第二位，2017年以后一直居于末位。偿债能力从2016—2019年一直居于首位，对经济绩效的影响比较大，在2020年下降到第二位。

2）环境绩效分析

根据一级和二级指标的评价结果，本部分对2016—2020年冀中能源的环境绩效进行对比分析,其变化规律如图6.3所示。

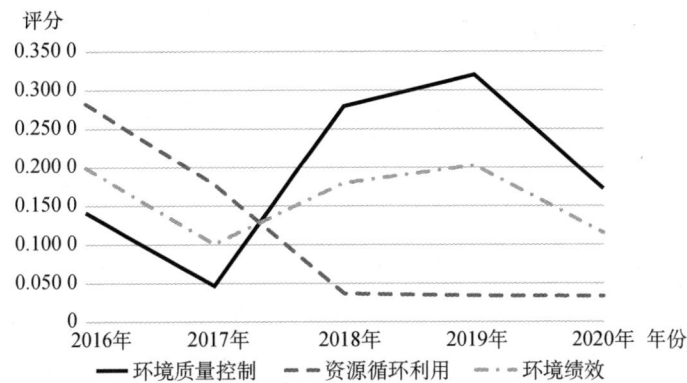

图6.3 2016—2020年冀中能源环境绩效及代表指标评价结果趋势图

从图6.3可以看出,2016年—2017年,冀中能源环境绩效呈下降趋势,此后在2017—2019年持续上升。在本书的评价框架体系中,2017年以后,环境绩效的最大影响因素是环境质量控制评分,其变化规律与环境质量控制指标保持一致。资源循环利用指标2016—2018年下降比较明显,而在2018年以后,变化趋势不明显且趋于末位,说明相对于环境质量控制,资源循环利用率较低。

3）社会绩效分析

根据一级和二级指标的评价结果,本部分对2016—2020年冀中能源的社会绩效进行对比分析,其变化规律如图6.4所示。

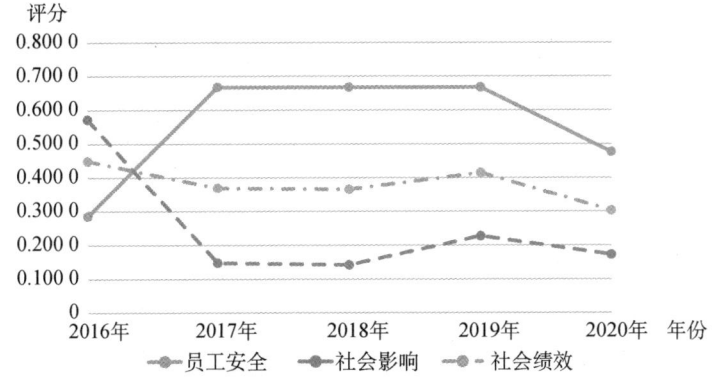

图6.4 2016—2020年冀中能源社会绩效及代表指标评价结果趋势图

从图 6.4 可以看出，2017—2019 年，冀中能源社会绩效变化趋势比较平缓，评分在 0.4 左右浮动且呈缓慢上升趋势，2020 年出现下滑趋势。2017 年后，员工安全指标得分一直居于首位，说明冀中能源对员工安全比较重视。而社会影响部分在 2017 年下降后没有再出现上升趋势，说明企业更应该增加对社会的贡献，多参加一些社会公益活动。

4）三种绩效关系分析

根据一级指标的绩效评价结果，本部分对 2016—2020 年冀中能源的企业绩效进行对比分析，其变化规律如图 6.5 所示。

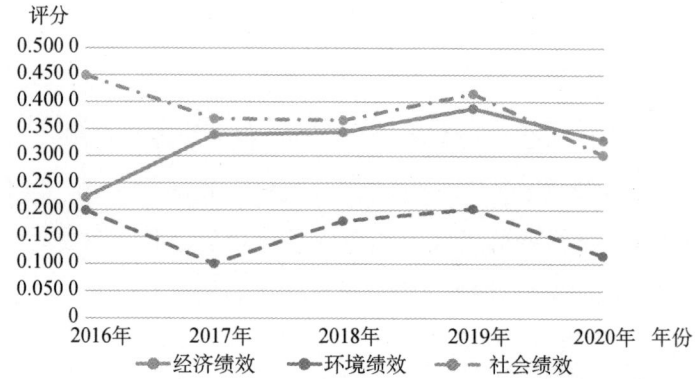

图 6.5　2016—2020 年冀中能源三种绩效评价结果趋势图

从图 6.5 可以看出，2016 年社会绩效的影响最大，高居首位，在 2020 年时，经济绩效超过社会绩效居于首位。经济绩效在 2016—2017 年是上升的，然而，在 2017—2020 年一直处于下滑与上升之间。2020 年，经济绩效、环境绩效与社会绩效都出现了下滑。2016—2020 年，社会绩效和环境绩效的变化规律大体一致。经济绩效的评分出现较多的起伏，在 2016—2019 年其评分值处于社会绩效和环境绩效之间，但是在 2020 年评分值上升到第一位。环境绩效的评分一直处于第三位。

5）综合绩效评价结果

根据以上 2016—2020 年共计 18 项综合绩效指标以及通过层次分析法确定的综合权重，可以计算得出 2016—2020 年冀中能源综合绩效得分,如表 6.11 所示。

表 6.11 2016—2020 年冀中能源综合绩效得分

方案层指标	综合权重	2016 年	2017 年	2018 年	2019 年	2020 年
净资产收益率	0.050 3	0.076 7	0.290 4	0.272 6	0.291 4	0.279 3
总资产报酬率	0.043 4	0.044 8	0.243 9	0.222 7	0.269 9	0.224 2
营业利润率	0.036 2	0.233 8	0.826 7	0.778 7	0.892 4	0.819 6
总资产周转率(次)	0.023 7	0.009 1	0.140 6	0.164 2	0.173 5	0.107 4
应收账款周转率(次)	0.021 6	0.012 5	0.171 9	0.521 0	0.711 2	0.743 6
流动资产周转率(次)	0.017 0	0.001 3	0.100 9	0.099 3	0.122 0	0.077 4
总资产增长率	0.042 0	0.175 0	0.143 1	0.046 0	0.058 2	0.237 7
主营业务收入增长率	0.029 6	1.000 0	0.400 7	0.371 1	0.268 5	0.254 3
资本保值增值率	0.024 0	0.131 2	0.217 7	0.218 3	0.294 1	0.128 8
速动比率	0.016 2	0.351 8	0.750 5	0.859 3	1.000 0	0.114 2
资产负债率	0.015 4	0.446 0	0.356 3	0.572 2	1.000 0	0.425 2
产权比率	0.014 0	0.513 6	0.606 5	0.387 9	0	0.534 4
节能量(吨)	0.064 8	0.273 0	0.142 1	0.202 0	0	0.006 4
COD 减排量(吨)	0.059 0	0.127 9	0	0.634 9	1.000 0	0.506 4
SO$_2$ 减排量(吨)	0.072 8	0.035 1	0	0.059 6	0.053 4	0.049 1
煤矸石综合利用率	0.058 7	0.011 7	0.035 1	0.023 4	0.011 7	0
矿井水利用率	0.035 1	0.695 7	0.565 2	0	0.043 5	0.130 4
采区回采率	0.043 0	0.314 3	0.057 1	0.085 7	0.057 1	0
原煤生产百万吨死亡率	0.054 3	0	1.000 0	1.000 0	1.000 0	0.500 0
较大及以上事故发生次数	0.047 4	0	0	0	0	0
采煤机械化率	0.040 6	1.000 0	1.000 0	1.000 0	1.000 0	1.000 0
社会捐赠与精准扶贫总额(万元)	0.082 4	0.006 7	0.003 3	0.013 7	0.111 3	0.039 5
实际支付税费(万元)	0.108 6	1.000 0	0.256 4	0.238 8	0.314 9	0.273 3
冀中能源综合绩效综合得分		0.290 8	0.269 7	0.296 6	0.335 1	0.249 2

根据冀中能源综合绩效评价结果,对其 2016—2020 年的综合得分情况进行排序,详见表 6.12。图 6.6 呈现了 2016—2020 年冀中能源三

种绩效评价结果的变化趋势。

表 6.12 2016—2020 年冀中能源综合绩效综合得分排序表

排序	年份	得分
1	2019	0.335 1
2	2018	0.296 6
3	2016	0.290 8
4	2017	0.269 7
5	2020	0.249 0

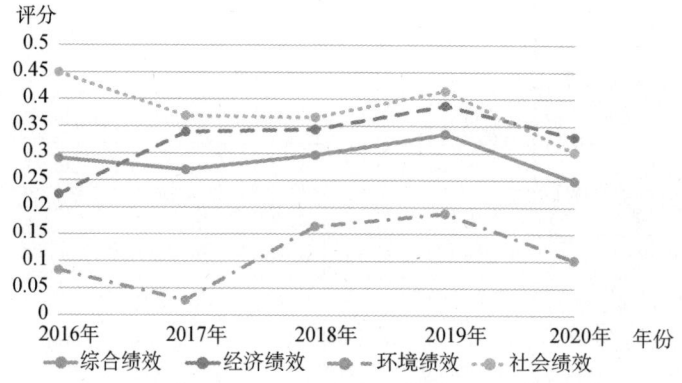

图 6.6 2016—2020 年冀中能源三种绩效评价结果趋势图

根据表 6.12、图 6.6,2017—2019 年,冀中能源综合绩效综合评价得分整体呈上升趋势。2017—2019 年的综合绩效综合评价得分分别为 0.269 7、0.296 6 和 0.335 1。冀中能源综合绩效在 2019 年综合得分最高,为 0.335 1 分,2020 年综合绩效综合得分最低,仅为 0.249 0 分。2019 年综合绩效的综合评价得分比 2020 年高出 34.6%。对出现这种情况的原因,可以从经济绩效、环境绩效和社会绩效三个方面展开分析。

首先,在经济绩效方面,2020 年的净资产收益率、总资产报酬率、营业利润率、总资产周转率、应收账款周转率、流动资产周转率、总资产增长率、主营业务收入增长率和资本保值增值率均低于 2019 年。其次,在环境绩效方面,2020 年的煤矸石综合利用率和 SO_2 减排量低于 2019 年,其中,2019 年的 SO_2 减排量比 2020 年高出 8.8%,COD 减排量、采区回采率均高于2020年,其中,COD减排量的综合权重仅为0.0590。2019年和2020年的节能量分别为2368吨和2584吨,高出2019年节能量的9.1%,但是综合权重不高,仅为0.0648。最后,在社会绩效方面,2019年的社会捐赠与精准扶贫总额和实际支付税费明显高于2020年,其中,社会捐赠与精准扶贫总额为3842.93万元和1514.57万元,其综合权重也比较高,分别为0.0824和0.1086。以上分析可以清晰地解释2019年的综合绩效评价得分高于2020年,并且也验证了所建立模型的有效性。对其他年份进行综合绩效分析时,均可以从以上三个方面展开分析,在此不再赘述。

通过以上分析可以发现,2017年对冀中能源来说是一个拐点,各项指标显示,2017年后,冀中能源无论是在盈利能力、运营能力、发展能力还是污染物排放情况都得到改善,这些改变都与企业的环保产业相关,是企业绿色转型的体现,这也说明冀中能源绿色转型是有明显成效的。绿色转型背景下冀中能源的盈利能力在提高,企业利润在稳定上升,这为股东创造了财富。通过绿色转型,企业大部分财务指标在2017年得到显著提升,经营业绩和创新能力不断提高。在环保方面,冀中能源企业不断提升自身技术,在加强支柱产业的基础上加强环境治理,大气中SO_2和COD的排放量均呈整体下降趋势,主要污染物得到进一步的减排,清洁生产达到了行业的一流水平,污染物的减排情况是绿色转型效果最为直接的体现。

6.2 可持续发展视角下煤炭企业综合绩效评价研究——以中煤能源为例

6.2.1 综合绩效评价指标体系构建

1. 经济绩效评价指标

本部分研究从企业的盈利能力、偿债能力、运营能力、发展能力四个方面选取经济效益维度的指标。由于前文对煤炭企业经济维度的相关指标的内涵及计算原理已经进行相关叙述,而本部分所选指标大部分与前文相一致,此处就不过多展开,具体内容参见前文经济效益维度指标体系的构建。但由于不同个体企业具有差异性,针对中国中煤能源有限公司(以下简称中煤能源)的具体情况,本部分研究选取了不同于前文的个别指标,具体如下。

1) 已获利息倍数

已获利息倍数反映企业对债务利息的支付能力,其从付息角度体现企业的长期偿债能力,此值越高,说明企业付息越有保障。其公式如下:

$$已获利息倍数 = 利润总额 + 利息支出/利息支出$$

2) 存货周转率

存货周转率反映企业存货的周转速度,体现存货从购入到销售整个过程的运作效率,其值越高,说明存货流动性越好。其公式如下:

$$存货周转率 = 销售收入/平均存货余额$$

$$平均存货余额 = 年初存货余额 + 年末存货余额/2$$

2. 环境绩效评价指标

环境绩效评价主要是对企业在生态方面的表现进行评价。本部分研究借鉴了全球报告倡议组织发布的《可持续发展报告指南》、我国环保总局发布的《企业环境行为评价技术指南》等文件内容,并在前人研究成果基础上,遵循前文所述原则选取指标,所选指标包含以下两个部分。

1) 环境管理评价指标

对于企业环境绩效评价还需关注其环境管理业绩。煤炭生产过程中会产生很多废弃物,废弃物的再利用有助于实现资源循环,提高资源的综合利用率,从资源节约角度而言这十分重要。此外,企业生态环境保护还需要资金支持,环境管理需要考虑资金投入是否足够。本书选取以下四个指标反映企业环境管理情况。

(1) 煤矸石综合利用率。煤矸石是煤炭企业在掘进、开采以及洗选过程中产生的固体废弃物。其虽然为生产中的废弃物,但可以回收用于发电,生产矸石水泥、轻质骨料,等等。煤矸石综合利用率体现煤矸石的回收利用情况,其值越高说明资源利用情况越好。其公式如下:

煤矸石综合利用率＝煤矸石综合利用量/煤矸石产生量×100％

（2）矿井水利用率。矿井水是地下水在煤炭开采中与煤层、岩层接触发生一系列生化反应后形成的污水。煤炭开采破坏了矿区附近的地下水资源，因而需要对矿井水进行处理，以减轻煤炭开采对水环境的破坏。矿井水利用率反映企业对煤炭开采中产生的矿井水的处理利用情况，此值越高说明企业对水资源的保护越好。其公式如下：

矿井水利用率＝矿井水利用量/矿井水产生量×100％

（3）采区回采率。采区回采率是实际开采出的煤矿量占设计开采量的比重，其大小与前期地质勘查工作是否完备、中期开采方法是否恰当等有关。煤炭开采中有矿石损失、矿石贫化等现象，此值衡量的正是企业对煤炭资源的利用情况，其数值越高说明煤炭开采中的资源浪费越少。其公式如下：

采区回采率＝采区采出煤量/采区动用储量×100％
采区动用储量＝采区采出煤量＋采区损失煤量

（4）研发投入率。企业生态环境管理需要强力的资金支持。为了使不同规模的企业可比，本部分研究选取研发投入率作为衡量环保资金投入多少的指标，此值越大说明资金相对投入越多。其公式如下：

研发投入率＝研发资金投资额/销售收入×100％

2）污染排放指标

污染排放物，是指煤炭企业在开采、加工过程中产生的对环境产生不良影响的废物。如果对生产过程中污染物不加以严格的控制，对废弃物随意排放，将会严重破坏企业周边环境，本部分研究主要以企业排放的污染物严重影响空气质量的指标为主要对象。

（1）单位产值 SO_2 排放量。单位 SO_2 排放量是指企业在当期排放的废气中 SO_2 的总量与煤炭生产总产值的比率。SO_2 是毒性气体，煤炭企业在生产中会产生大量的 SO_2。该指标值越低，企业发展低碳经济就越成功，企业环境绩效越好。其公式如下：

单位产值 SO_2 排放量 = 当年 SO_2 排放量/煤炭生产总量

（2）单位产值氮氧化物排放量。单位产值氮氧化物排放量是指企业当期排放的废水中氮氧化物的排放总量与煤炭总产值的比率。氮氧化物对环境危害很大，它不仅是形成酸雨的主要物质之一，而且是大气中形成光化学烟雾的重要物质，也是消耗 O_3（臭氧）的重要因素。该指标值越低，说明企业排放废水中的该项污染物含量越少，低碳能力越高。其公式如下：

单位产值氮氧化物排放量 = 当年氮氧化物排放量/煤炭生产总量

3. 社会绩效评价指标

我国目前对企业社会绩效的评价仍没有统一的方法，但国外很多环保组织以及社会责任组织针对不同行业构建了社会绩效评价体系。中国社会科学院发布的《中国企业社会责任报告编写指南》为社会绩效指标的选取提供了参照。本书参照有关文件和相关学者的研究，从员工安全与就业和社会影响两方面建立社会绩效评价指标体系。

1）劳动就业指标

人力资源是企业发展过程中所依赖的重要资源，因此员工同样是企业重要的利益相关者。企业为员工提供就业机会、发放薪酬、培训技能，方方面面都能体现出企业对员工负责。本书选取以下两个指标反映企业在促进劳动就业方面的表现。

（1）职工数量增长率。职工数量增长率体现企业为社会提供就业岗位数量的增长情况，此值越高说明企业提供的就业岗位数量增长越快。其公式如下：

$$职工数量增长率 = \frac{本年职工数量 - 上一年职工数量}{上一年职工数量} \times 100\%$$

（2）单位职工薪酬增长率。单位职工薪酬增长率体现企业效益与员工福利的增长情况，此值越高说明企业为员工提供的福利越好。其公式如下：

$$单位职工薪酬增长率 = \frac{本年单位职工薪酬 - 上一年单位职工薪酬}{上一年单位职工薪酬} \times 100\%$$

2) 社会影响指标

该指标是在企业履行社会责任后,评价企业对社会影响的效果。企业的社会责任与利益相关者息息相关,这些利益相关者在不同程度上都会受企业生产经营状况影响,对这些影响效果进行评价,得出的结果就是企业的社会绩效评价。企业是社会的重要一员,其发展会给社会带来一定的影响。政府以及社区是企业的间接利益相关者,其对企业的运营有不同的要求,因而需要评价企业承担社会责任对社会的影响。本部分研究选取以下三个指标反映企业对社会的影响。

(1) 煤炭生产百万吨工亡率。煤炭生产具有高危性的特点,因而安全生产对于煤炭企业而言十分重要。煤炭生产百万吨工亡率反映企业安全生产的成果,此值越低说明企业履行安全生产的效果越好。其公式如下:

$$煤炭生产百万吨工亡率 = 煤炭生产事故死亡总人数/煤炭产量百万吨数$$

(2) 社会贡献率。社会贡献率衡量企业通过生产运作为社会创造价值的能力,此值越高说明企业对社会贡献越大。其公式如下:

$$社会贡献率 = 社会贡献总额/平均资产总额 \times 100\%$$

(3) 公益捐赠。公益捐赠率反映企业对公益事业的资金投入情况,体现企业对社会的贡献程度,此值越高说明企业对公益事业越重视。其公式如下:

$$公益捐赠率 = 公益捐赠金额/销售收入 \times 100\%$$

6.2.2 评价指标体系构建结果

本部分研究的综合绩效评价指标体系由前文所述的经济绩效评价指标、环境绩效评价指标、社会绩效评价指标三个部分构成,共23项指标,如表6.13所示。

表6.13 综合绩效评价指标体系

目标层	准则层	子准则层	方案层	指标属性
可持续发展视角下中煤能源综合绩效评价体系	经济绩效(X)	盈利能力(A)	总资产报酬率 A1	正向指标
			净资产报酬率 A2	正向指标
			营业利润率 A3	正向指标

(续表)

目标层	准则层	子准则层	方案层	指标属性
可持续发展视角下中煤能源综合绩效评价体系	经济绩效(X)	偿债能力(B)	资产负债率 B1	适度指标
			速动比率 B2	适度指标
			已获利倍数 B3	正向指标
		运营能力(C)	应收账款周转率 C1	正向指标
			存货周转率 C2	正向指标
			总资产周转率 C3	正向指标
		发展能力(D)	总资产增长率 D1	正向指标
			营业收入增长率 D2	正向指标
			净利润增长率 D3	正向指标
	环境绩效(Y)	污染排放(E)	单位 SO_2 排放量 E1	负向指标
			单位氮氧化物排放量 E2	负向指标
		环境管理(F)	煤矸石综合利用率 F1	正向指标
			矿井水利用率 F2	正向指标
			采区回采率 F3	正向指标
			研发投入率 F4	正向指标
	社会绩效(Z)	劳动就业(H)	职工数量增长率 H1	正向指标
			单位职工薪酬增长率 H2	正向指标
		社会影响(G)	煤炭生产百万吨工亡率 G1	负向指标
			社会贡献率 G2	正向指标
			公益捐赠率 G3	正向指标

6.2.3 评价方法的选择

1. 选择熵值法的原因

相较于定性的评价方法,定量的评价方法更为客观。因此,本部分研究选择基于数理统计模型的方法来进行研究分析。层次分析法作为一种系统性的分析方法,所需定量数据较少,操作简便实用,但定性程度多且权重确定较主观。因子分析法对指标之间的相关程度有一定要求,但本身工作量比较大。主成分分析法对数据要求较高,它通过数学方法对数据变量进行降维,并且还要求降维后的数据蕴含降维前的大部分信息量,仍然要与原来的实际意义和背景信息保持高度一致,否则提取的主成分将无任何意义。对此选用熵值法原因如下:首先,数理计算过程比较直观明了,能较为直观地反映指标间的相互比较信息。其次,本书的数据量化程度高并且数据独立分明,容易收集,研究的样本量也不大,各评价指标之间相关程度较低。最后,在确定指标权重时,数理统计方法中的层次分析法较为主观,因子分析法和主成分分析法又更加适合样本量大且需要对数据进行深加工的案例;而选择熵值法来确定指标权重,依据数据赋权的定权方法比较客观且可操作性强,能够避免主观赋权的不便和争议。因此,综合以上考虑,本部分研究最终选择熵值法作为量度绩效指标的方法。

2. 熵值法的具体步骤

(1) 构建多指标、多对象矩阵。设该指标体系中有 m 个对象(m_1, m_2, $\cdots$, m_m),n 个指标(n_1, n_2, $\cdots$, n_n),令第 i 个评价对象($i=1,2,3,\cdots,m$)的第 j 个指标($j=1,2,3,\cdots,n$)取值为 X_{ij},选择企业 m 年的数据和 n 个指标,记为第 i 年的第 j 个指标的数值,其决策矩阵如下:

$$(X_{ij})m*n = \begin{bmatrix} X_{11} & \cdots & X_{1n} \\ & \cdots\cdots & \\ X_{m1} & \cdots & X_{mn} \end{bmatrix} \quad (式6.1)$$

(2) 指标一致化。在企业各项指标分析过程中,诸如净资产报酬率、净利润增长率等指标属于积极的正向指标,指标数值越高表明企业的获利水平越好;诸如煤炭生产百万吨工亡率等指标属于消极的负向指标,指标数值越低越好;诸如资产负债率等财务指标属于适度指标,不同的行业该指标的优质区间不同,要根据具体行业来分析此项指标的优劣。我们可以发现,不同性质的指标有着特殊的方向和意义,为了使指标分析时的数据具有可比性,以便更好地评价企业绩效,需要统一标准和方向。因此,在对企业进行综合绩效评价之前,需对评价指标进行一致性处理,将不同属性的指标转化成统一属性的指标。本部分研究将指标统一转化为正向指标,具体指标转化方法如下:

负向指标转化:

如果指标 X 为负向指标,可利用以下公式将指标 X 转化成正向指标 X'。其中,M 为指标 X 取值范围内的最大值。

$$X' = M - x \qquad (式6.2)$$

适度指标转化:

如果指标 X 为适度指标,可利用以下公式将指标 X 转化成正向指标 X'。其中,m 和 M 分别为指标 X 取值范围内的最大值和最小值。

$$X' = \begin{cases} \dfrac{2 \times (x - m)}{M - m} & m \leqslant x \leqslant \dfrac{m + M}{2} \\ \dfrac{2 \times (M - x)}{M - m} & \dfrac{m + M}{2} \leqslant x \leqslant M \end{cases} \qquad (式6.3)$$

(3) 指标的无量纲化。由于不同指标单位不同,无法进行比较,因此在进行评价之前,需将所有指标进行无量纲化,消除量纲不同带来的影响,使数据具有可比性。指标无量纲化处理的方法有很多,常用的方法包括线性比例法、极值法、标准化法等。本部分研究选择极值法作为企业综合绩效评价指标无量纲化处理的方法。极值法的特点是将指标数值全部转化至 $[0,1]$ 区间,最小为 0,最大为 1。另外,为使数据处理有意义,可将无量纲化后的指标数据全部平移一个最小单位值,以此满足运算要求。极值法的计算公式如下:

对于正向指标,可按如下公式处理:

$$X_{ij}' = \frac{x_{ij} - m_j}{M_j - m_j} \qquad (式6.4)$$

其中,M_j 为 X_{ij} 最大值,m_j 为 X_{ij} 最小值。

对于逆向指标,可按如下公式处理:

$$X_{ij}' = \frac{M_j - x_{ij}}{M_j - m_j} \qquad (式6.5)$$

(4) 计算第 j 项指标下第 i 年的指标值占该指标的比重 Y_{ij},具体步骤如式6.6。

$$Y_{ij} = \frac{X_{ij}'}{\sum\limits_{i=1}^{n} X_{ij}'} \quad (i = 1,2,\cdots n, j = 1,2,\cdots,m) \qquad (式6.6)$$

(5) 计算第 j 项指标的熵值 e_j,具体步骤如式 6.7。

$$e_j = -k\sum_{i=1}^{n} Y_{ij}\ln(Y_{ij}) \qquad (k>0, k=\frac{1}{\ln(n)}, 1 \geqslant e_j \geqslant 0)$$

(式 6.7)

(6) 计算第 j 项指标的差异系数 d_j,具体步骤如式 6.8。

$$d_j = 1 - e_j \qquad (1 \geqslant e_j \geqslant 0) \qquad (式 6.8)$$

(7) 求各项指标的权重 w_j,具体步骤如式 6.9。

$$w_j = \frac{d_j}{\sum_{j=1}^{m} d_j} \qquad (j=1,2,\cdots,m) \qquad (式 6.9)$$

(8) 计算各年的综合得分 Z,具体步骤如式 6.10。

$$Z = \sum_{j=1}^{m} W_j, X_{ij} \qquad (j=1,2,\cdots,m) \qquad (式 6.10)$$

6.2.4 中煤能源综合绩效评价分析

1. 中煤能源简介

中煤能源是国内行业内发展较具前景的企业之一,它的总部位于北京市,公司早在 2006 年于中国香港成功上市,象征着企业发展迈上新台阶,2008 年公司开始发行 A 股。中煤能源的业务范围涵盖煤炭生产和贸易,并向煤化工、发电等产业延伸。一直以来,中煤能源坚持紧跟国家出台的各项方针政策。在倡导煤炭行业高质量发展的背景下,中煤能源积极寻求改变:公司于 2011 年初步构建绿色发展体系,并始终遵守安全绿色生产、清洁高效利用的原则,专注于打造具有国际水平的清洁能源企业。

2020 年中煤能源经济水平再创新高,企业年营业收入超过 1 400 亿元,与 2016 年相比涨幅高达 132.49%。同时,公司不断拓展业务经营范围,如电业业务 2020 年实现新的业绩增长点,对金融业务进行深化精益管理和科技创新。此外,公司坚持供给侧结构性改革,不断完善煤炭产能结构,持续淘汰落后产能,重视生态环保节能工作,坚持"稳中求进、改革创新"的工作思路,全面推进公司绿色可持续发展,实现企业发展与绿色发展相统一。

2. 基于熵值法综合绩效评价指标

(1) 基于2016—2020年中煤能源的年度报告,整理计算得到23项绩效评价指标的数值,具体如表6.14所示。

表6.14 2016—2020年中煤能源综合绩效评价指标值

指标名称	2016年	2017年	2018年	2019年	2020年
总资产报酬率(A1)	0.012 3	0.012 4	0.019 9	0.035 2	0.035 9
净资产报酬率(A2)	0.005 1	0.009 0	0.016 3	0.041 0	0.040 3
营业利润率(A3)	-0.002 6	0.005 7	0.036 1	0.094 5	0.171 0
资产负债率(B1)	0.460 9	0.455 7	0.478 0	0.469 6	0.463 6
速动比率(B2)	0.985 4	1.220 0	1.426 8	0.768 2	1.435 0
已获利倍数(B3)	-0.413 7	0.207 7	0.631 6	1.275 5	1.457 1
应收账款周转率(C1)	9.438 1	17.304 6	29.605 0	30.685 5	32.904 1
存货周转率(C2)	48.324 4	55.746 5	68.778 7	60.465 8	56.403 6
总资产周转率(C3)	0.245 0	0.273 1	0.241 1	0.239 8	0.146 0
总资产增长率(D1)	-0.074 7	-0.006 9	0.050 2	0.012 3	0.005 0
营业收入增长率(D2)	0.326 5	0.067 8	-0.098 2	0.025 2	-0.385 8
净利润增长率(D3)	1.005 0	1.002 7	1.007 2	1.028 6	1.016 4
单位SO_2排放量(E1)	0.000 1	0.000 1	0.000 1	0	0
单位氮氧化物排放量(E2)	0.000 1	0.000 1	0.000 1	0	0
煤矸石综合利用率(F1)	84.900 0	88.900 0	84.600 0	89.200 0	89.400 0
矿井水利用率(F2)	79.600 0	61.200 0	79.700 0	89.800 0	93.300 0
采区回采率(F3)	91.500 0	91.500 0	90.900 0	90.600 0	89.400 0
研发投入率(F4)	0.010 6	0.010 1	0.009 0	0.009 5	0.011 7
职工数量增长率(H1)	-0.105 1	-0.058 5	-0.048 7	-0.001 9	-0.012 3
单位职工薪酬增长率(H2)	0.150 0	0.510 0	0.400 0	0.150 0	0.060 0
煤炭生产百万吨工亡率(G1)	0.017 0	0.026 0	0	0	0
社会贡献率(G2)	0.090 0	0.110 0	0.120 0	0.130 0	0.130 0
公益捐赠率(G3)	0	0.000 1	0.000 2	0.000 1	0.000 1

数据来源:国泰安数据库及公司2016—2020年年报。

（2）运用 Excel 软件分别对中煤能源 23 项综合绩效评价指标进行无量纲化处理,处理结果如表 6.15 所示。

表 6.15 2016—2020 年中煤能源综合绩效指标数值无量纲化处理结果

指标名称	2016 年	2017 年	2018 年	2019 年	2020 年
总资产报酬率(A1)	0	0.004 2	0.322 0	0.970 3	1.000 0
净资产报酬率(A2)	0	0.108 6	0.312 0	1.000 0	0.980 5
营业利润率(A3)	0	0.047 8	0.222 9	0.559 3	1.000 0
资产负债率(B1)	0.233 2	0	1.000 0	0.623 3	0.354 3
速动比率(B2)	0.325 7	0.677 6	0.987 7	0	1.000 0
已获利倍数(B3)	0	0.332 2	0.558 7	0.902 9	1.000 0
应收账款周转率(C1)	0	0.335 2	0.859 4	0.905 5	1.000 0
存货周转率(C2)	0	0.362 9	1.000 0	0.593 6	0.395 0
总资产周转率(C3)	0.778 9	1.000 0	0.748 2	0.738 0	0
总资产增长率(D1)	0	0.542 8	1.000 0	0.696 6	0.638 1
营业收入增长率(D2)	1.000 0	0.636 8	0.403 8	0.577 0	0
净利润增长率(D3)	0.088 8	0	0.173 7	1.000 0	0.529 0
单位 SO_2 排放量(E1)	0.222 1	0	0.256 3	0.304 8	1.000 0
单位氮氧化物排放量(E2)	0.090 9	0	0.177 4	1.000 0	0.535 3
煤矸石综合利用率(F1)	0.062 5	0.895 8	0	0.958 3	1.000 0
矿井水利用率(F2)	0.573 2	0	0.576 3	0.891 0	1.000 0
采区回采率(F3)	1.000 0	1.000 0	0.714 3	0.571 4	0
研发投入率(F4)	0.592 6	0.407 4	0	0.185 2	1.000 0
职工数量增长率(H1)	0	0.451 6	0.546 5	1.000 0	0.899 2
单位职工薪酬增长率(H2)	0.200 0	1.000 0	0.755 6	0.200 0	0
煤炭生产百万吨工亡率(G1)	0.346 2	0	1.000 0	1.000 0	1.000 0
社会贡献率(G2)	0	0.500 0	0.750 0	1.000 0	1.000 0
公益捐赠率(G3)	0	0.500 0	1.000 0	0.500 0	0.500 0

（3）应用 Excel 软件进行熵值计算，将 23 项综合绩效评价指标具体数值构造矩$(X_{ij})m*n$，按照公式计算出 23 项指标的熵值、差异系数、综合权重及各指标权重，具体结果如表 6.16 和表 6.17 所示。

表 6.16 2016—2020 年中煤能源综合绩效评价指标熵值权重计算结果

指标名称	熵值 e_j	差异系数 d_j	综合权重 w_j
总资产报酬率(A1)	0.629 9	0.370 1	0.071 4
净资产报酬率(A2)	0.706 0	0.294 0	0.056 7
营业利润率(A3)	0.649 2	0.350 8	0.067 7
资产负债率(B1)	0.774 8	0.225 2	0.043 5
速动比率(B2)	0.814 2	0.185 8	0.035 9
已获利倍数(B3)	0.812 9	0.187 1	0.036 1
应收账款周转率(C1)	0.820 8	0.179 2	0.034 6
存货周转率(C2)	0.807 5	0.192 5	0.037 2
总资产周转率(C3)	0.856 4	0.143 6	0.027 7
总资产增长率(D1)	0.844 8	0.155 2	0.029 9
营业收入增长率(D2)	0.828 6	0.171 4	0.033 1
净利润增长率(D3)	0.659 6	0.340 4	0.065 7
单位 SO_2 排放量(E1)	0.724 0	0.276 0	0.053 3
单位氮氧化物排放量(E2)	0.662 9	0.337 1	0.065 1
煤矸石综合利用率(F1)	0.732 0	0.268 0	0.051 7
矿井水利用率(F2)	0.842 3	0.157 7	0.030 4
采区回采率(F3)	0.845 2	0.154 8	0.029 9
研发投入率(F4)	0.767 0	0.233 0	0.045 0
职工数量增长率(H1)	0.829 5	0.170 5	0.032 9
单位职工薪酬增长率(H2)	0.724 2	0.275 8	0.053 2
煤炭生产百万吨工亡率(G1)	0.818 8	0.181 2	0.035 0
社会贡献率(G2)	0.840 0	0.160 0	0.030 9
公益捐赠率(G3)	0.828 0	0.172 0	0.033 2

表6.17 2016—2020年中煤能源综合绩效评价各指标权重计算结果

指标名称	2016年	2017年	2018年	2019年	2020年
总资产报酬率(A1)	0.000 003	0.000 135	0.010 016	0.030 174	0.031 096
净资产报酬率(A2)	0.000 002	0.002 569	0.007 373	0.023 628	0.023 168
营业利润率(A3)	0.000 004	0.001 772	0.008 247	0.020 688	0.036 984
资产负债率(B1)	0.004 586	0.000 002	0.019 659	0.012 254	0.006 966
速动比率(B2)	0.003 906	0.008 123	0.011 841	0.000 001	0.011 989
已获利倍数(B3)	0.000 001	0.004 295	0.007 223	0.011 672	0.012 927
应收账款周转率(C1)	0.000 001	0.003 741	0.009 589	0.010 103	0.011 157
存货周转率(C2)	0.000 002	0.005 734	0.015 799	0.009 378	0.006 241
总资产周转率(C3)	0.006 610	0.008 486	0.006 350	0.006 263	0.000 001
总资产增长率(D1)	0.000 001	0.005 650	0.010 407	0.007 249	0.006 641
营业收入增长率(D2)	0.012 638	0.008 048	0.005 103	0.007 293	0.000 001
净利润增长率(D3)	0.003 259	0.000 004	0.006 374	0.036 666	0.019 396
单位SO_2排放量(E1)	0.006 636	0.000 003	0.007 658	0.009 106	0.029 871
单位氮氧化物排放量(E2)	0.003 281	0.000 004	0.006 402	0.036 062	0.019 306
煤矸石综合利用率(F1)	0.001 110	0.015 887	0.000 002	0.016 995	0.017 734
矿井水利用率(F2)	0.005 739	0.000 001	0.005 771	0.008 920	0.010 012
采区回采率(F3)	0.009 089	0.009 089	0.006 493	0.005 194	0.000 001
研发投入率(F4)	0.012 194	0.008 384	0.000 002	0.003 812	0.020 576
职工数量增长率(H1)	0.000 001	0.005 129	0.006 208	0.011 358	0.010 214
单位职工薪酬增长率(H2)	0.004 941	0.024 693	0.018 658	0.004 941	0.000 002
煤炭生产百万吨工亡率(G1)	0.003 617	0.000 001	0.010 448	0.010 448	0.010 448
社会贡献率(G2)	0.000 001	0.004 750	0.007 124	0.009 498	0.009 498
公益捐赠率(G3)	0.000 001	0.006 640	0.013 278	0.006 640	0.006 640

3. 综合绩效评价结果分析

1) 经济绩效维度分析

根据表6.17的权重计算结果,按照式6.10计算出2016—2020年中煤能源经济绩效维度的综合得分情况,具体如表6.18所示。

表6.18　2016—2020年中煤能源经济绩效维度得分情况

经济绩效维度	2016年	2017年	2018年	2019年	2020年
经济绩效得分(X)	0.031 013	0.048 559	0.117 981	0.175 370	0.166 566
盈利能力得分(A)	0.000 009	0.004 476	0.025 637	0.074 490	0.091 247
偿债能力得分(B)	0.008 493	0.012 420	0.038 723	0.023 928	0.031 881
运营能力得分(C)	0.006 613	0.017 961	0.031 737	0.025 744	0.017 399
发展能力得分(D)	0.015 898	0.013 702	0.021 884	0.051 208	0.026 039

从表6.18可以得出,中煤能源在2016—2020年经济绩效整体呈现逐渐上升的趋势,说明在该期间中煤能源各方面经营状况良好,企业发展前景较好,但是,通过对其A、B、C、D四个维度进行展开分析可以发现,其偿债能力及营运能力出现大幅波动现象,且其发展能力出现下降趋势,具体如图6.7至图6.10所示。

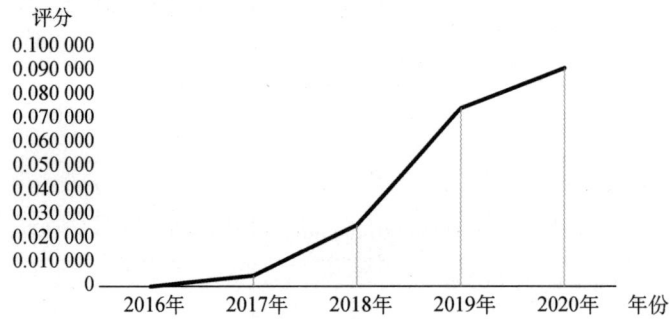

图6.7　2016—2020年中煤能源盈利能力得分图

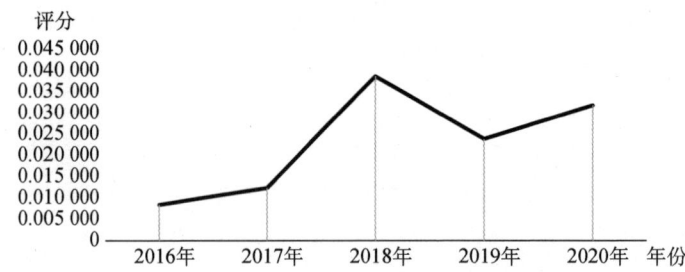

图6.8　2016—2020年中煤能源偿债能力得分图

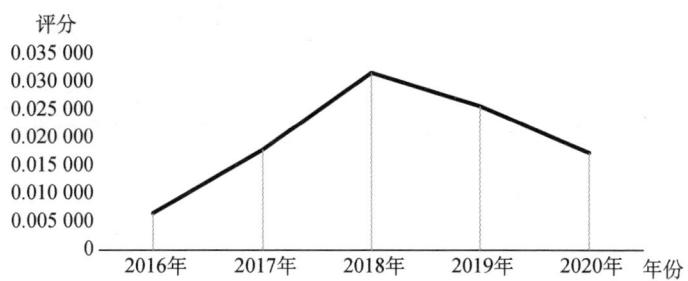

图 6.9 2016—2020 年中煤能源运营能力得分图

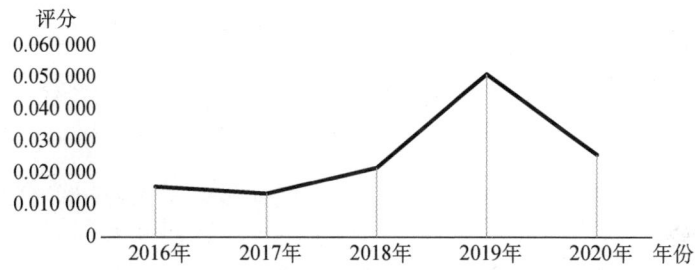

图 6.10 2016—2020 年中煤能源发展能力得分图

首先,从盈利能力得分(表 6.18、图 6.7)来看,中煤能源 2016—2020 年的盈利能力整体呈现上升趋势,2018 年出现大幅升高的态势,尽管 2020 年的增长趋势有所放缓,但在疫情冲击的情况下仍能保持较高的增速,说明中煤能源的盈利能力较好。其次,从偿债能力得分(表 6.18、图 6.8)来看,中煤能源 2016—2018 年的偿债能力得分处于上升趋势,尽管 2019 年有所下降,但是 2020 年偿债能力再次上升,说明其偿债能力较强,债权的安全性较好,抗风险能力较好。再次,从运营能力得分(表 6.18、图 6.9)来看,中煤能源的运营能力得分从 2016 年的 0.006 613 上升到 2018 年的 0.031 737,2018 年开始营运能力呈下滑状态,由 2018 年的 0.031 737 连续下降到 2020 年的 0.017 399。从具体的指标来看,中煤能源的存货周转率及总资产周转率在 2018 年之后均出现下滑趋势,说明资产使用效率持续降低,在存货方面销售能力都呈下降趋势。最后,从发展能力得分(表 6.18、图 6.9)来看,中煤能源 2016—2018 年的发展能力得分呈现逐年上升态势,2019 年开始出现下降,得分由 2019 年的 0.051 208,下降为 2020 年的 0.026 039。对发能力细分指标 D1、D2、D3 进行分析发现,其营业收入增长率直接跌为负数,究其原因,主要在于:第一,受全球经济环境影响。2015 年,全球经济低迷,国内经济放缓。第二,受国家政策影响。国家出台低碳节能环保政策,调整能源结构,倡导"清洁煤",推进煤炭行业进行供给侧结构性改革,并明确全国"用 3 到 5 年的时间退出产能 5 亿吨左右、减量重组 5 亿吨左右,较大幅度压缩煤炭产能"。

2)环境绩效维度分析

根据表 6.17,按照式 6.10 计算出 2016—2020 年中煤能源环境绩效维度的得分情况,具体如表 6.19 所示。

表 6.19　2016—2020 年中煤能源环境绩效维度得分情况

环境绩效维度	2016 年	2017 年	2018 年	2019 年	2020 年
环境绩效得分(Y)	0.025 855	0.024 985	0.026 324	0.076 279	0.076 924
污染排放得分(E)	0.009 916	0.000 007	0.014 059	0.045 169	0.049 177
环境管理得分(F)	0.015 939	0.024 978	0.012 265	0.031 110	0.027 747

从表 6.19 可以看出,2016—2020 年中煤能源的环境绩效得分总体呈上升趋势,这也反映出公司对治理与监管的效果。仔细观察还可以看出,2020 年与 2019 年的得分相差不大,这从某种程度上反映出,公司环境监管与治理体系达到了一个相对稳定的水平。但是,从其各个维度来看,中煤能源的污染减排得分在 2017 年呈下降状态,如图 6.11 所示。煤炭开采与利用过程会产生大量废气与废水,对环境负面影响严重,因此,国家强调煤炭的绿色开采与利用,以期最大程度减少相关污染排放。中煤能源作为大型煤炭开发企业,尽管企业近年来一直致力于改善其对环境的影响,但从表 6.19、图 6.11 来看,企业仍需进一步努力。从其环境管理得分(表 6.19、图 6.12)来看,中煤能源 2016—2020 年公司的环境管理得分整体呈现上升态势,但是公司 2016—2020 年期间波动整体较大,2018 年环境管理得分由 2017 年的 0.024 978 下降为 0.012 265。对其具体指标分析可以看出(表 6.14),2016—2020 年中煤能源对煤矸石、矿井水等的利用率逐年提高。但是,企业近年的采区回采率却出现下降态势,

因此企业应加强对该方面的管理。此外,由于环境治理需大量资金支持,环保资金的投入情况在企业环境管理业绩评价方面占有较大比重,可以看出公司在不断优化改采及冶炼技术,致力于促进公司长久可持续发展。

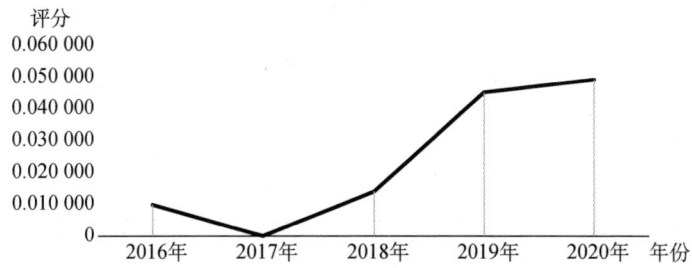

图 6.11　2016—2020 年中煤能源污染减排得分图

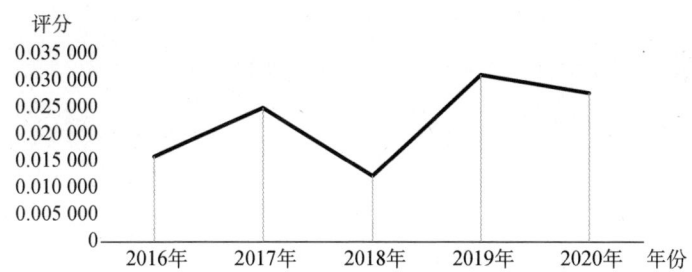

图 6.12　2016—2020 年中煤能源环境管理得分图

综合而言,中煤能源环境绩效表现逐年提升。尽管身处煤炭行业不景气的大背景下,中煤能源仍能够稳步推进环境管理方面工作,其在生态方面的业绩表现值得肯定,但其在未来需要多加重视污染排放方面的工作。

3)社会绩效维度分析

根据表 6.17,按照式 6.10 计算出 2016—2020 年中煤能源社会绩效维度的综合得分情况,具体如表 6.20 所示。

表 6.20　2016—2020 年中煤能源社会绩效维度得分情况

社会绩效维度	2016 年	2017 年	2018 年	2019 年	2020 年
社会绩效得分(Z)	0.008 562	0.041 212	0.055 716	0.042 885	0.036 802
劳动就业得分(H)	0.004 942	0.029 822	0.024 866	0.016 299	0.010 216
社会影响得分(G)	0.003 620	0.011 390	0.030 850	0.026 586	0.026 586

从表 6.20 中煤能源的社会绩效得分变化趋势来看,中煤能源的社会绩效在 2016—2020 年波动较大,从 2016 年的 0.008 562 快速上升到 2018 年的 0.055 716,接着连续下降到 2020 年的 0.036 802。社会绩效反映的是企业职工福利及企业在社会捐赠等方面的情况,其各维度的表现情况如图 6.13 和图 6.14 所示。

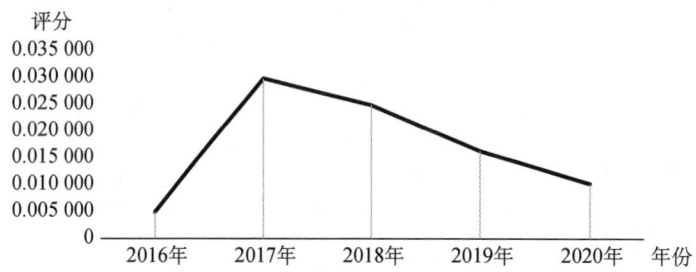

图 6.13 2016—2020 年中煤能源劳动就业得分图

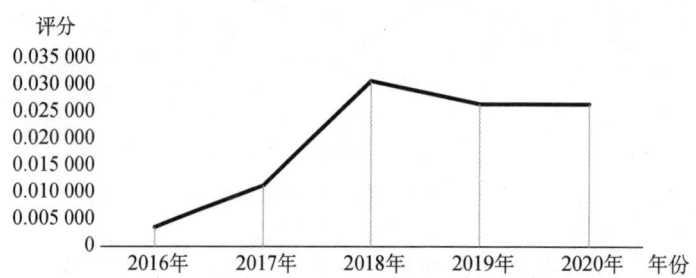

图 6.14 2016—2020 年中煤能源社会影响得分图

首先对其劳动就业维度得分进行分析,从图 6.13 可以清晰看出,2016—2017 年中煤能源劳动就业得分快速上升,说明在该期间公司为社会提供了较多的就业机会,并且员工的职工薪酬也相对客观,这从侧面反映出公司的经营状况较好。但是,2017 年开始,中煤能源的劳动就业得分出现连续下降的态势。受去产能等宏观政策的影响,从表 6.14 可看出 2016 年开始,中煤能源员工数量增长率持续下降,年增长率持续为负值。单位职工薪酬增长率在 2020 年出现大幅下降现象,单位职工薪酬同比降低 60%,导致企业劳动就业方面业绩大幅下滑。其次,在社会影响方面(表 6.20、图 6.13),2016—2020 年中煤能源社会影响得分呈现总体上升趋势。细看对应的指标(表6.14),中煤能源的社会贡献率在2016—2020年一直上升,说明公司在该期间为社会提供的福利在逐年提升。公益捐赠率指标在2016—2018年呈现上升态势,但2019年开始有所下降,是由于2019—2020两年企业精准扶贫与捐赠相对较差。中煤能源虽然也响应了国家政策,有精准扶贫投入,但是投入金额占营业收入比率并不是十分高,都低于煤炭样本平均值。总体来说,中煤能源在社会影响方面表现较好,表明其能承担一定社会责任。

4)综合绩效分析

根据表6.17,按照式6.10计算出2016—2020年中煤能源绩效评价指标的综合得分,具体结果如表6.21所示。

表6.21 2016—2020年中煤能源绩效评价各指标综合得分情况

绩效评价	2016年	2017年	2018年	2019年	2020年
综合绩效得分(W)	0.065 5	0.114 8	0.200 0	0.294 6	0.280 3
经济绩效得分(X)	0.031 0	0.048 6	0.118 0	0.175 4	0.166 6
环境绩效得分(Y)	0.025 9	0.025 0	0.026 3	0.076 3	0.076 9
社会绩效得分(Z)	0.008 6	0.041 2	0.055 7	0.042 9	0.036 8

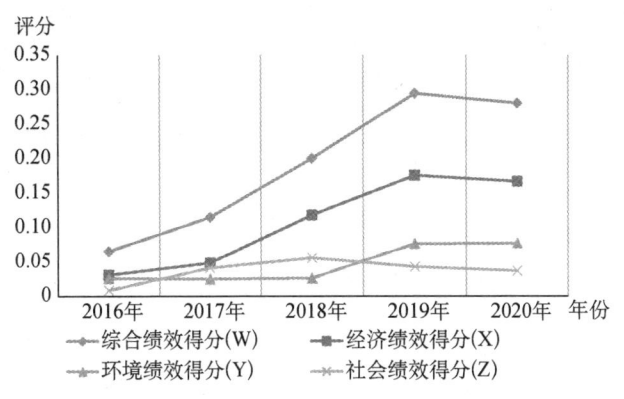

图6.15 2016—2020年中煤能源综合绩效得分变化趋势图

从图6.15可以清晰地看出,中煤能源绩效的综合得分W在2016—2020年总体呈现上升趋势,在2016—2019年增速较快,由0.065 5上升到0.294 6,增幅高达350%,这说明中煤能源在追求经济效益的同时,更加注重环境、社会的均衡发展,使企业效益最大化。从经济绩效维度、环境绩效维度及社会绩效维度来看:首先,中煤能源得分最高的是经济绩效维度,2016—2020年呈现出稳步上升的态势,这说明公司2016—2020年发展较好,尽管2020年受到疫情的冲击影响,但公司的经济绩效并未受到严重影响,这说明中煤能源具有一定的发展前景。其次,环境绩效维度得分尽管2017—2018年略低于社会绩效得分,但总的来说要高于社会绩效的状况,这说明公司在追求经济效益的同时,也在不断创新与研发先进技术、新工艺,不断降低对环境的污染。随着可持续发展战略的不断深入,中煤能源作为煤矿开采业的领先企业,始终坚持"稳中求进、改革创新"工作思路,坚持"两商"战略,统筹推进保安全、稳增长、调结构、抓改革、促创新、提效益、防风险各项工作,全力推动公司高质量发展。最后,与前两者相比,中煤能源的社会绩效相对较弱,从表6.14对其细分指标的分析可以看出,公益捐赠率指标相对较差,还未达到行业平均值水平,这说明企业的社会服务意识不够,影响了综合绩效水平。

6.3 提升煤炭企业综合绩效的建议

6.3.1 加强绿色开采和技术升级,降低环境污染

绿色开采是指在煤炭开采和利用过程中尽可能减少对环境的污染和破坏,进而实现资源利用的最优化及生态环境影响的最小化,从而创造出更大的社会、经济和生态效益。合理科学的煤炭开采技术是绿色开采的前提,也是各大煤炭企业的科研攻关课题。如对于地质结构简单、煤层分析透明的地带,充分利用先进技术,提升煤炭资源回收率。同时,也要严防盲目开采、过度开采,要依据环境影响评估报告,对矿区内水源地带、脆弱环境地带进行保护性开采,始终将降低环境污染贯穿于绿色开采工作的全过程。

冀中能源自转型以来,不断进行生产模式和技术的创新。在这一过程中,集团陆续更换了一批老旧、耗能多、污染重的陈旧设备,对生产设备不断进行更新。此外,在生产模式方面,冀中能源首次提出"生态矿山"模式和反馈式循环经济发展模式,并引入焦原煤全加工技术,大幅度

提高资源利用率,实现节能减排的目标。其中,冀中能源对关键技术的研究,创新了矸石填充技术、实施井下矸石回填,实现矸石不升井,有效地解决了土地塌陷的问题,同时有效处理污水,降低工业广场噪声和减少了粉尘,实现水的循环利用,防止了污染。

中煤能源始终将技术升级作为企业战略布局的第一要义,顺应当前煤炭行业技术创新的趋势,向"安全、高效、绿色、智能"推进,持续深化对企业技术体制机制的变革,不断突破煤炭勘测、开采及加工等核心技术,在科技创新体系构建方面与国际一流能源企业接轨,持续改进企业发展新动力,提升对行业科技进步的贡献率,强化企业自身竞争力,实现企业由生产型向科技生产型的过渡。企业以打造新型先进煤化工产业为目标,树立清洁高效、循环利用的发展理念,不断推进循环经济的发展进程,同时兼顾区域经济、社会与生态环境的协调发展,对降低环境污染有很大的成效。

6.3.2 推进能源清洁使用,提高资源利用效率

科技创新是实现企业绿色转型发展的前提,应对传统煤炭企业进行新赋能,加强企业内部资源整合,打通相关产业链条,持续加大创新技术投入,打造高质量发展的新引擎动力。具体而言,从选煤、配煤、水煤浆到低阶煤提质等一系列加工过程要提高技术,优化煤炭品质,实现清洁化煤炭生产,以精细化管理实现优质煤炭的加工配送;全面实施燃煤电厂超低排放和节能技术改造,提高精细化管理水平发展步伐;大力发展现代煤化工产业,通过已建成的煤制油、煤制烯烃、煤制天然气、煤制乙二醇等一批煤化工示范工程,不断完善产出链,大幅改进现代煤化工技术水平和能源转化效率,培育精细化工产品的增长力。

冀中能源针对煤炭市场需求快速下滑、煤炭价格下行压力不断加大等困难,围绕煤炭开采和洗选加工两个生产环节,陆续对所有洗煤厂进行扩能技改,现已经具备焦原煤全部入洗、所有动力煤全部上加工手段的能力。其开发的产品范围由原来单纯的冶炼精煤产品扩大到包括所有无烟精煤产品,相继有烧结煤、喷吹煤、高硫煤等精煤产品。精煤的利润贡献率占比一度超过80%,提高了资源利用率。同时,冀中能源认识

到企业发展与生态环境之间是相辅相成、互为条件的关系,将每一个矿都视为自然的一部分,所有的生产活动都与自然建立联系,并与自然共荣共存。由此可知,企业应在生态中发展、在生态中提高,使所有生产活动都与自然和谐发展。

中煤能源依托其专业化管理优势,严格把控污染物、废弃物的排放;构建了全面的绿色管理体系,涵盖煤炭的开采、加工及运输环节;不断强化节能环保基础工作,加强对污染物指标的监测力度,引入严格的监督检查机制,定期对环保设施进行维护与检查,最大限度地减少对污染物的排放量。同时,中煤能源将生态文明建设作为自身发展理念,在煤炭开采洗选过程中贯彻清洁高效生产理念,采用先进的开采设备,生产清洁节约的环保型煤炭,在保证产量的同时不断提高对资源的循环利用,同时设置一系列预防与奖惩机制,构建符合企业自身发展的严格考评体系,使得环保相关指标能够不断得到落实,实现污染物与废弃物排放量同步下降。

6.3.3 调整产业结构,实现多元化发展

在"十三五"期间,冀中能源制定了新的战略,采用"三主一辅"的方针,即能源、医药健康、化工新材和现代服务的产业发展要求,配以多元化发展的战略规划,在实现多产业、多产品和多功能组合的同时,突破了行业发展限制,积极开拓了非煤产业领域。在"十三五"期间,冀中能源共完成新产品开发 200 多项、产品改进改造 180 项,获得 7 项发明专利授权、17 项实用新型专利授权。至 2021 年冀中能源非煤产品的销售收入已经占到了总收入的 50% 以上,其随车起重机、渣浆泵,船用泵等产品在国内保持了行业领先地位。

在"十三五"期间,中煤能源在产品结构优化过程中遵循"12355"的发展思路,即按照清洁能源供应商和能源综合服务商发展要求,以市场为导向,以效益为中心,着力打造"煤—电—化"等循环经济新业态,着力打造工程建设、运输、装备制造、设计咨询与研发及相关服务业新业态,构建"功能齐全、特色各异、优势互补"的"六位一体"区域布局新格局。在煤电业务方面,中煤能源要采取自建、控股、参股、并购等多种合资合

作方式,加快建设山西、江苏基地低热值煤电厂,重点推进山西、新疆基地大型坑口燃煤电厂建设,积极构建煤电联营体系,打造煤电一体化循环经济,全面提升煤电产业协同效益和抗风险能力。中煤能源充分利用电力体制改革有利时机,加快建设山西、陕西、内蒙古等地大型工业园区热电联供和大用户直供体系,加强与矿区周边火电企业深度合作,进一步提高权益装机容量,巩固开发电煤市场,最大限度提升煤炭就地转化比例。

7 绿色转型下地矿企业绩效研究

资源型工业发展进程越来越快,其在为人类积聚了大量财富的同时,也造成了一定的环境问题。这种情况引起了人们对资源型企业能否真正实现可持续发展的反思。当前,有较多的研究成果认为,资源型企业应当进行转型发展。

7.1 基于博弈视角政府引导地矿企业绿色转型发展

7.1.1 研究现状

矿产资源作为一种不可再生资源,是重要的战略储备物资,也对经济快速发展做出巨大贡献。党的十八大以来,我国地矿企业进行了转型升级,取得了一定的进展,但仍面临许多新问题。为快速实现矿业的绿色转型,相关部门先后出台了一系列绿色矿山建设标准。2017年8月,原国土资源部等六部门联合发布《关于加快建设绿色矿山的实施意见》;2018年4月,自然资源部公示了非金属、煤炭、冶金等9个行业绿色矿山建设规范,这也成为首个国家级绿色矿山建设行业标准。因此,在倡导绿色发展背景下,探讨政府政策与地矿企业行为的互动机制愈发重要。然而,地矿企业绿色转型具有周期长、见效慢的特点,企业很难自发形成,需要外部环境的奖惩对其进行规制和引导,由此可见,研究政府和地矿企业之间的博弈行为具有重要的实际意义。

目前国内关于企业绿色创新的研究,主要有以下方面。潘峰等(2015)通过对政府和排污企业之间博弈模型的分析得出结论,政府的监管成本、处罚力度及排污企业的治污成本等都对地方政府的行为产生影响。陈真玲等(2017)基于环境税制,通过分析政府和污染企业之间的演化博弈行为得出结论,政府监督力度、环境税等都是影响企业排放污染物的因素。杨朝均等(2018)基于两方和三方博弈模型,分别探讨了影响企业进行绿色创新的因素。李新宇等(2013)等通过构建政府与企业之间的静态博弈模型得出结论,政府监管机制对矿山企业实现绿色发展尤为重要。左志平等(2015)探讨了集群供应链绿色跨链合作与政府监管之间的互动机制,认为政府监管成本、不监管带来的损失对供应链跨链合作的影响程度不同。

综上所述,国内关于企业绿色转型的研究比较深入,但多数研究仅采用一种博弈模型,缺乏不同模型之间的对比分析,而且基于博弈论开展地矿企业绿色转型的研究较少。因此,本书从博弈论视角出发,结合不同的博弈模型,从多个角度分析政府政策和地矿企业行为之间的制约关系,力求引入长效机制,为地矿企业绿色转型发展提供理论依据。

7.1.2 绿色转型发展的影响机理分析

1991年,波特提出政府采取适当的环境规制会对企业的生产活动产生激励作用,同样环境规制与绿色技术创新之间也有类似关系。但是随着我国对环境规制的要求不断加深,两者之间的关系不再是简单的管制与被管制,而是转化为复杂的多维关系。

1. 政府与地矿企业的特征

政府作为市场的监管者,在绿色转型推行时要充分考虑社会利益,而政府本身也是理性经济主体,在决策时也会追求自身利益。因此,在推行绿色技术问题上,各地政府会根据监管成本的大小来选择策略。若监管成本在可控范围内,即政府监管对政府而言有利可图,政府会积极履行自身职责,反之,政府则会选择不监管。此外,在我国现行经济体制下,企业更多的是追求超额利润,而且由于企业缺乏可持续发展思想,很多地矿企业在开采过程中忽视了对环境的破坏,多数地矿企业并未采取绿色生产方式。

2. 政府规制与地矿企业绿色转型的关系

地矿企业作为绿色转型发展的主体,会根据自身实际情况进行技术改造与升级;但企业最终目的是实现利润最大化,并且发展绿色经济具有正外部效应,短期内会导致地矿企业发展绿色经济所获得的收益低于社会整体收益,这就需要政府制定相关政策和措施加以引导,增加地矿企业发展绿色经济的收益,从而激发地矿企业的绿色转型动力。政府作为发展绿色经济的引导者和监管者,应当制定相应的策略进行管制,同时应当建立合适的激励机制,给予积极发展绿色经济的企业一定奖励,增加地矿企业转型发展的收益,由此让企业更自觉地发展绿色矿业经济。

7.1.3 模型构建及分析

1. 政府与地矿企业的静态博弈分析

1)静态博弈模型假设与构建

假设政府和地矿企业均是理性经济主体,其博弈过程处于完全信息静态,且政府只有监管和不监管两种策略,企业只能选择进行绿色转型发展和不进行绿色转型发展。政府可以对制造污染的企业进行惩罚,但政府进行检查时必须付出成本。企业主动治污会得到奖励;相反,企业不承担治污责任会受到政府惩罚,且企业的行为会影响其社会形象。政府检验企业绿色转型发展的指标是企业对环境的污染程度,即污染指数,政府只能通过检查地矿企业的污染指数,来掌握企业绿色转型发展的状况。

假定地矿企业进行绿色技术创新所需成本为 C_1,地矿企业选择绿色生产和采取传统模式生产所带来的收益分别为 R_1 和 R_2,企业对环境造成的污染给自身带来的形象损失为 Ci,企业治理污染会得到政府的奖励为 X,政府对地矿企业实施检查所需成本为 C_2,政府对地矿企业进行监管和不监管带来的收益分别为 R_3 和 R_4,地方政府对污染企业的罚款额为 H。因 Ci 是企业污染带来的间接损失,在短时间内无法得到不易量化,故在企业博弈的支付矩阵中暂时被省略。据此设定的模型如表 7.1 所示。

表 7.1　政府与地矿企业的支付矩阵

地矿企业	政府	
	监管	不监管
绿色生产	(R_1-C_1+X, R_3-C_2)	(R_1-C_1+X, R_4)
传统生产	$(R_2-H, H-C_2)$	$(R_2, 0)$

2）静态模型分析

当 $R_1-C_1+X>0$ 时，地矿企业选择绿色生产模式所获收益高于其采用传统生产模式带来的收益，无论政府是否对其进行监管，企业出于对利益的考虑都会主动进行绿色转型发展，此时的纳什均衡为"发展绿色生产，不监管"，这种情况能够实现社会效益最大化，对企业和社会均有利。

当 $R_2-H<R_1-C_1+X<R_2$ 时，情况相对复杂，即企业的行为受政府策略的影响。若政府坚持对地矿企业绿色技术使用情况进行检查，则地矿企业的最优策略为采取绿色生产模式；若政府选择不检查策略，则企业会坚持原有模式进行生产。政府的行为与其监管成本和收益的大小有关，若 $H<C_2$，即政府的监管行为并未给其带来收益，出于对利润的考虑政府会选择不进行监管，此时地矿企业一定选择采用传统生产模式；若 $H \geqslant C_2$，此时政府和地矿企业均无最优策略，因此纳什均衡不存在。

当 $R_1-C_1+X<R_2-H$ 时，同样存在两种情况：若 $H<C_2$，即政府的监管行为会出现亏损，政府则会选择不监管策略，而地矿企业会选择不采取绿色技术发展，此种情况不利于政府绿色经济的推行，不予采取；若 $H \geqslant C_2$，此时纳什均衡是"不发展绿色生产，监管"，会出现政府监管失灵的现象，即政府的监管对企业的行为不起作用，出现此种情况的原因是政府的监管力度太弱。

由上述博弈结果分析可知，博弈的最优策略为"发展绿色生产，不监管"，即政府不需监管，而企业主动承担发展绿色经济的责任，此时可达到社会效益最大化。而实现该均衡点的条件是 $R_1-C_1+X>0$，即地矿企业进行绿色转型发展所带来的收益高于采用传统方式发展所带来的收益。因此，政府应当从该条件入手，通过制定相关的政策来保证地矿企业的正常收益,从而调动地矿企业绿色转型发展的积极性。

2. 政府与地矿企业的演化博弈分析

通过对上述静态博弈模型的分析,我们已经得出一些很有价值的结论,但是政府和地矿企业在实际决策过程中并非能够获取全部信息,不能对结果做出完全正确的判断。而演化博弈论从理性角度出发,弥补了静态博弈的不足。因此,基于演化博弈视角探索政府的行为对地矿企业发展绿色矿业经济的影响更具现实意义。

1)演化博弈模型假设与构建

假设地矿企业和地方政府监管部门都是有限理性主体,且双方处于信息不完全对称状态,通过多次博弈不断修正自身策略实现均衡状态。地矿企业的选择策略为发展绿色生产和传统生产,假定其采用绿色技术生产的概率为 $x(0<x<1)$,则坚持传统发展的概率为 $1-x$;同样政府也有两种策略,假定政府采取严格监管策略的概率为 $y(0<y<1)$,则宽松监管的概率为 $1-y$。

假定地矿企业采取绿色生产模式所需额外成本为 C_1,选择粗放模式所需成本为 C_2,此时企业生产所获收益为 R_e,同时地矿企业坚持粗放生产被查处的罚款为 F_1;政府实施严格监管的成本是 C_3,当政府监管成功的概率为 α 时,政府的收益为 W_g;若地方政府对地矿企业的污染行为置之不理,则其会受到上级处罚,为 T;当外界监管成功的概率为 β 时,企业采用传统发展被举报的损失为 F_1,同时政府声誉及公信力等隐性损失为 F_2。据此,双方的支付矩阵如表7.2所示。

表 7.2 政府与地矿企业的博弈支付矩阵

地矿企业	政府	
	严格监管	宽松监管
绿色生产	$(R_e-C_1-C_2, W_g-C_3)$	$(R_e-C_1-C_2, 0)$
传统生产	$(R_e-C_2-aF_1, aW_g-T-C_3)$	$(R_e-C_2-\beta F_1, -T-\beta F_2)$

2)演化博弈模型稳定分析

地矿企业选择绿色生产与传统生产的期望收益及平均期望收益分

别为：

$$\omega_{11} = y(R_e - C_1 - C_2) + (1-y)(R_e - C_1 - C_2) \quad (式\ 7.1)$$

$$\omega_{12} = y(R_e - C_2 - \alpha F_1) + (1-y)(R_e - C_2 - \beta F_1) \quad (式\ 7.2)$$

$$\bar{\omega}_1 = x\omega_{11} + (1-x)\omega_{12} \quad (式\ 7.3)$$

地方政府选择严格监管与宽松监管的期望收益及平均期望收益分别为：

$$\omega_{21} = x(W_g - C_3) + (1-x)(\alpha W_g - T - C_3) \quad (式\ 7.4)$$

$$\omega_{22} = -(1-x)(\beta F_2 + T) \quad (式\ 7.5)$$

$$\bar{\omega}_2 = y\omega_{21} + (1-y)\omega_{22} \quad (式\ 7.6)$$

地矿企业选择发展绿色生产的动态方程为：

$$F(x) = \frac{\mathrm{d}x}{\mathrm{d}t} = x(\omega_{11} - \bar{\omega}_1) = x(1-x)[F_1(y\alpha - y\beta + \beta) - C_1]$$

$$(式\ 7.7)$$

求解该方程关于 x 的一阶导数可得：

$$F'(x) = (1-2x)[-C_1 - F_1(y\beta - y\alpha - \beta)] \quad (式\ 7.8)$$

政府选择严格监管策略的动态方程为：

$$F(y) = \frac{\mathrm{d}y}{\mathrm{d}t} = y(\omega_{21} - \bar{\omega}_2)$$

$$= y(1-y)[(\alpha + x - \alpha x)W_g + \beta(1-x)F_2 - C_3]$$

$$(式\ 7.9)$$

求解该方程关于 y 的一阶导数可得：

$$F'(y) = (1-2y)[(\alpha + x - \alpha x)W_g + \beta(1-x)F_2 - C_3]$$

$$(式\ 7.10)$$

令 $F(x) = 0, F(y) = 0$，可以得出系统的五个局部稳定点，即 $(0,0)$、$(0,1)$、$(1,0)$、$(1,1)$、(x^*, y^*)，其中 $x^* = \dfrac{C_3 - \beta F_2 - \alpha W_g}{W_g - \alpha W_g - \beta F_2}$，

$$y^* = \frac{C_1 - \beta F_1}{(\alpha - \beta)F_1}。$$

根据李亚普洛夫的系统稳定性充要条件研究结论,可以得到式 7.7 和式 7.9 的 Jacobin 矩阵及对应的行列式和矩阵的迹,为:

$$J = \begin{vmatrix} \frac{\partial F(x)}{\partial x} & \frac{\partial F(x)}{\partial y} \\ \frac{\partial F(y)}{\partial x} & \frac{\partial F(y)}{\partial y} \end{vmatrix} = \begin{vmatrix} a_{11} & a_{12} \\ a_{21} & a_{22} \end{vmatrix}$$

$$= \begin{vmatrix} (1-2x)[-C_1 - F_1(y\beta - y\alpha - \beta)] & x(1-x)F_1(\alpha - \beta) \\ y(1-y)(W_g - \alpha W_g - \beta F_2) & (1-2y)[W_g(\alpha + x - \alpha x) + \beta(1-x)F_2 - C_3] \end{vmatrix}$$

$$\det J = \frac{\partial F(x)}{\partial x} \cdot \frac{\partial F(y)}{\partial y} - \frac{\partial F(x)}{\partial y} \cdot \frac{\partial F(x)}{\partial x} \qquad trJ = \frac{\partial F(X)}{\partial X} + \frac{\partial F(y)}{\partial y}$$

当 $trJ<0$ 且 $\det J>0$ 时,即为系统的演化稳定策略(ESS),此时该演化博弈的局部稳定点的取值如表 7.3 所示。

表 7.3 演化博弈各局部均衡点

均衡点	a_{11}	a_{12}	a_{21}	a_{22}
(0,0)	$-C_1 + \beta F_1$	0	0	$\alpha W_g - C_3 + \beta F_2$
(0,1)	$-C_1 + \alpha F_1$	0	0	$C_3 - \alpha W_g - \beta F_2$
(1,0)	$C_1 - \beta F_1$	0	0	$W_g - C_3$
(1,1)	$C_1 - \alpha F_1$	0	0	$C_3 - W_g$
(x^*, y^*)	0	A	B	0

其中 $A = x^*(1-x^*)F(\alpha-\beta)$,$B = y^*(1-y^*)(W_g - \alpha W_g - \beta F_2)$。因为 $a_{11} + a_{12} = 0$ 不满足 $tr.J<0$ 的条件,所以 (x^*, y^*) 不是均衡稳定点。基于上述分析结果,本书讨论以下不同约束条件下地矿企业与政府之间演化博弈的稳定策略。

情况 1:$W_g<C_3$ 且 $\alpha F_1<C_1$,表示政府监管部门的投入高于其收益,且政府对因采用传统生产模式而制造污染的地矿企业惩罚力度较小。此时博弈均衡点为(0,0),鞍点为(0,1)和(1,0),不稳定点为(1,1),出于对利润的考虑,政府会选择宽松监管策略,地矿企业则倾向

于选择不发展绿色生产策略,市场被约束在一个绿色转型敏感度极低的状态,不利于地矿转型发展的建设。

情况 2：$W_g<C_3$ 且 $\beta F_1>C_1$,表示政府监管投入高于其监管收益,且政府加大对制造污染的地矿企业的惩罚力度时,博弈系统的均衡点为 (1,0)。此时地矿企业进行绿色生产的收益高于其选择传统生产模式的收益,地矿企业倾向于选择绿色生产模式；而政府监管成功时,政府也可以获得额外收益,因此政府更倾向于选择严格监管。

情况 3：$\alpha W_g>C_3-\beta F_2$ 且 $\alpha F_1<C_1$,表示政府对制造污染的地矿企业的惩罚力度不变,这可以增加政府的外在总收益（自身声誉、公信力等）。此时博弈系统的 ESS 均衡点为 (0,1),由于传统生产模式带来的收益大于绿色生产模式,且地矿企业对利润有最大化的考虑,将倾向于选择传统生产模式；政府监管成功时,政府会获得较高的收益,因此会选择严格监管。

情况 4：$\alpha W_g>C_3-\beta F_2$ 且 $\beta F_1>C_1$,表示在政府收益增大的同时,加大对企业传统生产导致污染的惩罚力度,博弈系统的 ESS 均衡点为 (1,1)。此时企业坚持传统生产模式被检举后受到的惩处力度较大,因此地矿企业趋向于选择绿色生产模式；而政府监管部门采取严格监管策略,不仅提升了自身的声誉和公信力,同时也消除了企业抗拒转型的想法,可以使市场发展达到最优状态。上述分析结果如表 7.4 所示。

表 7.4 博弈的局部稳定性分析

均衡点	情况 1			情况 2			情况 3			情况 4		
	trJ	$detJ$	稳定性	trJ	$detJ$	稳定性	trJ	$detJ$	稳定性	trJ	$detJ$	稳定性
(0,0)	−	+	稳定点	±	−	鞍点	±	−	鞍点	+	+	不稳定点
(0,1)	±	−	鞍点	+	+	不稳定点	−	+	稳定点	±	−	鞍点
(1,0)	±	−	鞍点	−	+	稳定点	+	+	不稳定点	±	−	鞍点
(1,1)	+	+	不稳定点	±	−	鞍点	±	−	鞍点	−	+	稳定点

7.1.4 结论与建议

通过上述分析结果可以看出,在不同博弈模型下,影响地矿企业绿色转型的因素也不尽相同。在完全信息状态下,影响地矿企业绿色转型的因素是企业转型的收益与成本;在非完全信息状态下,企业自身的成本收益、政府的监管力度都会影响企业的行为,因此政府应当制定相应的政策来督促和引导地矿企业进行转型发展。基于上述分析结果,本书提出以下几点建议:

(1)完善监督机制,创新治理模式。上述分析结果显示,政府的行为直接影响企业是否进行绿色转型发展,因此地方政府应制定相应的政策加以约束,如根据资源稀缺程度建立有偿使用制度,制定第三方监管激励政策,实现第三方监管的常态化和制度化,增加地矿企业的污染成本。同时,政府应不断完善治理模式,摒弃传统的"一刀切"治理模式,根据企业的实际经营状况,对同一区域内的地矿企业进行归类分组,并在小组内建立责任共担机制,倒逼地矿企业进行绿色转型发展。

(2)加大宣传力度,注重激励与引导。由上述博弈结果可知,地矿企业很难自发进行转型发展,因此政府应开展多形式的绿色教育活动,使地矿企业认识到转型发展的重要性及必然性。此外,政府应进一步完善区域生态补偿机制,拓宽生态补偿资金渠道,实现企业自身转型发展的目的。同时,政府应积极化解过剩产能,淘汰高污染的小矿区,发挥先进企业在推广绿色转型发展中的作用,推动地矿企业绿色转型升级。

(3)加大科技研发投入,助力企业绿色发展。阻碍地矿企业转型的主要因素是技术和成本,因此地矿企业要以此为切入点。首先,地矿企业要加大绿色技术科研投入,推进产业转型升级,注重资源回收、再制造等循环工程的建设;同时企业也应重视矿区内智能化建设,引进一体化绿色生产设备,实现矿区内高效清洁生产,降低企业的生产成本。其次,企业要注重对关键岗位人才的培养,定期邀请专家对其进行岗位技术培训,确保关键岗位员工能够掌握绿色生产技术,力求从源头上减少地矿企业对环境造成的污染。

7.2 绿色转型视角下地矿企业财务绩效研究——以中煤能源为例[①]

企业对社会经济绿色发展起着重要的作用,而地矿企业对自然资源和环境做出"重大贡献",对经济协调可持续发展承担了更大的责任。绩效评价有利于全面检查企业战略目标实施情况,在企业管理过程中扮演着重要的角色,因此对地矿企业绿色转型视角下绩效进行分析有助于企业更好地实现可持续发展的目标。企业在进行绩效评价时,优先考虑的是财务指标,财务指标有利于考查企业财务状况和经营成果。企业在绿色转型过程中,也需要重新构建财务绩效评价,通过进一步完善财务指标体系,能够有效从财务的角度对企业的经营情况进行评价,以此来说明企业绿色转型的发展效果,总结经验教训,助力企业长期高效发展。

通过研究我国地矿企业现有的财务绩效评价体系可以发现,以实现股东价值最大化为目标的财务绩效评价体系对作用于资源节约、污染物减排不明显,无法从财务角度去衡量低碳行为带来的具体效益。为更好地分析地矿企业绿色转型下财务绩效的状况,本部分研究选取行业内比较有代表性的中煤能源为研究对象,在以财务比率为主的传统经济评价体系中,增加用以反映地矿企业经营特性和资源消耗特性的绿色环保评价指标,构建煤炭企业财务绩效综合评价体系,对煤炭企业绿色转型视角下的财务绩效进行评价与分析。

本部分研究首先介绍中煤能源的基本情况和研究方法,其次构建绿色转型视角下地矿企业财务绩效评价指标体系,最后选取中煤能源2016—2020年数据对其财务绩效状况进行综合分析,发现中煤能源绿色转型存在的优势与不足,并提出优化建议。中煤能源的基本状况及研究方法在前文已有介绍,本部分就不再过多赘述,本部分主要就中煤能源生产经营及转型状况作一些介绍。

7.2.1 中煤能源生产经营及转型状况

1. 生产经营情况

在国内外复杂多变的形势下,中煤能源积极克服不利因素,不断加

[①] 朱金等.绿色转型视角下Z煤炭企业财务绩效评价研究[D].南昌:东华理工大学,2022.

大科技创新的研发投入,致力于升级机器设备,优化产能,改进管理模式,努力提升煤炭生产效率,降低煤炭开采、加工及运输过程产生的污染。

绿色高效的煤炭生产方式是中煤能源长久发展的基石。中煤能源的主要业务为煤炭生产和销售、煤化工及煤矿装备等。其中,煤炭生产和销售占中煤能源业务比重最大,如表7.5所示:2020年,煤炭业务营业收入为1 138.97亿元,占公司整体营业收入的80.81%,远高于煤化工业务、煤矿装备业务及金融业务等。从表7.5可以看出,2020年中煤能源煤炭业务的营业收入比上一年同比增加9.0%,而其他业务的营业收入与上一年相比增加28%,这说明中煤能源正在逐步向其他业务拓展,进一步巩固多元化发展战略。

表7.5 2020年中煤能源主营业务分行业情况

单位:亿元

项目	营业收入	营业成本	毛利率	同比增减		
				营业收入	营业成本	毛利率
煤炭业务	1 138.97	842.35	26.0%	9.0%	12.9%	-2.6%
煤化工业务	170.54	133.83	21.5%	-4.0%	-0.5%	-2.8%
煤矿装备业务	89.42	73.85	17.4%	8.1%	6.3%	+1.4%
金融业务	12.42	3.88	68.8%	5.1%	10.9%	-1.6%
其他业务	70.19	59.84	14.7%	28.0%	11.4%	+12.7%
公司	1 409.61	1 405.06	25.9%	9.0%	12.1%	-2.0%

数据来源:根据中煤能源2020年年报整理所得。

中煤能源在国内煤炭企业的排名靠前,每年都开采大量的煤炭,而煤炭行业作为高污染行业,企业在开采过程中势必会给环境造成一定的损害,因此环境问题是不容忽视的。近年来,中煤能源始终坚持绿色发展的理念,定期升级开采设备,改善生产工艺,最大限度实现了绿色生产。

2. 中煤能源绿色转型措施

(1)加大科技创新力度,建设煤炭大基地。科技创新是企业高质量发展的核心竞争力,中煤能源注重科技创新,始终把它放在企业发展的核心位置,秉承"安全、高效、绿色、智能"的技术发展理念,深化企业技术体制改革,在科技创新体系方面与国际一流能源企业接轨,关键核心技术获得突破,科技进步贡献率得到提高,企业实现了从生产型企业到科技创新型企业的转变(图7.1)。

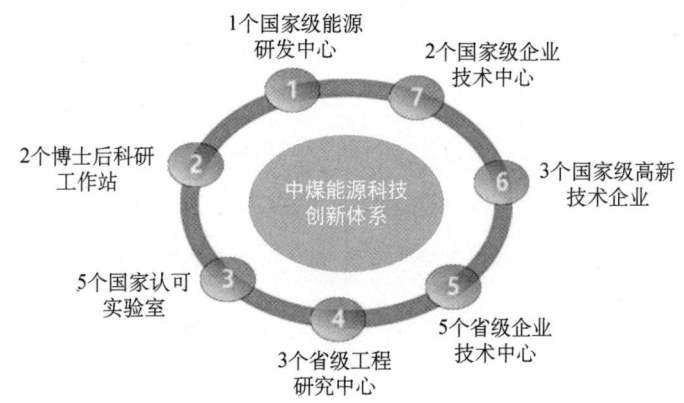

图 7.1 中煤能源技术创新体系图

(2)控制生产过程,实现清洁低碳。在污染物排放方面,中煤能源完善了"绿色中煤"管控体系,重视节能环保基础性工作,在生产过程中加强对污染物指标的监测监控,由组织开展的监督检查工作也成为一项常态化工作,以确保环保设施能够正常运行,污染物也能实现稳定达标排放。中煤能源的主要排放污染物是二氧化硫、氮氧化物、化学需氧量等;2016年,其排放量分别是 11 019 吨、7 596 吨、849 吨;2020 年,其排放量分别是 2 724 吨、4 006 吨、183 吨,呈现大幅下降的趋势。同时,中煤能源坚持以生态文明建设为己任,进一步将清洁生产理念贯彻于开采洗选过程,运用先进的开采装备,开采清洁节约的环保煤炭,在保持产量稳步增长的前提下,提高对外供给的能力和水平。

(3)加大环保设施改造,综合利用废弃物。中煤能源以打造新型先进煤化工产业为目标,树立清洁高效、循环利用的发展理念,不断推进循环经济的进程,同时兼顾区域经济、社会与自然环境的发展。其中子公司平朔煤业形成了以煤为基础向电、铝及建材延伸的工业产业链和以土

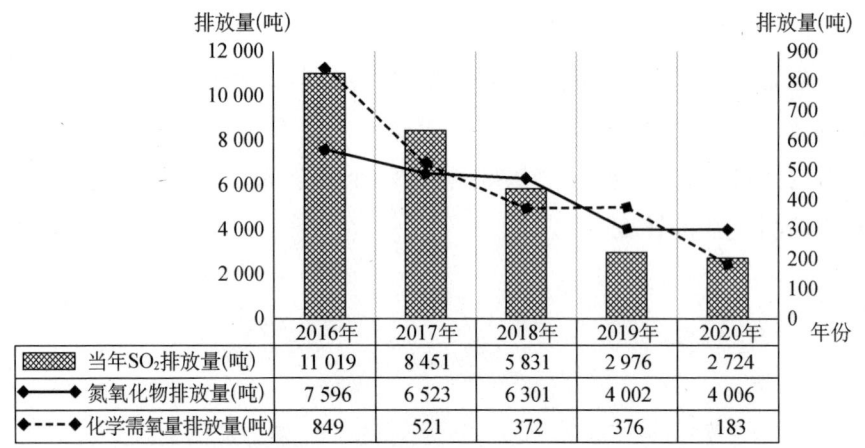

图7.2 2016—2020年中煤能源主要污染物排放量变化趋势图

数据来源：根据中煤能源2016—2020年年报整理所得。

地复垦为主结合牧、药、生态旅游为辅的生态产业链；上海能源公司以煤电铝运产业链为核心，构建"一纵五横"循环经济框架（图7.3）。2016年以来，中煤能源不断加大对环保相关的支出，重点用于企业煤电厂节能减排项目的升级及超低排放的改造上。此外，在工业废水排放处理上，中煤能源启动多地水资源循环利用改良项目，显著提升矿区对废水的利用率；在对产生废气的治理上，设置排放超标淘汰机制，并设立专项储备资金，用于矿场扬尘、污水挥发物的处理上；针对企业固体废弃物的处理，对于煤矸石的利用始终是中煤能源关注的重点，通过对相应设备进行改造升级，实现煤矸石回收率的稳步提升。

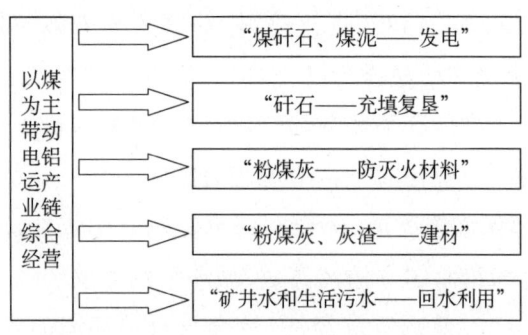

图7.3 上海能源"一纵五横"循环经济框架

7.2.2 绿色转型视角下地矿企业财务绩效综合评价体系构建

目前,学术界对地矿企业绿色转型视角下财务绩效评价体系的构建尚未达成一致的观点。本书基于相关学者的研究,尝试构建一套具有科学性、可行性、通用性的财务绩效综合评价指标体系。在构建该体系之前,首先要结合当前地矿企业财务绩效评价体系存在的不足,区分绿色转型视角下财务绩效评价目标定位之不同,阐述具体的构建原则,在此基础上进行评价指标的选取。流程如图7.4所示。

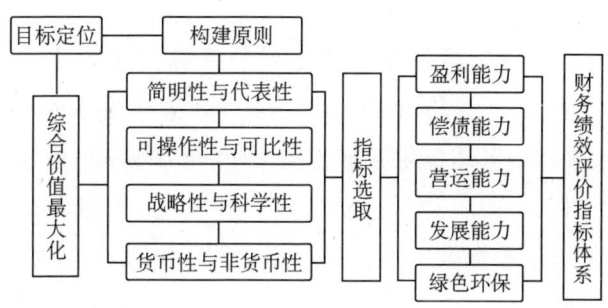

图7.4 绿色转型视角下地矿企业财务绩效评价体系构建流程

1. 构建指标体系的目标

在构建指标体系过程中,主要是对现有指标评价体系的不足进行改进,现有的评价指标体系呈现出指标覆盖面较小、指标之间缺乏一定关联性等问题。本书希望能够在此基础上设计出一套指标覆盖面广、指标之间相互融合并能全面反映出绿色转型视角下企业财务绩效变化状况的财务绩效指标体系,故构建财务绩效指标体系的目标如下。

首先,便于全方位反映煤炭企业的绿色转型状况。具体而言,按照一定的方法运算该指标评价体系后,能够明确地矿企业绿色转型下的财务状况以及地矿企业在绿色转型发展中的优势和劣势,从而能够对症下药,为地矿企业的战略选择提供参考。其次,能够将定性指标定量化。具体而言,通过量化地矿企业绿色转型的状况,在地矿企业之间进行横向对比和纵向对比,促使企业经营管理者掌握全局,补充企业短板,发挥企业优势,增强企业自身综合实力。

2. 指标体系构建原则

绿色转型视角下财务绩效评价体系构建的核心内容是体系维度的确定与指标的选取。随着我国加快推进低碳化发展进程，绿色转型成为地矿企业的首要选择，但企业传统的评价体系日渐暴露出不足之处，在减排和对资源进行有效利用等方面更是兼顾不到，没有符合当前可持续发展的要求。因此，构建绿色转型视角下的评价体系需要遵循以下原则：

1）简明性与代表性原则

构建财务绩效评价指标体系时应充分考虑企业所处的外部环境及企业自身具体情况，所选指标要涵盖经济指标与相关绿色环保指标。理论上讲，选取指标越多越能够反映企业的经营状况，但是容易出现部分评价内容重复的现象，导致所选指标缺乏代表性，不能保证评价的有效性。而且企业部分数据获取与处理较为困难，所以在选取评价指标时，要在满足简明性与代表性的基础上完成，一方面所选指标要简要精炼，便于后续对指标数据进行处理及分析；另一方面能从实际出发，选取能够反映行业特征的指标。

2）可操作性与可比性原则

能够合理量化处理是选取指标所要重点关注的问题之一，要尽可能地将反映企业绿色环保方面的指标加以量化处理，也要注重指标的可操作性，如所选指标能否按照相关标准加以计量。同时，要着重选取能够代表企业各维度经营状况的定量指标，并且要保证所选指标能够运用适当的方法进行评价，通过方法的处理使得各指标之间具备可比性。此外，选取指标时要考虑所选运用计算数据获取的可靠性与可获得性，便于后续指标的计算，也要能够体现企业绿色转型下的财务绩效变化状况，推动企业绿色可持续发展。

3）战略性与科学性原则

科学性是指标选取的前提，同时也要能够与企业整体的经营目标相吻合，还要体现出企业战略需求。由于企业不同节点具体战略目标不尽相同，在指标选取时应适当进行调整，如当前绿色转型是煤炭企业的发展趋势,因此选取指标要紧跟形势,选取能够体现企业循环利用、节能减排相关的指标,从而充分反映企业绿色转型下的财务状况。同时,所选指标要科学有效,要参考国家关于财务绩效体系制定的相关规定,也要借鉴国内外学者的研究成果,切实制定行而有效的评价体系。

4)货币性与非货币性结合原则

通常情况下,企业在构建财务绩效评价指标体系时仅包括财务维度相关数据。而基于绿色转型视角来评价企业财务绩效时更为复杂,不仅要选取财务指标,也要结合煤炭行业发展的时代背景,从设定考评内容的特点出发,适当选取能够反映企业资源利用、废弃物排放及其他绿色环保相关的非货币计量指标,确保所选指标能够涵盖企业财务效益及与经营状况相关的环境状况指标,将两者充分融合起来,进而全面地权衡企业财务绩效的综合变化状况,便于企业绿色发展战略的实施与调整。

3. 指标体系构建思路

在设计企业财务绩效评价指标时,首先应对国家法律规范等进行考虑;其次对设计企业财务绩效评价指标的目的进行分析,根据不同的目的选取能反映其目的的评价指标,绿色转型视角下要多角度和多层次对企业的财务评价体系进行构建与分析,财务绩效评价不仅要能对企业的经营业绩进行分析,还应该能反映企业的经营发展过程中对环境资源等的影响。

本书所构建的绿色转型视角下的财务绩效评价体系包括目标层、准则层及方案层。目标层是整个构建体系的出发点,指的是中煤能源企业财务绩效评价体系;准则层是对目标进行维度分解,指标主要分为传统财务绩效评价指标和新加入的能反映企业绿色环保的指标;方案层是对准则层指标的更深一步的阐释。因而,建立绿色转型视角下的评价指标,应该引入能充分反映节能减排、对能源的消耗量等相关绿色环保指标。

4. 财务绩效评价指标选取

绿色转型视角下的财务绩效评价指标的选取是财务绩效评价体系的核心,只有当所选取的指标适用于该行业,才能使行业通过绩效评价优化其后续战略开展。此外,出于对行业长远可持续发展的考虑,企业的经济绩效评价中应当体现环保状态。因此,本书借鉴孙梅梅、沈宏益

(2016)等学者的观点,在原有企业财务状况综合评价中纳入反映企业绿色理念的相关指标,并在原有财务绩效评价指标的基础上增加绿色环保相关考评指标,以此对绿色转型视角下企业经营活动开展的情况进行更为全面的比较评价。由于本部分研究中选取的传统的财务指标在前文基本已经涉及,本部分对其内涵不过多赘述。

在对企业的财务绩效进行评价分析时,评价体系的构建是比较关键的部分,因为评价指标都是可量化的客观数据,是可以与其他数据进行比较的。本书所运用指标是在他人研究成果基础上依据本行业特色选取的,可供借鉴的评价指标体系如表7.6所示。

表7.6 部分学者财务绩效评价指标体系总结

序号	年份	作者	题目	建立体系
1	2020年	刘炫廷等	基于绿色发展理念的企业财务绩效评价体系构建及运用	5个一级指标(盈利能力状况、资产质量状况、债务风险状况、经营增长状况、低碳能力状况)和19个二级指标
2	2020年	王琦琪	低碳经济下电力企业财务绩效评价体系构建	5个静态一级指标(偿债能力、运营能力、盈利能力、发展能力、低碳能力)和39个二级定量指标
3	2016年	赵含笑	低碳经济下煤电企业财务绩效评价研究——以中国神华为例	5个静态一级指标(偿债能力、运营能力、盈利能力、发展能力、低碳能力)和17个二级指标
4	2016年	孙梅梅等	基于绿色发展理念的企业财务状况综合评价	5个一级指标(偿债能力、运营能力、盈利能力、发展能力、环境保护与治理能力)和22个二级指标
5	2012年	王红娟	基于绿色会计理念的环保财务评价体系研究	4个一级指标(环境活动总体情况、环境支出结构、环境收益结构、非货币化指标)和16个二级指标
6	2011年	陈幼敏	基于灰色系统的低碳经济企业财务绩效综合评价	5个静态一级指标(偿债能力、运营能力、盈利能力、发展能力、低碳能力)和21个二级指标
7	2011年	杨艾	低碳经济条件下企业财务评价指标体系重构	5个静态一级指标(偿债能力、运营能力、盈利能力、发展能力、低碳能力)和19个二级指标

资料来源:根据文献整理所得。

参考上述相关文献,依据行业特征,结合专家相关意见,确定本书财

务绩效评价指标如下:

(1) 盈利能力指标。利润最大化是每个企业都追寻的目标,其利润涉及多个利润群体:企业投资者关心他们的投资是否有回报,回报有多少;政府关心企业能缴纳多少企业所得税;企业员工关心企业能为他们发放多少薪酬和福利;企业自身也要考虑能否长远发展,这些归根结底都要看企业能否盈利。因此,选择总资产报酬率、净资产收益率、主营业务毛利率三个传统盈利指标;此外,再加入环保收益率指标。环保收益率表示煤炭采选企业在一定时间内通过对绿化、环境的管理而获取的收益,是企业环保收入占营业利润的比值,该指标值越高,说明企业对环境治理投入获得的效益越好。结合文献中对企业环保收益的说明及企业自身具体情况,本书在计算环保收入时主要以企业进行技术改造及环保项目收到的补贴来衡量。

(2) 偿债能力指标。市场上绝大部分的企业在运营过程中不仅需要依靠股东的投入资金和企业的利润积累,还要通过举债的方式解决企业运转资金不够的问题。但是有借就有还,为衡量煤炭采选企业的还款能力,选取资产负债率、速动比率、现金比率三个传统偿债能力指标;此外,再加上环境负债率指标。环境负债率反映企业由于环境污染或损害而产生的负债情况。一般情况下,该比率越小,说明企业的环保意识越强,相应的环境风险就越小;比率较高的企业,其发展存在一定的隐患。

(3) 运营能力指标。企业的运营能力主要反映了对自有资产的利用效率。运营能力越高,说明企业盈利能力也越好。为衡量煤炭采选企业的运营能力,选取存货周转率、应收账款周转率、总资产周转率三个传统营运能力指标;另外,再加上环保治理投资率。环保治理投资率将环保支出与企业营业收入联系在一起,旨在计算企业将多少利润投资于后续的环境治理,这在一定程度上反映了企业对可持续发展的重视程度。

(4) 发展能力指标。企业发展能力是利益相关者异常关心的指标之一,因为它与企业的长久发展、投资者的投资回报率以及债权债务风险息息相关。在此,选取主营业务收入增长率、总资产增长率、资本保值增值率三个传统发展能力指标;另外,加上营业收入硫排放量指标,用于反映企业污染排放状况。营业收入硫排放量计算企业获取单位营业收入所要产生的二氧化硫排放量。二氧化硫是煤炭企业的主要污染气体,将二氧化硫与经济利益挂钩,能够直观评价企业后续可持续发展的内生动力。

(5) 绿色环保指标。该指标是从资源投入→废物排放→能源消耗这一过程出发,企业对环境保护的投入,用来衡量企业绿色化进程与环保参与度的指标。结合煤炭企业具体情况,本部分研究选取如下指标:万元产值综合能耗,该指标反映的是企业年能源消耗量与年工业总产值的比值;低碳研发费用率,由于高污染企业通常将研发费用作用在技术改进,降污减排上,低碳研发费用率是企业研发费用与营业收入之比;单位收入排废量,该指标反映的是企业"三废"排放量与主营业务收入的比值;煤矸石综合利用率,煤矸石是煤炭企业生产经营过程中制造的固体废弃物之一,对它的回收利用情况能够用来表示企业的资源利用率。矿井水利用率,矿井水是地下水在煤炭开采中与煤层、岩层接触发生一系列生化反应后形成的污水,矿井水利用率反映企业对矿井水的处理利用情况;煤矿采区回采率,煤矿采区回采率是实际开采出的煤矿量占采区动用储量的比重,此值衡量企业对煤炭资源的利用情况,数值越高说明煤炭开采中的资源浪费越少。

基于上述分析,本部分研究在传统财务评价指标体系设计基础上进行了一定的创新,在传统的财务评价体系中引入了绿色环保维度的指标,共构建了5个准则层指标,包括22个定量指标。绿色转型视角下的煤炭企业财务绩效评价指标基本框架如表7.7所示。

表7.7　绿色转型视角下煤炭企业财务绩效评价指标基本框架

目标层 A	准则层 B	方案层 C		
		指标	指标的计算方法	指标属性
绿色转型视角下煤炭企业财务绩效评价体系	偿债能力指标 B1	资产负债率 C1	负债合计/资产合计	负向
		速动比率 C2	速动资产/流动负债	正向
		现金比率 C3	现金及现金等价物期末余额/流动负债	正向

(续表)

目标层 A	准则层 B	方案层 C		
		指标	指标的计算方法	指标属性
绿色转型视角下煤炭企业财务绩效评价体系	偿债能力指标 B1	环境负债率 C4	环境负债/流动负债	负向
	运营能力指标 B2	存货周转率 C5	营业成本/存货平均占用额	正向
		应收账款周转率 C6	营业收入/应收账款平均占用额	正向
		总资产周转率 C7	销售收入/平均资产总额	正向
		环境治理投资率 C8	环境投资额/营业收入	正向
	盈利能力指标 B3	总资产报酬率 C9	(利润总额+财务费用)/平均资产总额	正向
		净资产收益率 C10	净利润/股东权益平均余额	正向
		主营业务毛利率 C11	主营业务毛利额/主营业务收入	正向
		环保收益率 C12	环保收益/营业利润	正向
	发展能力指标 B4	主营业务收入增长率 C13	(本期主营业务收入−上期主营业务收入)/上期主营业务收入	正向
		总资产增长率 C14	本年总资产增长额/年初资产总额	正向
		资本保值增值率 C15	年末所有者权益/年初所有者权益	正向
	绿色环保指标 B5	营业收入硫排放量 C16	硫排放总额/营业收入(吨/万元)	负向
		万元产值综合能耗 C17	企业能源消耗量/工业总产值	负向
		低碳研发费用率 C18	研发费用/营业收入	正向
		单位收入排废量 C19	企业"三废"排放量/主营业务收入	负向

205

(续表)

目标层 A	准则层 B	方案层 C		
		指标	指标的计算方法	指标属性
绿色转型视角下煤炭企业财务绩效评价体系	绿色环保指标 B5	煤矸石综合利用率 C20	煤矸石综合利用量/煤矸石产生量	正向
		煤矸石综合利用率 C20	煤矸石综合利用量/煤矸石产生量	正向
		矿井水利用率 C21	矿井水利用量/矿井水产生量	正向
		煤矿采区回采率 C22	采区采出煤量/采区动用储量	正向

5. 评价方法的确定

在煤炭企业绿色转型视角下研究财务绩效评价指标体系，由于每个指标的性质及隶属层次不同，对煤炭企业发展所起的作用不同，各个指标对整个评价体系的重要性也不一样。如果指标权重分配不合理，这会导致评价对象优劣顺序改变，甚至得到截然不同的或违背事实的评价结论，所以权数的合理性、准确性直接影响评价结果的可靠性。因此采用层次分析及熵权对该指标体系权重进行确定，运用线性加权进一步计算综合财务绩效得分。

1）运用 AHP 层次分析法确定主观权重

第一，建立层次结构模型。

递阶层次从上至下共分为三个层级，上层因素对下层因素起主导作用。最顶层为整个财务绩效评价体系的目标层，最底层为具体的方案层，中间层为准则层或指标层，如图 7.5 所示。

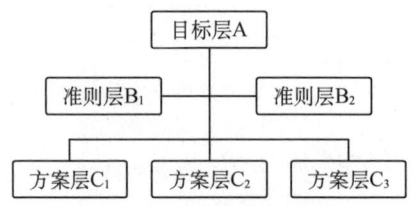

图 7.5　层次分析结构

最顶层又称目标层,该层级只有一个元素,通常是用来表示要分析问题的预设目标,本书的目标层即为煤炭企业绿色转型视角下财务绩效评价指标体系;中间层又称为准则层,该层次中包含了为实现目标所涉及的中间环节,它可以由若干个层次组成,包括所需考虑的准则、子准则,本书选取的准则层,即一级指标包括盈利能力、发展能力、偿债能力、运营能力及绿色环保共5个方面;最底层又称为方案层,该层是为实现目标所设置的决策方案,本书的方案层为具体的二级指标,如总资产报酬率、低碳研发费用率等。

第二,构造成对比较矩阵。

上述层次结构模型构建完成后,需要对目标层及准则层的因素代表及子准则层的指标代表相对重要性进行两两比较,从而得到构造判断矩阵。例如,上述目标层的因素代表 $B_1, B_2, \cdots, B_n$ 对于上一层中因素 A 的相对重要性,得到判断矩阵 $A = (a_{ij})n*n$,其中 a_{ij} 的取值方法是1-9的比较比例标度,各标度含义如表7.8所示。

表7.8 比例标度及其含义

标度值	含义
1	表示两元素相比,具有同等重要性
3	表示两个元素相比,一个元素比另一个元素稍重要
5	表示两个元素相比,一个元素比另一个元素明显重要
7	表示两个元素相比,一个元素比另一个元素强烈重要
9	表示两个元素相比,一个元素比另一个元素极端重要
2,4,6,8	如果成对事物的差别介于两者之间时,可取上述相邻判断的中值
上述各数的倒数	若元素 i 与元素 j 的重要性之比为 a_{ij},则元素 j 与元素 i 重要性之比为 $a_{ji} = 1/a_{ij}$

第三,计算最大特征值 $\lambda_{\max}$ 和特征向量 W。

求特征向量 $W = (W_1, W_2 \cdots, W_n)^T$ 常用的方式有两种:根法和积法,本书采用第一种,具体公式如下:

$$w_i = \sqrt[n]{\prod_{j=1}^{n} a_{ij}} \quad (i \text{ 表示行号}, j = 1, 2, \cdots, n) \quad (式7.11)$$

再将 W 归一化后，判断矩阵 A 的最大特征 $\lambda_{\max}$ 可有如下公式近似得到：

$$\lambda_{\max} = \frac{1}{n}\sum_{i=1}^{n}\frac{(AW)_i}{w_i} \quad (i=1,2,\cdots,n) \quad （式7.12）$$

第四，一致性检验。

在进行两两比较判断时，比较过程的主观性可能会对结果产生较大误差，因此要对判断矩阵进行一致性检验。CI（一致性指标）可以用来判断矩阵是否一致：

$$CI = \frac{\lambda_{\max} - n}{n - 1} \quad （式7.13）$$

为衡量 CI 的大小，引入随机一致性指标 RI，对于不同 n 阶判断矩阵其对应的 RI 值如表7.9所示。

表7.9 n 阶判断矩阵的 RI 值对照

矩阵阶数	1	2	3	4	5	6	7	8	9
RI	0.00	0.00	0.52	0.89	1.12	1.26	1.36	1.41	1.46

计算机随机一致性比例：

$$CR = \frac{CI}{RI} < 0.10 \quad （式7.14）$$

当 $CR<0.10$ 时，说明权重可用，否则需要调整原矩阵。

第五，层次总排序。

层次总排序是将相同层级的单排序结果进行整合，进而计算出相对于总目标的相对重要程度的权重，总排序结果需要自上而下逐级进行计算，假如上一层所有元素 $A_1,A_2,\cdots,A_m$ 已经完成总排序并得到权重为 $a_1,a_2,\cdots,a_m$，与 A_j 对应的本层元素 $B_1,B_2,\cdots,B_n$ 的单层排序结果为 $b_{1j},b_{2j},b_{3j},\cdots,b_{nj}$。若 B_j 与 A_i 无关，则 $b_{ji}=0$，本层元素的组合权重根据表7.10计算。

表 7.10 层次总排序计算

层次 A	A_1 a_1	A_2 a_2	...	A_m a_m	B 层次的总排序
B_1	b_{11}	b_{12}	...	b_{1m}	$\sum_{j=1}^{m} a_j b_{1j}$
B_2	b_{21}	b_{22}	...	b_{2m}	...
...	...	...	...	...	...
B_n	b_{n1}	b_{n2}	...	b_{nm}	$\sum_{j=1}^{m} a_j b_{nj}$

其中，

$$\sum_{i=1}^{n} \sum_{j=1}^{m} a_j b_{ij} = 1 \quad \text{（式 7.15）}$$

第六，总排序结果一致性检验。

同层次单排序类似，总排序结构也需要进行一致性检验，若 B 层某些元素相对于 A_j 单排序的一致性指标为 CI_j，相应的随机一致性检验指标为 CR_j，则 B 层总排序一致性检验比率为：

$$CR = \frac{\sum_{j=1}^{m} a_j CI_j}{\sum_{j=1}^{m} b_j RI_j} \quad \text{（式 7.16）}$$

同理，当 $CR<0.10$ 时，一致性可以接受。

2）运用熵权法确定客观权重

（1）原始数据标准化处理。当指标为正向指标时，其标准化处理如下：

$$x'_{ij} = \frac{x_{ij} - m_j}{M_j - m_j} \quad \text{（式 7.17）}$$

其中，M_j 为 X_{ij} 最大值，m_j 为 X_{ij} 最小值。

当指标为负向指标时，其标准化处理如下：

$$x'_{ij} = \frac{M_j - x_{ij}}{M_j - m_j} \quad \text{（式 7.18）}$$

（2）为了避免在后续计算过程中由于标准化数值较小出现计算结果为 0 的情况，现统一将标准化数值进行平移处理。

$$x''_{ij} = H + x'_{ij} \qquad \text{(式 7.19)}$$

其中，H 为指标平移的幅度，此处 H 值取 0.000 1。

（3）计算第 j 项指标下第 i 个方案占该指标的比重。

$$y_{ij} = \frac{x''_{ij}}{\sum_{i=1}^{n} x''_{ij}} \qquad \text{(式 7.20)}$$

（4）计算第 j 项指标的熵值。

$$e_j = -\frac{1}{\ln n} \sum_{i=1}^{n} y_{ij} \ln y_{ij} \qquad \text{(式 7.21)}$$

（5）第 j 项指标的差异系数为：

$$d_j = 1 - e_j \quad (j = 1, 2, \cdots, m) \qquad \text{(式 7.22)}$$

（6）第 j 项指标的权重为：

$$w_j = \frac{d_j}{\sum_{j=1}^{m} d_j} \quad (j = 1, 2, \cdots, p) \qquad \text{(式 7.23)}$$

3）综合权重确定

关于综合权重的计算问题，不同学者对其的看法不尽相同，并且计算方式不同所呈现的结果会有所不同，通过对文献的梳理，本书借鉴李朋林和陆浩杰（2015）关于对两种权重的组合方式来确定最终权重。假设 w_t 为两种赋权方法组合后的综合权重，w_t 表示 w_t^i 和 w_t^j 的线性组合 $t = 1, 2, \cdots, n$，即：

$$w_t = T \cdot w_t^{(i)} + (1 - T) w_t^{(j)} \qquad \text{(式 7.24)}$$

其中 T 为 AHP 主观权重占综合权重的比例，w_t^i 为第 t 个指标 AHP 权重，$1-T$ 为熵权法客观权重占综合权重比例，w_t^j 为第 t 个指标熵权法权重。

以综合权重与 AHP 权重之间的偏差以及综合权重与熵权法权重之间偏差平的平方和最小为目标建立函数,即:

$$\min x = \sum_{i=1}^{n}[(w_t - w_t^{(i)})^2 + (w_t - w_t^{(j)})^2] \quad (式7.25)$$

将式 7.24 带入到式 7.25 求导并令一阶导数为 0,解得方程 $T = 0.5$,即最终得到:

$$w_t = 0.5w_i + 0.5w_j \quad (式7.26)$$

其中,w_t 为综合权重,w_i 为 AHP 层次分析法确定的主观权重,w_j 为熵权法确定的客观权重。

4) 线性加权确定评价值

确定煤炭企业低碳经济评价中各指标的权重大小,最终目的在于得出企业的综合得分,对企业绿色转型视角下财务绩效做出综合评价。如果综合评价值用 s_j 表示,则计算公式为:

$$s_j = \sum_{i=1}^{m} y_{ij} w_t \quad (式7.27)$$

其中,y_{ij} 表示第 j 项指标下第 i 个方案占 j 项指标的比重,w_t 表示第 i 项指标权重,s_j 表示第 j 个样本的综合评价值。由于 y_{ij} 都是正向指标,所以 s_j 值越大,表明该煤炭企业绿色转型视角下财务绩效越好。

7.2.3 绿色转型视角下的中煤能源财务绩效纵向评价分析

1. 样本选取及数据来源

煤炭企业绿色转型视角下的财务绩效评价既可以对某单一企业进行连续的纵向动态评价,也可以在某一特定时间对多个煤炭企业进行横向比较。中煤能源是煤炭行业的领军企业,企业早在 2011 年就初步构建了绿色发展体系,并且相关数据披露得较为完整,因此,本部分研究选取中煤能源作为评价对象,对该企业绿色转型视角下的财务绩效进行综合评价,以期为同行业企业提供参考依据。

指标体系从前述提及的偿债能力、运营能力、盈利能力、发展能力及绿色环保五个方面展开,一共包括 22 个具体指标。中煤能源 2016—

2020年的22个评价指标原始数据均来自公司披露的年报及国泰安数据库,其原始数据如表7.11所示。

表7.11 2016—2020年中煤能源财务绩效评价原始数据表

一级指标	二级指标	2016年	2017年	2018年	2019年	2020年
偿债能力	资产负债率	0.5784	0.5737	0.5818	0.5693	0.5603
	速动比率	0.6049	0.6582	0.6829	0.5600	0.7979
	现金比率	0.1611	0.1605	0.1209	0.1451	0.2175
	环境负债率	0.0026	0.0017	0.0021	0.0226	0.0018
运营能力	存货周转率	5.6726	7.3906	9.3390	11.3284	13.7322
	应收账款周转率	6.9938	11.4453	17.8303	21.1998	19.3686
	总资产周转率	0.2431	0.3306	0.4032	0.4817	0.5087
	环保治理投资率	0.0111	0.0082	0.0063	0.0050	0.0045
盈利能力	总资产报酬率	0.0285	0.0383	0.0485	0.0629	0.0608
	净资产收益率	0.0290	0.0427	0.0574	0.0754	0.0740
	主营业务毛利率	0.3389	0.3278	0.2892	0.2810	0.2596
	环保收益率	0.0100	0.0059	0.0044	0.0053	0.0032
发展能力	主营业务收入增长率	0.0248	0.3391	0.2882	0.2440	0.0905
	总资产增长率	-0.0589	0.0287	0.0506	0.0307	0.0335
	资本保值增值率	1.0194	1.0402	1.0402	1.0607	1.0547
	营业收入硫排放量	0.0018	0.0010	0.0006	0.0002	0.0002
绿色环保	万元产值综合能耗（吨/万元）	1.6060	1.3520	1.3570	1.3710	1.3960
	低碳研发费用率	0.0008	0.0009	0.0021	0.0022	0.0037
	单位收入排废量	0.3853	0.3430	0.2230	0.2120	0.1723
	煤矸石综合利用率	0.8490	0.8890	0.8470	0.8920	0.8940
	矿井水利用率	0.7960	0.6120	0.6830	0.8980	0.9330
	煤矿采区回采率	0.9150	0.9150	0.9090	0.9060	0.8940

数据来源:国泰安数据库及中煤能源2016—2020年度年报、社会责任报告。

2. AHP主观权重计算

在确定绿色转型视角下煤炭企业财务绩效评价指标体系后,借鉴前人研究成果,结合专家调查法确定判断矩阵中指标的相对标度,调查使用问卷见附录 A。本次共发放 15 份专家调查问卷,收回 15 份。专家的情况如下:高校教授 6 名,6 名教授主要在绿色经济、碳信息披露等领域进行多年深入研究;煤炭企业员工 7 名,包括公司管理层、研发团队、财务管理者,以及需要去矿区从事开采工作的员工;政府机构财务部门专家 2 名,其根据自身知识储备与工作经验对指标重要性进行标度。将收回的调查报告加以整理,综合衡量专家意见,以每个指标分值的众数作为参考确定最终指标得分,进而构造成对比较矩阵,如表 7.12 至表 7.17 所示。

表 7.12 目标层 A-B 判断矩阵

目标层 A	B1	B2	B3	B4	B5
偿债能力 B1	1	2	1/4	3	4
运营能力 B2	1/2	1	1/5	2	3
盈利能力 B3	4	5	1	4	7
发展能力 B4	1/3	1/2	1/4	1	2
绿色环保 B5	1/4	1/3	1/7	1/2	1

其中,$\lambda_{max} = 5.264\ 5$;$CI = 0.066\ 1$;$RI = 1.12$;$CR = 0.059\ 0 < 0.1$,符合一致性检验

表 7.13 偿债能力 B1-C 判断矩阵

偿债能力 B1	C1	C2	C3	C4
资产负债率 C1	1	3	4	6
速动比率 C2	1/3	1	3	5
现金比率 C3	1/4	1/3	1	4
环境负债率 C4	1/6	1/5	1/4	1

其中,$\lambda_{max} = 4.205\ 0$;$CI = 0.068\ 3$;$RI = 0.89$;$CR = 0.076\ 8 < 0.1$,符合一致性检验

表 7.14 营运能力 B2-C 判断矩阵

运营能力 B2	C5	C6	C7	C8
存货周转率 C5	1	1/3	3	5
应收账款周转率 C6	3	1	5	7
总资产周转率 C7	1/3	1/5	1	2
环保治理投资率 C8	1/5	1/7	1/2	1

其中,$\lambda_{max} = 4.068\ 4$;$CI = 0.022\ 8$;$RI = 0.89$;$CR = 0.025\ 6 < 0.1$,符合一致性检验

表 7.15 盈利能力 B3-C 判断矩阵

盈利能力 B3	C9	C10	C11	C12
总资产报酬率 C9	1	1/5	1/2	4
净资产收益率 C10	5	1	3	6
主营业务毛利率 C11	2	1/4	1	7
环保收益率 C12	1/4	1/6	1/7	1

其中,$\lambda_{max}=4.1527$;$CI=0.0509$;$RI=0.89$;$CR=0.0572<0.1$,符合一致性检验

表 7.16 发展能力 B4-C 判断矩阵

发展能力 B4	C13	C14	C15	C16
主营业务收入增长率 C13	1	3	4	6
总资产增长率 C14	1/3	1	2	4
资本保值增值率 C15	1/4	1/2	1	2
营业收入硫排放量 C16	1/6	1/4	1/2	1

其中,$\lambda_{max}=4.0457$;$CI=0.0152$;$RI=0.89$;$CR=0.0171<0.1$,符合一致性检验

表 7.17 绿色环保能力 B5-C 判断矩阵

绿色环保能力 B5	C17	C18	C19	C20	C21	C22
万元产值综合能耗 C17	1	1/3	2	4	4	3
低碳研发费用率 C18	3	1	2	6	6	5
单位收入排废量 C19	1/2	1/2	1	3	3	2
煤矸石综合利用率 C20	1/4	1/6	1/3	1	1	1/2
矿井水利用率 C21	1/4	1/6	1/3	1	1	1/2
煤矿采区回采率 C22	1/3	1/5	1/2	2	2	1

其中,$\lambda_{max}=6.1122$;$CI=0.0224$;$RI=1.26$;$CR=0.0178<0.1$,符合一致性检验

运用 Excel 软件,根据公式分别计算一级指标和二级指标权重,最终得出每个指标的 AHP 综合权重,如表 7.18 所示。

表 7.18 总层次权重

目标层	准则层	权重 w_1	指标层	权重 w_{11}	权重 $w_i = w_1 * w_{11}$
绿色转型视角下中煤能源财务绩效评价体系 A	偿债能力 B1	0.209 0	资产负债率 C1	0.532 5	0.111 3
			速动比率 C2	0.273 4	0.057 1
			现金比率 C3	0.138 9	0.029 0
			环境负债率 C4	0.055 2	0.011 5
	运营能力 B2	0.131 9	存货周转率 C5	0.264 8	0.034 9
			应收账款周转率 C6	0.566 9	0.074 8
			总资产周转率 C7	0.107 0	0.014 1
			环保治理投资率 C8	0.061 2	0.008 1
	盈利能力 B3	0.517 8	总资产报酬率 C9	0.144 0	0.074 6
			净资产收益率 C10	0.557 9	0.288 9
			主营业务毛利率 C11	0.247 7	0.128 3
			环保收益率 C12	0.050 3	0.026 0
	发展能力 B4	0.088 9	主营业务收入增长率 C13	0.551 9	0.049 0
			总资产增长率 C14	0.242 1	0.021 5
			资本保值增值率 C15	0.134 0	0.011 9
			营业收入硫排放量 C16	0.072 0	0.006 4
	绿色环保 B5	0.052 4	万元产值综合能耗 C17	0.226 7	0.011 9
			低碳研发费用率 C18	0.407 6	0.021 4
			单位收入排废量 C19	0.163 5	0.008 6
			煤矸石综合利用率 C20	0.055 6	0.002 9
			矿井水利用率 C21	0.055 6	0.002 9
			煤矿采区回采率 C22	0.091 0	0.004 8

由于本书数据使用 Excel 软件进行最终处理,在保留小数位数时会导致数据有 0.000 1 的偏差,不过不影响整体评价,在此忽略不计。

根据公式 7.16 对其总排序结果进行检验可得:

$$CR = \frac{\sum_{j=1}^{m} a_j CI_j}{\sum_{j=1}^{m} b_j RI_j}$$

$$= \frac{0.068\ 3\times0.209\ 0+0.022\ 8\times0.131\ 9+0.050\ 9\times0.517\ 8+0.015\ 2\times0.088\ 9+0.022\ 4\times0.052\ 4}{0.89\times0.209\ 0+0.89\times0.131\ 9+0.89\times0.517\ 8+0.89\times0.088\ 9+1.26\times0.052\ 4}$$

$$= 0.050\ 8 < 0.1$$

可知,符合一致性检验。

3. 采用熵权法计算客观权重

第一步,原始数据处理。利用式 7.17 和式 7.18 分别对正向指标和负向指标进行无量纲处理,并通过式 7.19 对变换后的值进行定值平移,最终得到 2016—2020 年中煤能源财务绩效指标体系无量纲化数据,如表 7.19 所示。

表 7.19　2016—2020 年中煤能源财务绩效评价指标体系无量纲化数据

指标	2016 年	2017 年	2018 年	2019 年	2020 年
资产负债率 C1	0	1.000 0	0.980 3	0.925 2	0.826 8
速动比率 C2	0	0.059 0	0.447 3	0.501 1	1.000 0
现金比率 C3	0	0.198 8	0.762 1	0.813 7	1.000 0
环境负债率 C4	0.042 6	0.893 6	0	0.957 4	1.000 0
存货周转率 C5	0.573 2	0	0.221 2	0.891 0	1.000 0
应收账款周转率 C6	1.000 0	1.000 0	0.714 3	0.571 4	0
总资产周转率 C7	0.157 4	0.377 6	0	0.583 4	1.000 0
环保治理投资率 C8	0.188 8	0.413 0	0.516 5	0	1.000 0
总资产报酬率 C9	0.416 2	0.409 5	0	0.250 2	1.000 0
净资产收益率 C10	0.953 6	1.000 0	0.981 1	0	0.993 3
主营业务毛利率 C11	0	0.284 5	0.580 0	1.000 0	0.939 1
环保收益率 C12	0	0.295 8	0.611 7	1.000 0	0.970 2
主营业务收入增长率 C13	1.000 0	0.860 6	0.374 2	0.269 8	0
总资产增长率 C14	1.000 0	0.384 9	0.164 9	0.302 9	0
资本保值增值率 C15	0	1.000 0	0.838 1	0.697 5	0.209 1
营业收入硫排放量 C16	0	0.800 7	1.000 0	0.818 6	0.843 8

(续表)

指标	2016年	2017年	2018年	2019年	2020年
万元产值综合能耗 C17	0	0.5020	0.5027	1.0000	0.8546
低碳研发费用率 C18	0	0.4776	0.7742	0.9773	1.0000
单位收入排废量 C19	0	0.2132	0.4549	0.7017	1.0000
煤矸石综合利用率 C20	0	0.3134	0.7628	1.0000	0.8711
矿井水利用率 C21	0	0.3296	0.6029	0.8984	1.0000
煤矿采区回采率 C22	1.0000	0.5589	0.2690	0.0644	0

第二步，熵权计算。根据式 7.21 至式 7.23 计算出第 j 项指标的熵值 e_j、差异系数 d_j、熵权 w_j，如表 7.20 所示。

表 7.20 各指标熵值、差异系数及熵权计算结果

一级指标	二级指标	熵值 e_j	差异系数 d_j	权重 w_j
偿债能力 B1	资产负债率 C1	0.7522	0.2478	0.0538
	速动比率 C2	0.7662	0.2338	0.0508
	现金比率 C3	0.7765	0.2235	0.0485
	环境负债率 C4	0.8614	0.1386	0.0301
运营能力 B2	存货周转率 C5	0.7819	0.2181	0.0474
	应收账款周转率 C6	0.8174	0.1826	0.0397
	总资产周转率 C7	0.8152	0.1848	0.0402
	环保治理投资率 C8	0.6774	0.3226	0.0701
盈利能力 B3	总资产报酬率 C9	0.8031	0.1969	0.0428
	净资产收益率 C10	0.8060	0.1940	0.0421
	主营业务毛利率 C11	0.7817	0.2183	0.0474
	环保收益率 C12	0.7278	0.2722	0.0591
发展能力 B4	主营业务收入增长率 C13	0.7921	0.2079	0.0452
	总资产增长率 C14	0.8590	0.1410	0.0306
	资本保值增值率 C15	0.8325	0.1675	0.0364
	营业收入硫排放量 C16	0.8389	0.1611	0.0350
绿色环保 B5	万元产值综合能耗 C17	0.8599	0.1401	0.0304
	低碳研发费用率 C18	0.7036	0.2964	0.0644
	单位收入排废量 C19	0.7902	0.2098	0.0456

(续表)

一级指标	二级指标	熵值 e_j	差异系数 d_j	权重 w_j
绿色环保 B5	煤矸石综合利用率 C20	0.719 8	0.280 2	0.060 9
	矿井水利用率 C21	0.788 8	0.211 2	0.045 9
	煤矿采区回采率 C22	0.845 2	0.154 8	0.033 6

4. 组合权重及计算财务绩效得分

当分别求出 AHP 主观权重与熵权法客观权重时,将主观权重与客观权重以偏差的平方和最小为目标,利用式 7.24 至式 7.26 求出综合权重 w_t,如表 7.21 所示。

表 7.21　组合权重确定

一级指标	二级指标	主观权重 w_i	客观权重 w_j	组合权重 w_t
偿债能力 B1	资产负债率 C1	0.111 3	0.053 8	0.082 6
	速动比率 C2	0.057 1	0.050 8	0.054 0
	现金比率 C3	0.029 0	0.048 5	0.038 8
	环境负债率 C4	0.011 5	0.030 1	0.020 8
运营能力 B2	存货周转率 C5	0.034 9	0.047 4	0.041 2
	应收账款周转率 C6	0.074 8	0.039 7	0.057 2
	总资产周转率 C7	0.014 1	0.040 2	0.027 1
	环保治理投资事 C8	0.008 1	0.070 1	0.039 1
盈利能力 B3	总资产报酬率 C9	0.074 6	0.042 8	0.058 7
	净资产收益率 C10	0.288 9	0.042 1	0.165 5
	主营业务毛利率 C11	0.128 3	0.047 4	0.087 8
	环保收益率 C12	0.026 0	0.059 1	0.042 6
发展能力 B4	主营业务收入增长率 C13	0.049 0	0.045 2	0.047 1
	总资产增长率 C14	0.021 5	0.030 6	0.026 1
	资本保值增值率 C15	0.011 9	0.036 4	0.024 2
绿色环保 B5	营业收入硫排放量 C16	0.006 4	0.035 0	0.020 7
	万元产值综合能耗 C17	0.011 9	0.030 4	0.021 2
	低碳研发费用率 C18	0.021 4	0.064 4	0.042 9
	单位收入排废量 C19	0.008 6	0.045 6	0.027 1
	煤矸石综合利用率 C20	0.002 9	0.060 9	0.031 9
	矿井水利用率 C21	0.002 9	0.045 9	0.024 4
	煤矿采区回采率 C22	0.004 8	0.033 6	0.019 2

计算出综合权重 w_t 以及 y_{ij} 值后(其中 w_t 为通过 AHP-熵权法计算出的组合权重, y_{ij} 为表示特征向量值),利用式 7.27 计算出中煤能源财务绩效的得分,具体值如表 7.22 所示。

表 7.22　2016—2020 年中煤能源财务绩效各指标得分情况

指标	2016 年	2017 年	2018 年	2019 年	2020 年
资产负债率 C1	0.006 137	0.014 718	0.000 004	0.022 738	0.038 971
速动比率 C2	0.004 810	0.010 520	0.013 157	0.000 003	0.025 470
现金比率 C3	0.007 776	0.007 652	0.000 002	0.004 676	0.018 683
环境负债率 C4	0.005 056	0.005 302	0.005 202	0.000 001	0.005 266
存货周转率 C5	0.000 002	0.003 703	0.007 900	0.012 186	0.017 365
应收账款周转率 C6	0.000 002	0.006 085	0.014 810	0.019 414	0.016 912
总资产周转率 C7	0.000 001	0.003 160	0.005 778	0.008 611	0.009 584
环保治理投资率 C8	0.020 647	0.011 540	0.005 556	0.001 331	0.000 002
总资产报酬率 C9	0.000 002	0.005 955	0.012 136	0.020 924	0.019 650
净资产收益率 C10	0.000 006	0.017 016	0.035 182	0.057 515	0.055 800
主营业务毛利率 C11	0.035 069	0.030 181	0.013 125	0.009 464	0.000 004
环保收益率 C12	0.022 986	0.008 850	0.003 792	0.006 964	0.000 002
主营业务收入增长率 C13	0.000 002	0.017 162	0.014 383	0.011 970	0.003 590
总资产增长率 C14	0.000 001	0.006 027	0.007 527	0.006 162	0.006 352
资本保值增值率 C15	0.000 001	0.004 240	0.004 246	0.008 446	0.007 218
营业收入硫排放量 C16	0.000 001	0.003 062	0.004 963	0.006 264	0.006 410
万元产值综合能耗 C17	0.000 001	0.005 670	0.005 558	0.005 246	0.004 688
低碳研发费用率 C18	0.000 002	0.001 263	0.009 554	0.010 702	0.021 356
单位收入排废量 C19	0.000 001	0.001 941	0.007 436	0.007 940	0.009 758
煤矸石综合利用率 C20	0.000 470	0.009 848	0.000 001	0.010 551	0.011 020
矿井水利用率 C21	0.005 207	0.000 001	0.002 010	0.008 093	0.009 083
煤矿采区回采率 C22	0.005 842	0.005 842	0.004 173	0.003 338	0.000 001

5. 评价结果分析

根据上述计算得出的财务绩效得分结果,本部分对其各维度进行纵向变化分析,其评价结果如下。

从图7.6可以看出,中煤能源2016—2020年的偿债能力得分总体呈现上升态势,由表7.22可以计算该维度得分2016年的0.023 779分上升到2020年的0.088 391分,这说明公司2016—2020年经营状况较好,在投入较多成本转型的情况下仍能保持较强的资产变现能力,偿还短期债务压力较小。从其具体指标数值(表7.22)来看,其资产负债率近五年稳定在50%以上,其速动比率与现金比率从2016至2020年也整体上升,表明公司这些年财务状况较好。通过查看报表资料可以看出,公司这些年持续进行各领域的投资,企业应做好风险防控工作,不能忽视因此带来长期债务的压力。但是,从图7.6也可发现中煤能源2018年的偿债能力得分略微下降,从图7.6可以看出,个别指标得分在2018年及2019年出现不同程度下降,从具体指标值(表7.22)来看,公司现金比率由2017年的0.161 1下降至2018年的0.120 9,降幅达24.95%,与均值0.2相差较远,说明公司2018年直接偿付流动负债的能力有所下降。此外,中煤能源2019年的环境负债率得分有所降低,说明公司环保方面的发展存在一定不足,公司应加强对该方面的重视。

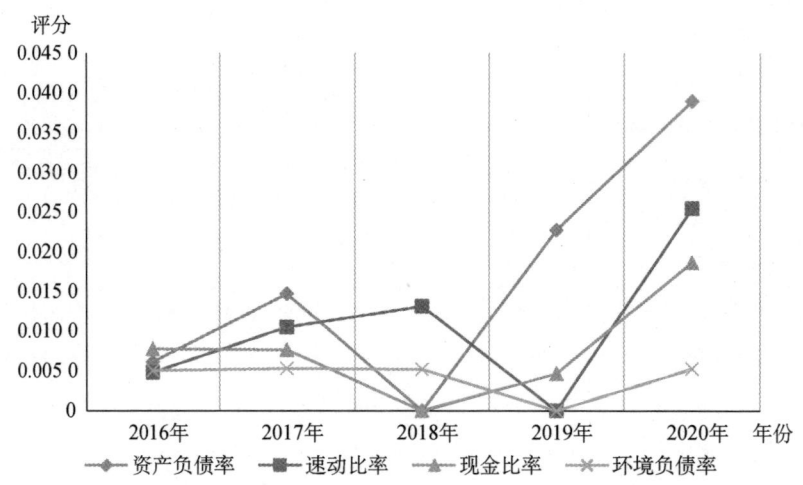

图7.6 2016—2020年中煤能源偿债能力维度得分变化趋势图

从表7.22计算结果可知,中煤能源2016—2020年营运能力得分持续上升,由2016年的0.020 652分上升到2020年的0.043 863分,这说明中煤能源的资产使用效率较高,市场前景较好。从图7.7可知,公司营运能力相关指标在2016—2020年得分整体变化较大,其中存货、应收账款及总资产周转率得分大幅提升,表明企业销售能力较强,存货管理水平相对较高。但是,由图7.7可看出中煤能源2016—2020年环境治理投资率得分持续走低,该指标反映企业将利润用于后续环境治理的状况,说明公司这些年对于环境治理状况有所懈怠,公司应加强对环保的重视。此外,中煤能源2020年应收账款周转率下降及总资产增长率增幅有所放缓,这是因为受疫情影响,宏观经济增速放缓,应收账款变现能力减弱,其总资产从投入到产出的速度有所降低,企业抗风险能力相对较弱。另外,中煤能源的存货周转率得分与应收账款相比处于较低水平,说明其备货较多,存货占用资金较多,其应加强对存货的管理。

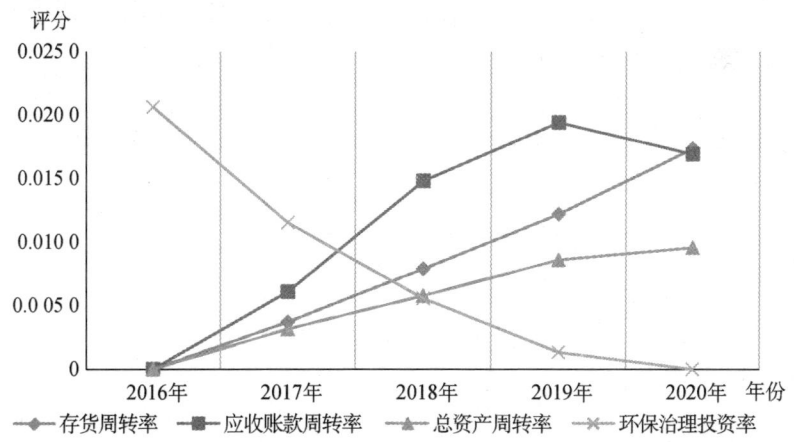

图7.7 2016—2020年中煤能源营运能力维度得分变化趋势图

从图7.8可以看出,中煤能源2016—2020年的盈利能力得分出现较大波动,净资产收益率、总资产周转率呈现大幅上升,主营业务毛利率、环保收益率2016—2020年保持连续下降趋势。据表7.22,净资产收益率由2016年的0.000 006分上升到2020年的0.055 800分,说明公司这些年投资带来的收益得到提高。总资产报酬率得分由2016年的0.000 002,上升至2020年的0.019 650,表明企业资产运营效益较好,总体的获利能力较强。但是中煤能源的主营业务毛利率、环保收益率近年持续下降,其原因是:一方面,能源结构调整,使得全国煤炭需求量降低,形成了煤炭供需失衡的状况,致使煤炭价格持续走低,煤炭企业盈利能力减弱;另一方面,受疫情影响,国际市场销售受到抑制,产品的定价灵活性降低,导致其主营业务毛利率出现下降态势。另外,中煤能源2018—2020年环保收益率出现下降,表明企业单位环保投入获得的收益降低,企业应强化对环保投入资金的管理。

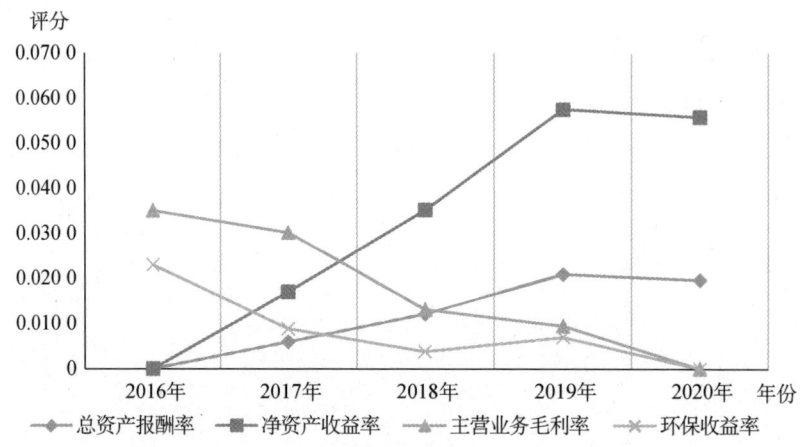

图 7.8　2016—2020 年中煤能源盈利能力维度得分变化趋势图

从图 7.9 可以看出,中煤能源发展能力得分 2016—2020 年整体呈现上升态势,但主营业务收入增长率指标得分波动较大。通过分析企业收入、资产、资本等方面变化情况来评价企业的发展能力,其中收入增长情况占比较大,据表 7.22,主营业务收入增长率得分 2017 年出现大幅上升,此后开始持续走低,得分由 2017 年的 0.017 162 分,降低为 2020 年的 0.003 590 分,说明主营产品的产销能力有所下降,这与我国调结构、去产能政策有很大关系;另外,公司资本保值增值率、万元二氧化硫排放得分这些年表现较好,说明公司发展具有较强的内生力,公司在污染排放控制方面取得较好业绩;此外,公司总资产增长率 2018 年开始出现微弱下降,说明公司目前尚处于转型期,尽管短期内对企业资产状况产生一定影响,长期来看有利于企业竞争力的提高。但是,从中煤能源的财报中可以看出,中煤能源主要业务仍然与煤炭、煤化工相关,金融业务与其他业务占比较小,公司应尽可能地拓宽业务范围,形成多元化产业布局,增强企业的抗风险能力。

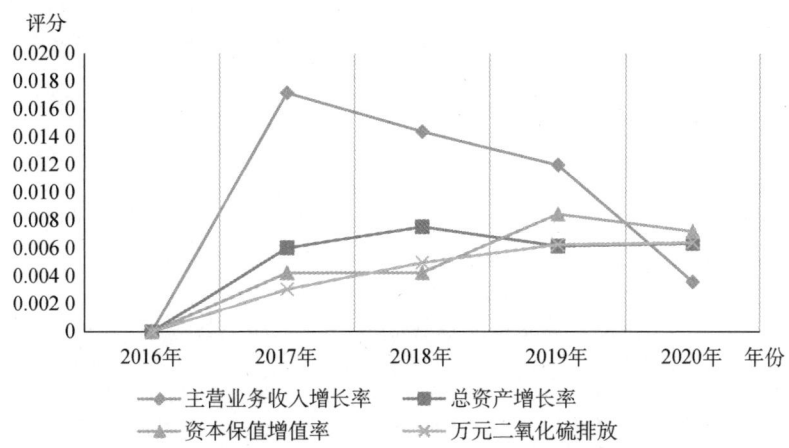

图 7.9　2016—2020 年中煤能源发展能力维度得分变化趋势图

从图 7.10 可以看出,中煤能源 2016—2020 年的绿色环保维度得分整体发展较好,但个别指标得分变化较为明显。首先,公司万元产值综合能耗得分 2017 年出现大幅上升,随后开始降低,低碳研发费用率得分大幅增加(表 7.22),由 2016 年的 0.000 002 分上升到 2020 年的 0.021 356 分;其次,公司单位收入排费量、矿井水利用率都呈现出不同程度的上升态势,说明公司 2016—2020 年持续加大对低碳技术的研发投入力度,不断降低废气与废水的排放量,在节能、减排方面取得了显著成效;再次,公司近几年的煤矸石综合利用率得分波动较大,煤矸石是煤炭的伴生废弃物,该指标变动较大说明公司对于煤矸石的循环利用仍不稳定,需要进一步强化。另外,中煤能源煤矿采区回采率得分出现下降趋势,由表 7.22 可看出,从 2016 年的 0.005 842 分下降为 2020 年的 0.000 001 分,低回采率造成了煤炭资源浪费严重,因此节约能源资源是煤炭企业绿色转型的重点,公司需要关注煤炭开采过程中的技术与监管工作。

从图 7.11 可以看出,中煤能源 2016—2020 年财务绩效综合得分逐年增加(次垂直轴),由表 7.22 可计算出 2016 年的 0.114 020 分上升到 2020 年的 0.287 185 分,表明公司近几年财务效益较好,具备良好的发

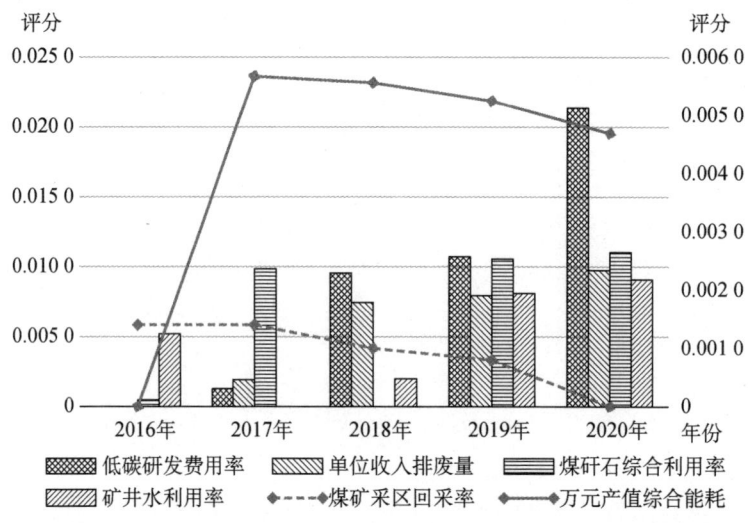

图 7.10 2016—2020 年中煤能源绿色环保维度得分变化趋势图

展前景,尤其是在能源结构改革与疫情的双重压力下,公司能够负重前行,并取得良好业绩,反映出公司强劲的内生动力。但是,从中煤能源 2016—2020 年各维度的得分变化状况来看,整体上波动较大。首先是盈利能力得分,由 2019 年的快速上升变为 2020 年的下降,从上面分析可以看出,中煤能源净资产收益率及主营业务毛利率变化较大;其次是偿债能力得分,2018 年出现大幅下降;再次是营运能力与绿色环保维度

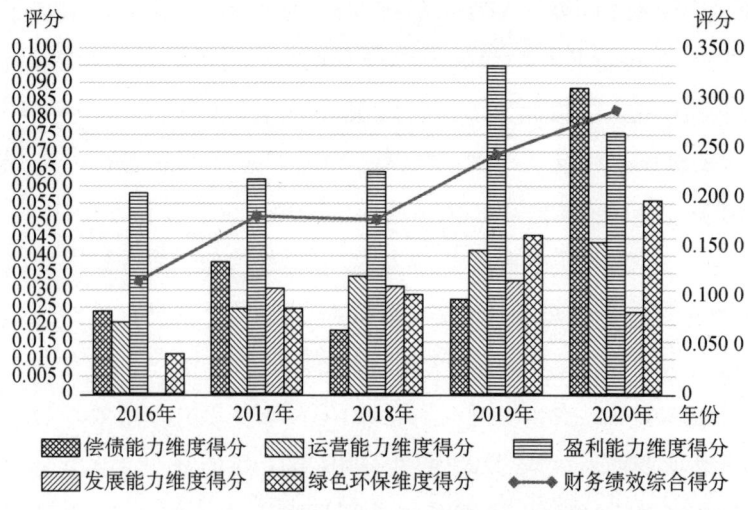

图 7.11 2016—2020 年中煤能源财务绩效综合得分变化趋势图

得分在2016—2020年期间稳步上升,表明公司对经济资源管理、运用的效率较好;最后是发展能力得分,在2017年上升后出现连续下降的趋势,说明企业的成长性存在不足,企业在扩大经营规模的同时要注重风险的防控。

综上所述,通过文中对中煤能源各维度及财务绩效总得分变化趋势分析可以看出,中煤能源在2016—2020年整体表现较好,财务绩效呈现稳步上升态势,偿债能力、运营能力表现较好,盈利能力次之,发展能力及绿色环保维度得分波动较大,具体表现为,应收账款周转率、主营业务增长率、煤矿采区回采率及煤矸石综合利用率有待进一步加强。

7.2.4 绿色转型视角下的中煤能源财务绩效横向评价比较分析

前部分研究对绿色转型视角下的中煤能源财务绩效评价结果进行了纵向对比,分析其趋势的变化及其趋势变化的原因;本部分研究对其在行业内的表现进行横向对比分析,旨在将其与行业龙头企业比较,进而发现其在绿色转型过程中的优势与不足。由于我国目前没有统一的有关环境报告和社会责任报告的披露标准,且企业年报中关于污染排放量、废物排放达标率等数据的披露也是企业自行选择是否公布,横向对比企业选取受限。本部分研究选择了中国神华能源有限公司(以下简称中国神华)与冀中能源作为比较对象。它们都是上市公司,中国神华是我国乃至全球最大的煤炭供应商,其煤炭清洁、高效、安全地生产,成为我国煤炭行业生产的典范;而冀中能源作为绿色转型进行较早的企业,具有一定的代表性,因此,所选企业具有较强的可比性。

1. 选取企业

中国神华是全球领先以煤炭为基础的综合能源上市公司。它于2004年11月成立,地址位于北京,分别于2005年6月和2007年10月在中国香港证券交易所和上海证券交易所上市。

中国神华作为央企,率先开启了企业的绿色转型之路,其以"建设世界级清洁能源供应商"为业务发展目标,不断努力建设与发展,使企业快速成长为世界级绿色可持续发展煤炭企业。

冀中能源公司简介参考前章,此处不再赘述。

2. 评价过程

1)明确指标选取

本部分研究沿用前文构建的指标体系,从盈利能力、运营能力、发展能力、偿债能力及绿色环保五个方面展开分析。由于不同企业对环境相关信息的披露方式及内容不尽相同,且部分指标数据获取存在局限性,本部分研究删除煤矿采区回采率、环境负债率、单位收入排废量及环保收益率四个指标,一共保留18个二级指标。所用数据均来源于公司披露的年报及国泰安数据库,原始数据如表7.23所示。

表7.23 2020年三家煤炭企业财务绩效评价原始数据表

一级指标	二级指标	中国神华	中煤能源	冀中能源	指标属性
盈利能力	总资产报酬率	0.114 3	0.060 8	0.046 4	正向
	净资产收益率	0.112 4	0.074 0	0.050 1	正向
	主营业务毛利率	0.395 1	0.259 6	0.152 8	正向
运营能力	存货周转率	11.210 2	13.732 2	18.504 9	正向
	应收账款周转率	29.819 5	19.368 6	12.633 3	正向
	总资产周转率	0.417 7	0.508 7	0.425 1	正向
	环保治理投资率	0.009 0	0.004 5	0.004 1	正向
发展能力	主营业务收入增长率	-0.054 5	0.090 5	-0.086 4	正向
	总资产增长率	-0.000 1	0.033 5	0.066 0	正向
	资本保值增值率	1.022 9	1.054 7	1.004 1	正向
	营业收入硫排放量	0.000 5	0.000 2	0.000 2	负向
偿债能力	资产负债率	0.238 7	0.560 3	0.539 8	负向
	速动比率	2.294 9	0.797 9	0.807 6	正向
	现金比率	1.625 4	0.217 5	0.643 4	正向
绿色环保	万元产值综合能耗(吨/万元)	3.050 0	1.396 0	2.790 0	负向
	低碳研发费用率	0.009 2	0.003 7	0.000 1	正向
	煤矸石综合利用率	0.516 2	0.894 0	0.769 0	正向
	矿井水利用率	0.747 6	0.933 0	0.755 0	正向

数据来源:国泰安数据库与公司年报及社会责任报告披露。

2）确定指标权重

本部分研究使用熵权法确定各指标的权重,由于前文对熵权法的具体操作流程已有介绍,此处就不再赘述,根据式 7.17 至式 7.23 计算出第 j 项指标的熵值 e_j、差异系数 d_j、熵权 w_j,如表 7.24 所示。

表 7.24 各指标熵值、差异系数及熵权计算结果表

一级指标	二级指标	熵值 e_j	差异系数 d_j	权重 w_j
偿债能力 B1	资产负债率 C1	0.423 5	0.576 5	0.055 5
	速动比率 C2	0.537 7	0.462 3	0.044 5
	现金比率 C3	0.561 1	0.438 9	0.042 3
运营能力 B2	存货周转率 C5	0.519 4	0.480 6	0.046 3
	应收账款周转率 C6	0.541 7	0.458 3	0.044 1
	总资产周转率 C7	0.244 4	0.755 6	0.072 8
	环保治理投资率 C8	0.248 8	0.751 2	0.072 4
盈利能力 B3	总资产报酬率 C9	0.389 8	0.610 2	0.058 8
	净资产收益率 C10	0.582 1	0.417 9	0.040 3
	主营业务毛利率 C11	0.532 2	0.467 8	0.045 1
发展能力 B4	主营业务收入增长率 C13	0.630 0	0.370 0	0.035 6
	总资产增长率 C14	0.207 4	0.792 6	0.076 3
	资本保值增值率 C15	0.036 9	0.963 1	0.092 8
	营业收入硫排放量 C16	0.494 1	0.505 9	0.048 7
绿色环保 B5	万元产值综合能耗 C17	0.362 6	0.637 4	0.061 4
	低碳研发费用率 C18	0.543 2	0.456 8	0.044 0
	煤矸石综合利用率 C20	0.613 5	0.386 5	0.037 2
	矿井水利用率 C21	0.149 3	0.850 7	0.081 9

3）计算财务绩效得分

计算熵值及熵权值后,利用式 7.27 计算财务绩效综合得分(其中,w_t 为熵值法计算的权重,y_{ij} 表示第 j 项指标下第 i 个方案占该指标的比重),计算出各企业财务绩效得分,如表 7.25 所示。

表 7.25 三家煤炭企业 2020 年财务绩效评价分值

一级指标	二级指标	中国神华	中煤能源	冀中能源
偿债能力	资产负债率	0.071 760	0.000 007	0.004 577
	速动比率	0.092 145	0.000 009	0.000 609
	现金比率	0.037 408	0.000 004	0.011 319
运营能力	存货周转率	0.000 003	0.011 894	0.034 396
	应收账款周转率	0.031 707	0.012 428	0.000 003
	总资产周转率	0.000 007	0.067 276	0.005 493
	环保治理投资率	0.066 748	0.005 600	0.000 007
盈利能力	总资产报酬率	0.045 776	0.009 743	0.000 005
	净资产收益率	0.032 197	0.012 329	0.000 003
	主营业务毛利率	0.029 340	0.012 929	0.000 003
发展能力	主营业务收入增长率	0.008 976	0.049 788	0.000 005
	总资产增长率	0.000 003	0.013 552	0.026 698
	资本保值增值率	0.012 197	0.032 856	0.000 003
绿色环保	营业收入硫排放量	0.000 002	0.016 821	0.018 815
	万元产值综合能耗（吨/万元）	0.000 005	0.053 048	0.008 343
	低碳研发费用率	0.031 528	0.012 465	0.000 003
	煤矸石综合利用率	0.000 002	0.022 302	0.014 924
	矿井水利用率	0.000 008	0.078 778	0.003 152

3. 评价结果分析

1）偿债能力维度分析

从表 7.25 与图 7.12 可以看出，在偿债能力方面，中煤能源与冀中能源、中国神华存在明显差距。2020 年是备受考验的一年，新冠疫情突发导致煤炭销售渠道受限，给煤炭行业发展带来冲击，可见中煤能源受宏观环境影响明显，抗风险能力需要加强。从表 7.23 具体指标值来看，中煤能源的现金比率值相对较低，2020 年的数值为 0.217 5，尽管现金比率数值超过 20% 的下限，但与中国神华的 1.625 4 相比差距较大，现金比率是在企业因大量赊销而形成大量应收账款时，考察企业的变现能力所运用的指标，表明中煤能源该年变现能力相对较弱。从中煤能源年报可以看出,其应收账款2018年数值为48.81亿元,2020年数值为72.41亿元,涨幅高达48%,因此,企业需要提高的是其应收账款回款能力。

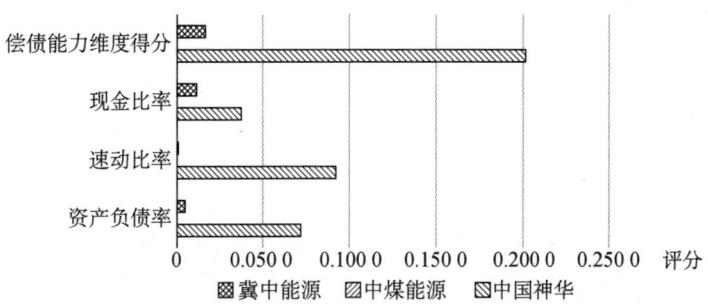

图7.12　2020年三家煤炭企业偿债能力得分比较图
注:图中几无显示的图示,表明该数据趋近于0。

2) 运营能力维度分析

从图7.13可以看出,中煤能源2020年的运营能力得分与中国神华持平,处于较高水平。中国神华是煤企转型的代表,说明中煤能源经营运作管理能力较强,转型效果较好。但从具体指标来看,中煤能源仍存在不足,其中,应收账款周转率、存货周转率仍有上升空间。从表7.25与图7.13看,就存货周转率而言,其数值尽管高于中国神华,但与冀中能源相比相差较大,存货周转率反映企业存货管理水平的高低,它影响到企业的短期偿债能力,企业应强化对存货的管理。另外,中煤能源的环境治理投资率处于较低水平,与中国神华相差较大,该指标用

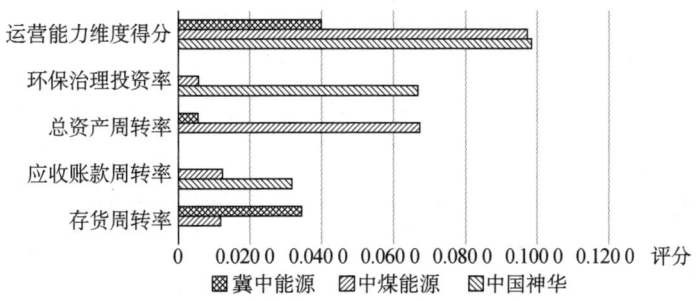

图7.13　2020年三家煤炭企业运营能力得分比较图
注:图中几无显示的图示,表明该数据趋近于0。

以反映企业将多少利润投资于后续的环境治理,因此,中煤能源应加大对环境治理的投资额,促进企业可持续发展。

3）盈利能力维度分析

从图 7.14 可以看出,中煤能源与中国神华盈利能力相比差距较大,从表 7.25 可计算出中煤能源 2020 年的盈利能力得分为 0.035 001 分,与中国神华的 0.107 313 分存在一定的差距,相比之下,中国神华抗风险能力较强,纵使宏观环境多变,其仍保持了较高的盈利水平。而具体指标差距较大的是总资产报酬率,它反映了企业的获利能力和投入产出状况,表明中煤能源资产运营效益有待提高。除去产品价格影响,其成本控制能力有所不足,中煤能源应在转型发展的同时,增强各方面对企业资产经营的关注,通过管理体制改革,人员结构调整等措施促进企业提高单位资产的收益水平。另外,中煤能源也应对主营业务毛利率与净资产收益率加以关注,通过调整产业结构,提高企业的盈利水平,增强企业的竞争力。

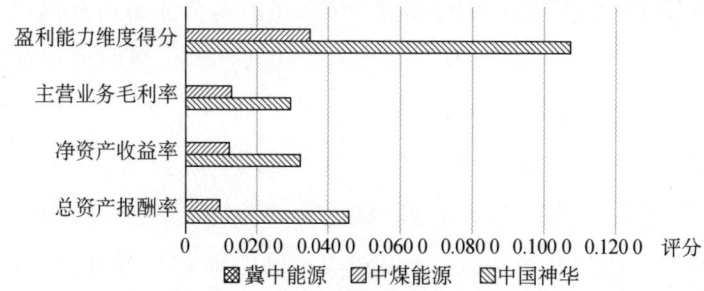

图 7.14　2020 年三家煤炭企业盈利能力得分比较图
注:图中几无显示的图示,表明该数据趋近于 0。

4）发展能力维度分析

从图 7.15 可以看出,与冀中能源、中国神华相比,中煤能源 2020 年的发展能力表现较好,尤其是主营业务增长率与资本保值增值率,两者都处于较高水平,说明中煤能源不仅注重眼前利益,更加关注企业资产的保值与增值。但是,与冀中能源相比,中煤能源的总资产增长率需要进一步加强。从报表中可以得到,冀中能源 2020 年的总资产同比增加 6.60%,而中煤能源 2020 年同比增长率仅为 3.35%,因此,中煤能源应适当加大经营规模的扩张速度,增强企业的后续发展能力,当然,需要关注资产规模扩张的质与量,避免盲目扩张。此外,中煤能源也应适当关注企业污染处理的能力,不断加大技术创新力度,加快建设科技创新体系,改进激励机制,强化关键核心技术攻关。

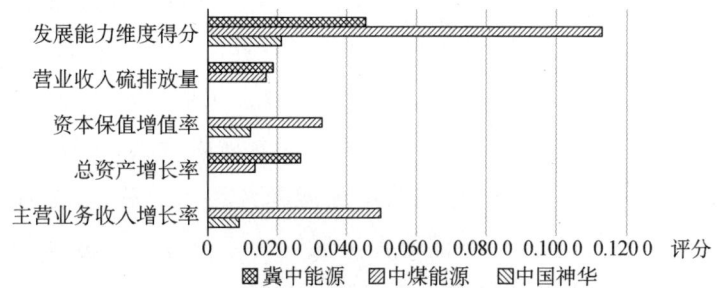

图 7.15　2020 年三家煤炭企业发展能力得分比较图

注:图中几无显示的图示,表明该数据趋近于 0。

5) 绿色环保维度分析

当前环境保护与治理是企业谋求长远发展必须要考虑的问题。从图 7.16 可以看出,中煤能源 2020 年的环境保护与治理得分处于较高水平,远高于冀中能源与中国神华,说明中煤能源转型效果较好。近年来中煤能源通过不断优化煤炭产能结构,煤炭清洁高效利用成为新的业绩增长点。但是,与中国神华相比,中煤能源的低碳研发费用率有待提高,这与前文纵向分析结果相一致,该指标用来反映企业研发费用与营业收

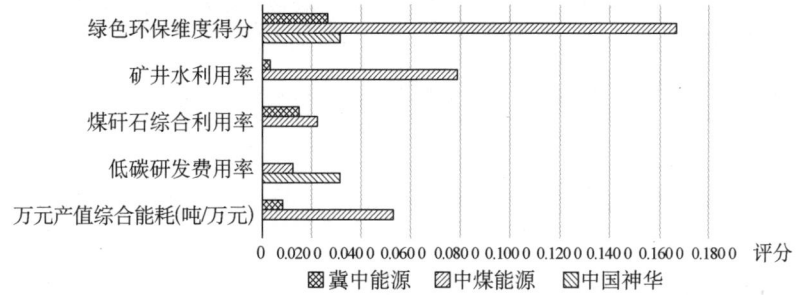

图 7.16　2020 年三家煤炭企业绿色环保维度得分比较图

注:图中几无显示的图示,表明该数据趋近于 0。

入之比。因此,作为高污染企业,中煤能源应当加强对该指标的重视,提升创新能力,推进智慧矿山、智能工厂建设,强化在绿色转型发展趋势中的市场竞争力。

6) 各维度财务绩效得分对比分析

由三家煤炭企业的比较图(图 7.17)可以看出,中煤能源整体财务绩效表现较好,从表 7.25 各指标得分值可计算出财务绩效总得分,中煤能源得分为 0.411 829 分,略低于中国神华的 0.459 812 分,但整体表现较好,远高于冀中能源的财务绩效得分。具体表现为,发展能力、环境治理与保护能力表现较好,这说明中煤能源在污水治理、粉尘和废弃物治理及企业的生产经营等方面取得进展。其运营能力得分与中国神华持平,也在一定程度上反映了中煤能源近年的资产运营状况较好。其偿债能力、盈利能力得分表现较差,需要进一步加强,尤其是偿债能力,从前文的分析可知,主要原因是现金比率及速动比率表现较差,说明中煤能源的变现能力较弱,中煤能源应根据实际情况适当提高该指标,提高短期偿债能力,增强抗风险能力。

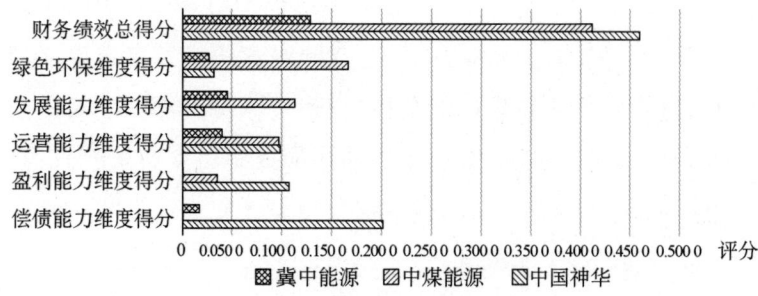

图 7.17 2020 年三家煤炭企业各维度得分比较图

注:图中几无显示的图示,表明该数据趋近于 0。

7.2.5 绿色转型视角下中煤能源财务绩效优化建议

通过对中煤能源 2016—2020 年的业绩进行纵向评价以及中煤能源与中国神华、冀中能源两家行业龙头企业 2020 年的绩效进行横向对比,本书发现了中煤能源发展过程中存在的优势与不足。概括而言,中煤能源环境治理与保护能力稳步上升,在行业中表现较好;偿债能力、盈利能力尽管整体呈现上升态势,但是与同行业相比表现不足;营运能力、发展能力需要进一步提升。具体而言,中煤能源需要加强对存货、应收账款及现金比率的管理,同时应进一步强化低碳研发力度,提高资源的利用率,实施多元化发展战略,增强内生动力,提高抗风险能力,具体建议如下。

1. 强化应收账款管理,提高应收账款周转率

中煤能源的应收账款周转率较低,说明其应收账款的回款速度慢,短期偿债能力较弱,导致收回应收账款的成本及坏账可能性增加,不利于其长久发展,所以中煤能源应建立应收账款机制,提高应收账款周转效率。首先,建立客户信用等级,严格把控应收账款的条件。其次,加强对应收账款的监管,严格把控赊销审批权限,禁止滥用审批职权,将赊销的质量与审批人年终绩效考核挂钩,强化相关责任人的责任。最后,建立动态应收账款管理系统,成立专门清账小组,负责客户信用审核及后期应收账款的跟踪工作。

2. 采取多元化经营战略,提升风险应对能力

煤炭是我国的主要能源,尽管近年来国家不断推行能源结构改革,但其在未来很长一段时间内在能源供应上仍处于主导地位。煤炭属于初级产品,易受到宏观因素的影响,进而导致煤炭企业经营效益波动较大。从前述分析可以看出,中煤能源经营效益受外部环境影响较大;从其纵向变化来看,中煤能源的盈利能力在2020年出现大幅下降;与同行业煤炭企业对比来看,其2020年盈利能力处于较低水平。2020年疫情突发,煤炭商品的销售渠道受限,因此可以看出中煤能源应对风险的能力不高。反观中国神华,其在行业不景气的情况下仍保持了较好的盈利能力。基于此,中煤能源可以借鉴中国神华经验适度扩大经营范围,坚持"以煤为本"的原则,在兼顾主业的基础上实现多元化发展,采取相关多元化发展策略。目前中煤能源虽已涉及煤化工、电力、煤矿装备及金融模块,但这些业务占比较低,仍过多依赖于煤炭产业。未来中煤能源可以适当向化工、电力及金融业务倾斜,亦可以尝试建材及物流模块,促进自身有效转型,整合内外部资源,使不同板块相互协调,以应对市场

风险。

3. 加强存货管理水平,降低企业存货占用资金

与其他运营能力指标相比,中煤能源存货周转率处于较低水平,并且与冀中能源存在一定的差距,说明中煤能源在存货上占用过多的资金,这样使中煤能源增加存货仓库管理成本,减少可变现资金,而且会影响短期偿债能力,进而影响资产运营状况,甚至降低盈利能力。因此,中煤能源应向冀中能源学习。首先,合理控制存货的资金占用额,建立集中的物资管理系统,从源头上对存货进行把控,对开采及加工过程所需的原材料实施预算管理制,对产品销售环节进行严格监管,尽量实现"零存货"管理模式,进而减少存货损失和降低存货仓库管理成本,提升存货周转率。其次,不断完善内部控制机制,明确相关部门及岗位的责任,保证岗位之间相互制约与监督,严格把控存货的审批工作,同时也应建立清点盘查制度,如果发现盘盈或盘亏的情况及时进行处理,并将责任落实到个人。

4. 增加低碳研发投入,实现企业循环发展

随着国家对能源行业环保要求的不断提高,煤炭企业的创新发展显得尤为重要,而研发费用投入是煤炭企业项目开发、技术创新的前提保证。尽管中煤能源从2016—2020年的低碳研发费用率不断提升,但其与中国神华还存在一定的差距,因此,中煤能源每年在做预算时,应注重将更多的资金用于低碳研发,继续加大在环境保护、节能减排方面的资金投入,研发先进技术,降低煤炭生产中的资源耗费。例如,优化煤炭开采过程中采、运、排的设计,减少能耗;利用太阳能、风能等新兴能源代替传统能源消耗;等等。此外,还需引入先进环保设备,一方面从源头上减少污染排放,另一方面在末端进行治理,最大限度实现煤炭的绿色开采。此外,中煤能源可发展矿区循环经济,多途径综合利用废弃物生产高附加值产品,例如发展煤矸石新型建材、推进矿井排水的产业化利用等,以提高对生产过程中产生的废弃物的利用率。

5. 强化环保意识,践行绿色发展理念

通过数据搜集及分析可以发现,中煤能源对部分环境指标披露得不

够完善。当前,政府并未强制性规定污染企业必须披露环境信息,所以能自觉主动披露的企业比较少,并且即使企业披露信息容易出现"避重就轻"的现象,提高企业的环保意识势在必行。相关部门应加强监管,促使企业进一步完善社会责任报告的披露,增强企业的社会责任感。另外,中煤能源应践行绿色发展观,坚定走可持续发展道路。首先,企业应该树立绿色发展观的企业文化。企业文化是企业的精神支柱,能够增强企业凝聚力,因此应定期宣传绿色转型发展文化,切实让每位员工具备绿色发展意识。其次,全面了解煤炭开采、冶炼过程,针对不同阶段,采取不同措施,将绿色发展理念贯穿企业生产的全过程。

8 可持续发展视角下地矿企业发展建议

8.1 政府层面建议

8.1.1 完善环境管理制度,刺激企业技术创新

推进生态文明建设,改善环境质量,既需要凭企业自觉践行,也需要依靠政府的监督和制约。一般情况下,如果一个企业对破坏生态环境所承担的代价过小,远远不及破坏环境所获取的收益,企业则会无视环境破坏的代价,继续造成对环境的污染。因此,一方面,政府应当完善相关环境管理制度,对破坏生态环境的行为加大处罚力度,增加违规成本,这样才能有效地遏制企业过度消耗环境的行为。另一方面,随着国家对环保标准和要求的提高,企业需要不断进行技术创新,加大技术研发和加强设备更新,从而提高资源的使用效率和减少生产过程中的污染物排放。另外,政府制定的相关环境政策对刺激企业技术创新有重大作用,例如政府给予创新企业一定补助,能有效弥补企业增加的环保投资支出,从而提高企业进行技术创新的积极性,促使企业加大技术投资力度,并通过技术创新加强环境治理和管理效果(谈璐璐,2021)。

8.1.2 加强立法和监管职能,强制社会责任信息披露

政府是推动市场经济发展的关键性力量。政府能够为企业融资和发展平台创造良好的条件。政府要发挥其立法和监督管理职能,建立健全与市场经济相关的法律法规,明确企业的发展方向,引导和扶持企业走可持续发展道路,使政府对企业的指导作用能够得到充分发挥。我们从前面的分析可以看出,发布社会责任报告的有色金属矿采选企业环

绩效较高。因此,国家应当加速相关法律的出台,建立和完善与企业社会责任披露相关的法律法规。例如,政府可以强制要求企业发布社会责任报告,并针对社会责任信息的具体披露方面制定统一规范,要求企业对一些重要指标进行详细披露和分析。

8.1.3 加大对企业可持续发展的关注,强化第三方有效监督机制

可持续发展战略是一个能让我国经济发展进入新局面的重要战略,也是顺应经济新形势的必然选择。企业作为经济主体,其首要目标是实现利润最大化,因此在发展过程中可能会忽视对环境的保护,政府应该加大对企业可持续发展的关注,相关组织应该积极为企业提供对应的技术指导帮助。同时,政府应该建立第三方监督机制,对不同领域的不同行业采取不同的评价机制。例如,对地矿企业建立监管机制,定期对企业环保、可持续发展状况进行科学评估,增强企业履行社会责任的积极性。又如,组建第三方企业社会责任或者可持续发展评价机构,这些由非政府组织领导的权威独立第三方认证或审计机构,能够有效合规地对企业履行社会责任情况进行监督,增强企业责任感,积极开展可持续发展活动,贯彻落实可持续发展观,强化企业披露相关信息。企业编制环境报告、社会责任报告和可持续发展报告书等信息的披露可以给公众增加可靠性、可理解性和真实性,也可为专家学者提供研究参考。

8.2 企业层面建议

8.2.1 优化企业治理结构,提升自身竞争力

企业可持续发展绩效得以顺利提升有赖于有效、健全的企业内部管理制度的建立,企业要以有效治理为基准加强管理,企业内部应定期审计,加强监督。对于地矿企业,一方面要将可持续发展纳入公司的长期发展战略,在短期内有针对性地提升企业的可持续发展绩效,建设控制企业内部管理方面的制度;另一方面,应将股东以及下属职工、消费者、政府以及社会等利益相关者当成一个完整体系,社会责任不仅是进行简单的社会捐赠和生态环境治理,应从不同方面考虑企业对相关利益主体的影响,这样有利于企业可持续发展,提高企业竞争力。

8.2.2 注重企业社会责任,提高社会意识

企业发展与周围环境息息相关,企业是否履行了社会责任将会影响利益相关者的权益,所以对于地矿企业而言,应当重视社会责任对企业可持续发展的重要影响,提升社会责任感,加大对社会责任的投入,具体包括社会责任报告的充分披露、安全运营的建设、对社会公益的投入等。首先,企业应当自觉地强化关于环境绩效、社会绩效等方面的信息披露意识,按要求规范编制好社会责任报告。企业做到主动向社会披露责任履行情况,在企业经营过程中承担社会责任相关的义务,能够更好地获得利益相关者对企业的信任和支持,有利于企业的长远发展。其次,注重安全生产,提升企业的责任意识。安全生产是影响地矿企业发展的重要环节,企业应当完善安全管理体系,落实安全生产责任。最后,企业在关注自身发展的同时,应当积极履行社会公共责任,开展公益事业,参与国家或社会组织的公益慈善活动。

8.2.3 调整产业结构,实现多元化发展

合理的资源结构是取得最佳矿业经济效益的前提,在国际市场竞争日趋激烈的时代,我国矿业产业结构调整显得更加重要和紧迫。具体而言,首先,提高矿业产业的集中度,实行规模化集约经营。调整矿山企业开采规模,压缩过剩的产能,对于小矿山企业实行关停并转,引导地矿企业有规模地开采。其次,调整企业技术结构。针对地矿企业的特点,提高企业技术开发能力,一方面增加企业技改、研发的经费投入,另一方面加强产学研合作,助力企业技术创新能力,使企业在矿产资源开发利用的技术水平得到提高,使得企业经济效益和环境保护都得以改善。最后,调整矿业采选冶结构。一是提高选冶能力,实行采选冶一体化布局,加大产业链,适当发展深加工;二是增强集约化能力,充分利用已经具备一定规模的小矿,走集约化生产,降低成本,形成持续稳定的供矿能力。

8.2.4 加强环保措施,提高企业绿色转型能力

环保资金的投入、节能环保工作的落实及资源循环利用水平会对环境绩效产生较大影响。首先,要加大环保资金投入,发展循环经济。煤矿企业可以引入环保设备,从源头上减少对废弃物的排放,进一步提高

煤矿绿色开采水平；可以利用智能技术，对煤炭开采过程中产生的废水、废气及时进行低碳化处理，减少污染物排放，提高企业生产效率；可以对预沉池进行升级改造，实现水循环利用，最大程度解决外排水利用问题。其次，强化环保意识，增强环保责任。地矿企业要实现绿色发展，就需要增强环保意识，在生产经营的各个环节都要树立起环境责任意识，加强对员工进行环保教育。最后，企业内部要建立环保责任与监察制度，完善环保体系建设。建立监察制度，采用定期和不定期监察相结合的工作方法，监察企业内部各个环节的环保工作是否做到位；企业要加强环保管理主体责任制度建设，注重环保设施故障分析与预防预案的制定，提高设施运行的可靠性与稳定性；企业可以通过编制排污许可技术报告，聘请专家指导评审，从技术层面把控排污总量，为各部门总量控制提供技术支撑。

总而言之，地矿企业应当贯彻落实新发展理念，平衡好经济效益、环境效益和社会效益之间的关系，促进经济、环境和社会的可持续发展，这样才能提高企业的整体绩效，实现企业自身的可持续发展。

9 研究结论与展望

9.1 研究结论

本书从可持续发展的视角出发,结合地矿企业特点,将经济、环境和社会因素纳入地矿企业综合绩效评价范畴,考虑三者的效益,由此构建了"可持续发展视角下的地矿企业综合绩效评价体系",同时选取有代表性的有色金属矿采选企业和煤炭企业进行了适用性验证与实证分析:在有色金属矿采选企业方面选取西藏珠峰作为实例进行具体分析;在煤炭企业方面选取走可持续发展之路成效较好的冀中能源与中煤能源作为实例进行具体分析,提出政府引导地矿企业绿色转型发展之路;对绿色转型后的中煤能源财务绩效进行分析,得出相关的结论和建议。

(1) 在可持续发展视角下,地矿企业综合绩效评价体系应包括经济、环境和社会三个方面的效益。如果在绩效评价过程中只关注经济利益,会导致企业忽视环境保护、不积极履行社会责任等,这样得出的评价结果较片面。

(2) 建立的"可持续发展视角下的地矿企业综合绩效评价体系"具有一定的合理性,评价方法验证可行。首先,将该体系在筛选的18家有色金属矿采选企业中进行对比与适用性验证。其次,通过对西藏珠峰案例进行的研究发现,在2016—2019年所选取的18家样本有色金属矿采选企业中,虽然西藏珠峰营业利润排名第1名或第2名,但是环境绩效排名非常差,排在第17名或者第18名,与同类样本有色金属矿采选企业相比,该企业营业利润相对较好,但综合绩效水平相对较低。最后,根据西藏珠峰综合绩效评价结果,并结合其实际情况,有针对性地提出了提升其综合绩效的建议:第一,可以采取分段措施,践行可持续发展观;第二,可以通过健全应收账款管理机制并以坚持主业为重,保持净利润增长,提高其经济绩效水平;第三,可以增加安全投入,提高员工工资福利以及制定指标标准,披露指标完成情况以提高其环境绩效水平和社会责任绩效水平。

(3)依据综合绩效评价体系对冀中能源与中煤能源进行绩效评价。结果表明,这两家企业通过绿色转型获得可持续发展,总体绩效表现较好,为同行企业提供了启示。冀中能源通过绿色转型,大部分财务指标在2017年得到显著提升,经营业绩和创新能力不断提高。中煤能源绩效总体也呈上升趋势,2016—2020年中煤能源在追求经济效益的同时,更加注重环境、社会均衡发展,使企业效益最大化。其中,得分最高的是经济绩效,其次是环境绩效,中煤能源2016—2020年在追求经济效益的同时,不断创新与研发先进技术、新工艺,不断降低对环境的污染。但其社会绩效相对较弱,尤其是公益捐赠率指标相对较差,未达到行业平均值水平,说明企业对社会的服务意识不够。这些给地矿企业的发展提供了相关的启示:加强绿色开采和技术升级,降低环境污染;推进能源清洁使用,提高资源利用效率;调整产业结构,实现多元化发展。

(4)在不同博弈模型下,影响地矿企业绿色转型的因素不尽相同:在完全信息状态下,影响地矿企业绿色转型的因素是企业转型的收益与成本;在非完全信息状态下,地矿企业自身的成本收益、政府的监管力度及外部公众的监督都会影响企业的行为。因此,政府应当制定相应的政策来督促和引导地矿企业进行转型发展,即:完善监督机制,创新治理模式;加大宣传力度,注重激励与引导;加大科技研发投入,助力企业绿色发展。

(5)建立了一套适宜绿色转型发展下的地矿企业财务绩效评价体系,借鉴前人研究成果,在传统以财务指标为指向的评价体系中纳入绿色保护维度相关指标,并在四个传统维度中融入与环境相关的财务指标,最终财务绩效评价体系由盈利能力、偿债能力、运营能力、发展能力及绿色环保五个维度组成。而后,运用层次分析法及熵权法赋权对中煤能源在绿色转型视角下的财务绩效进行评价分析,得到中煤能源2016—2020年的财务绩效具体得分,对这五年得分变化趋势进行分析;运用熵权法赋权,选取中煤能源与中国神华两家行业龙头企业进行横向对比,全方位对其生产经营过程进行分析。分析结果表明,中煤能源这五年财务绩效整体呈现上升态势,进一步说明公司绿色转型效果显著,但仍有一定的上升空间,问题主要表现为资产管理不足、低碳研发力度较弱及资源利用率低,对此,本书在强化应收账款管理、采取多元化经营战略、加强存货管理、增加低碳研发投入及践行绿色发展理念等方面提出优化建议。

(6)从政府与企业两个层面提出可持续发展视角下地矿企业发展建议。在政府层面:完善环境管理制度,刺激企业技术创新;加强立法和监管职能,强制社会责任信息披露;加大对企业可持续发展的关注,强化第三方有效监督机制。在企业层面:优化企业治理结构,提升自身竞争力;注重企业社会责任,提高社会意识;调整产业结构,实现多元化发展;加强环保措施,提高企业绿色转型能力。

9.2 展望

由于课题涉及因素较多、领域较广,本书只选取了有代表性的行业进行研究。在具体运用过程中,由于数据的获取和收集存在一定的困难,在进行综合绩效评价时,本书仅选取一些比较具有代表性的指标。由于我国对企业发布社会责任报告目前仍以企业自愿为主,无统一的行业标准,本书在进行横向对比时仅选取了部分代表性的企业,且对评价体系中的个别指标进行删减。以后的研究将依据不同类型的行业对指标体系做出进一步完善,将通过行业大数据分析以呈现更加科学细致的评价结果。

参 考 文 献

安志宏,程玉书,汪宝存,等,2017.辽源市矿山地质环境恢复治理遥感监测与整治模式一体化研究[J].地质力学学报,23(04):631-637.

彼得·德鲁克,2020.为成果而管理[M].刘雪慰,徐孝民,译.北京:机械工业出版社.

蔡刚,熊黑钢,2004.企业绩效综合评价研究[J].科学·经济·社会(03):27-30.

曹利军,1999.可持续发展评价理论与方法[M].北京:北京:科学出版社.

曹献珍,2011.国外绿色矿业建设对我国的借鉴意义[J].矿产保护与利用(Z1):19-23.

曹宇杭,陆子璇,秦雅,等,2019.基于 EVA 与 BSC 的绩效评价体系研究:以南方航空为例[J].新会计(03):28-32.

曹宇,李显冬,2017.美国矿业立法的私法优位主义:中国法的未来走向[J].山东社会科学(08):175-177.

陈承,王宗军,叶云,2019.信号理论视角下企业社会责任信息披露对财务绩效的影响研究[J].管理学报(3):408-417.

陈宏辉,2003.利益相关者管理:企业伦理管理的时代要求[J].经济问题探索(02):68-71.

陈华,2018.基于层次分析法的制药企业绩效评价指标体系构建及应用:以 A 公司为例[J].商业会计(02):66-68.

陈莉,2021.可持续发展视角下有色金属矿采选企业综合绩效评价研究:以西藏珠峰为例[D].南昌:东华理工大学.

陈丽萍,2005.中国能源矿产可持续问题研究框架[J].国土资源情报(04):12-17.

陈玮,2013.推进生态文明建设促进矿区绿色发展[J].煤炭经济管理新论(00):95-97.

陈玮,2015.可持续发展视角下的企业财务评价:EVA财务评价动态管理模式构建[J].财会月刊(34):18-20.

陈幼敏,2011.基于灰色系统的低碳经济企业财务绩效综合评价[J].中国证券期货(09):80-81.

陈玉和,王方,2010.论中国矿业的可持续发展:创新与技术路线图[J].科技进步与对策,27(23):64-67.

陈真玲,王文举,2017.环境税制下政府与污染企业演化博弈分析[J].管理评论,29(05):226-236.

程森,2020.基于熵值法的水利施工企业绩效考核KPI设计方法[J].山东大学学报(版)(04):80-84.

程宇航,2010.我国产业升级的绿色低碳路径选择[J].江西社会科学(09):77-82.

戴国强,2008.基于可持续发展的企业绩效评价研究[D].沈阳:沈阳工业大学.

杜超,2019.基于平衡记分卡的K地产公司绩效考核体系设计[D].济南:山东大学.

杜昱锦,2017.技术创新、公司治理与企业绩效的关系研究:分行业比较[D].济南:山东大学.

段夏莹,2018.基于绿色发展视角的钢铁企业绩效评价指标体系研究[D].西安:长安大学.

冯蕾,2018.中小型煤炭企业战略转型对策分析[J].煤炭技术,37(01):334-336.

付传君,杨昌明,2011.矿产资源开发整合绩效评价指标体系与评价方法研究[J].矿业研究与开发(3):113-116.

巩固,2015.自然资源国家所有权公权说再论[J].法学研究(03):115-135.

辜胜阻,2013.创新驱动战略与经济转型[M].北京:人民出版社:56-57.

郭峰濂,廖进中,蔡德荣,2004.中国矿产资源可持续发展研究[J].中国国土资源经济(17):8-11.

郭金刚,2016.新常态下煤炭企业集团跨越转型发展战略研究:以同煤集团为例[J].煤炭经济研究,36(04):61-66.

国土资源部信息中心,2005.国际国土资源可持续发展研究理论与实践[M].北京:地质出版社.

韩楠,黄娅萍,2020.环境规制、公司治理结构与重污染企业绿色发展:基于京津冀重污染企业面板数据的实证分析[J].生态经济,36(11):137-142.

郝蕴,2011.我国矿产资源税费法律制度改革研究[J].法制与经济,272(04):147-148.

何丹,金凤君,周璟,2011.资源型城市建设用地适宜性评价研究-以济宁市大运河生态经济区为例[J].地理研究,30(04):655-666.

侯广辉,2007.资源型企业的快速扩张与可持续发展的困境[J].经济纵横(07):63-65.

胡博文,张发旺,陈立,等,2015.我国矿山地质环境评价方法研究现状及展望[J].地球与环境,43(3):375-378.

胡芳,2012.大型公共工程项目绩效评价研究[D].长沙:湖南大学.

胡建军,刘恩伟,2012.建设绿色矿山促进采矿业可持续发展[J].中国矿业,21(S1):60-61+87.

胡兆光,2009.中国特色的低碳经济、能源、电力之路初探[J].中国能源,31(11):16-19.

黄丹,李梦雅,2015.可持续发展定义演化[J].知识经济(18):21-22.

黄定堂,2001.关于江西省矿产资源开发与保护的建议[J].江西地质(04):294-296.

黄娟,2004.企业可持续发展研究综述[J].江汉论坛(05):50-52.

黄志伟,古德生,2003.鑫汇黄金矿业公司可持续发展评价[J].金属矿山(02):4-8.

惠树鹏,郑玉宝,2016.基于五维动态平衡计分卡的企业战略绩效评价[J].统计与决策(11):172-175.

贾竞,2009.资源型企业绩效评价与循环经济法[D].北京:中国北方工业大学.

江晨辉,张霜,2013.低碳经济目标下钢铁企业可持续发展的绩效评价[J].商业会计(02):80-82.

姜艳生,2007.关于推动绿色转型的理论和实践问题的探讨[J].太原科技(06):5-8.

蒋跃进,梁樑,2004.团队绩效管理研究述评[J].经济管理(13):46-49.

颉茂华,杨森,张子娟,2010.煤炭企业可持续发展评价研究[J].煤炭经济研究,30(02):34-37.

金宏春,曹芳萍,2016.基于DEA方法的环保上市公司财务绩效评价研究[J].经济论坛(02):64-71.

金岩辉,2017.神华集团清洁能源战略分析与研究[J].中国战略新兴产业(08):14-16.

鞠建华,强海洋,2017.中国矿业绿色发展的趋势和方向[J].中国矿业,26(02):7-12.

剧宇宏,2009.中国绿色经济发展的机制与制度研究[D].武汉:武汉理工大学.

孔微巍,闫倩,2010.法国资源型城市转型中的金融支持模式及借鉴[J].商业研究(12):200-202.

李国娇,2021.中煤能源基于平衡计分卡绩效评价体系的改进与应用研究[D].长春:吉林财经大学.

李海琳,赵国杰,郝清民,2007.国外企业绩效评价研究综述[J].山东财政学院学报(04):85-88.

李琳,陈波平,2012.中国的生态足迹与绿色发展[J].中国人口资源与环境,22(05):63-65.

李楠,2013.基于环境会计的企业综合绩效评价体系研究[J].财会通讯(13):21-24.

李朋林,陆浩杰,2015.基于AHP-熵权法的煤炭企业低碳经济综合评价研究[J].中国煤炭,41(05):16-23.

李心合,2001.面向可持续发展的利益相关者管理[J]当代财经(01):66-70.

李新春,吴志刚,2000.矿山企业可持续发展评价研究[J].煤炭经济研究(05):49-50+57.

李新宁,王飞,2013.矿山企业发展绿色矿业经济的博弈分析[J].中国国土资源经济,26(05):24-26+72.

李学渊,赵博,陈时磊,等,2015.基于遥感与GIS的矿山地质环境时空演变分析:以东胜矿区为例[J].国土资源遥感,27(02):167-173.

李洋宇,2018.平衡计分卡在政策跟踪审计绩效评价中的应用:以"稳增长惠民生政策审计"为例[J].财会月刊(05):151-155.

李佐军,2012.中国绿色转型发展报告[M].北京:中央党校出版社:6-8.

梁凯,兰井志,郑伟,2007.对我国矿山地质环境保护工作的对策建议[J].中国国土资源经济(11):19-21+46.

梁永忠,2020.突变级数下绿色并购三重绩效评价体系研究[J].会计之友(14):103-109.

林珮君,2020.基于BCC-DEA的上市煤炭企业绩效研究[J].商业会计(03):66-71.

林维实,2007.论我国矿产资源产权法律制度[D].重庆:重庆大学.

刘海滨,郭正权,2010.论煤炭资源低碳发展利用的必要性及其路径选择[J].管理现代化(06):15-17.

刘建芬,王珏,马艳平,2019.国外矿产资源管理对中国的启示[J].

中国经贸导刊(17):38-40.

刘建胜,2011.循环经济视角下的企业环境绩效评价指标体系设计[J].商业会计(06):31-32.

刘力钢,2000.企业可持续发展模式研究[J].辽宁大学学报(哲学社会科学版)(03):12-15.

刘琳琳,2014.基于循环经济的煤炭企业低碳发展的途径探析[J].中国煤炭,40(04):35-38.

刘敏,2022.绿色转型下的H煤矿企业绩效评价研究[D].南昌:东华理工大学.

刘思华,2002.企业经济可持续发展论[M].北京:中国环境科学出版社.

刘汀,2017.运用平衡计分卡评价企业并购绩效:以苏宁云商并购PPTV为例[J].经营与管理(11):102-105.

刘炫廷,李谦,李洋,等,2020.基于绿色发展理念的企业财务绩效评价体系构建及运用[J].中国乡镇企业会计(01):80-83.

刘雪琴,王建明,陈红喜,等,2014.基于DEA模型的上市公司经营绩效评价研究:来自光伏产业的数据[J].财会通讯(27):44-46+129.

刘亚莉,2003.自然垄断企业利益相关者导向的综合绩效评价研究[J].管理评论,15(12):31-36+64.

刘银龙,2019.林业生态经济可持续发展对策研究[J].经济师(09):294-295.

龙静,2006.试论可持续发展观下绿色财务管理的新目标:绿色经济增加值率最大化[J].兰州商学院学报(05):79-83.

吕靖烨,韩珂,2020.强环境约束下煤炭企业环境绩效对财务绩效的影响[J].煤炭工程,52(12):188-192.

罗辉,肖华蓉,2010.矿产资源公共投资项目绩效评价指标体系探讨[J].安全与环境工程(05):90-95.

罗能生,刘小庆,李白,2011.矿产资源产业科学发展水平的测度[J].统计与决策(05):85-88.

马世骏,王如松,1984.社会-经济-自然复合生态系统[J].生态学报(01):1-9.

马小援,2010.基于可持续发展视角的企业环境分析与评价研究[D].呼和浩特:内蒙古大学.

马雪萍,2014.基于网络DEA的河北省煤炭企业绩效评价研究[D].邯郸:河北工程大学.

马玉林,2018.平衡计分卡在煤炭企业绩效评价管理中的运用探析[J].现代经济信息(14):52-53.

马悦,侯晓靖,2014.矿产资源开发项目绩效审计评价指标体系构建[J].财会通讯(16):98-100.

孟令刚,孙忠强,王冀东,2010.矿业开发与矿产资源综合利用分析[J].河北冶金(06):36-38.

米少楠,2015.可持续发展视角下的企业绿色财务评价体系研究[D].西安:西安建筑科技大学.

宁树正,曹代勇,朱士飞,等,2019.煤系矿产资源综合评价技术方法探讨[J].中国矿业,28(01):73-79.

牛建平,2014.西北生态脆弱区矿产资源生态补偿机制研究[D].兰州:兰州理工大学.

牛文元,毛志锋,1998.可持续发展理论的系统解析[M].武汉:湖北科学技术出版社.

潘峰,西宝,王琳,2015.基于演化博弈的地方政府环境规制策略分析[J].系统工程理论与实践,35(06):1393-1404.

潘圣明,2011.矿山又绿在浙江[N].北京:中国矿业报,2011-06-16(B03).

朴显忠,谢英亮,2010.江西省可持续型矿业经济的发展途径分析[J].现代矿业,26(06):10-12.

屈晓翔,谢锐,2015.湖南省两型可持续发展实验区绩效评价研究:以湖南省13市州为例[J].湘潭大学学报(哲学社会科学版),39(04):74-78.

饶军,谭太航,2012.基于可持续发展的企业绩效评价体系及方法研究[J].中国商贸(12):100-101.

任立改,2021.战略导向、绿色管理与企业财务绩效[J].财会通讯(06):61-65.

任书娟,2019.基于三重底线理论的企业综合业绩评价体系构建[J].财会通讯(26):59-61.

邵建波,2000.论中国的矿产资源可持续发展战略[J].吉林地质(02):15-22.

邵卫声,2019.甘肃有色金属矿产资源勘查开发及可持续发展研究[J].世界有色金属(09):104-105.

申勤,2015.平衡计分卡在我国企业的运用及改进[J].劳动保障世界(14):28-30.

舒倩倩,2020.基于熵值法的海尔公司财务绩效研究[D].南昌:华东交通大学.

苏武康,2003.中国上市公司股权集中度与公司绩效实证研究[J].经济体制改革(03):111-114.

孙凌宇,2012.资源型企业绿色转型成长研究[D].长沙:中南大学.

孙梅梅,沈宏益,2016.基于绿色发展理念的企业财务状况综合评价[J].财会通讯(26):66-69.

孙彦辉,夏佐铎,米玛顿珠,2015.绿色矿业经济评价指标体系研究:绿色矿业系列研究之二[J].中国国土资源经济,28(03):37-40.

谈璐璐,2021.可持续发展视角下煤炭企业综合绩效评价研究[D].长沙:中南林业科技大学.

汤中立,李小虎,焦建刚,等,2005.矿山地质环境问题及防治对策[J].地球科学与环境学报,27(02):1-4.

唐德才,李智江,2019.DEA方法在可持续发展评价中的应用综述[J].生态经济,35(07):56-62.

田翠香,蔡炯,郭兰英,2008.试论纳入环境因素的资源型企业绩效评价[J].会计之友(05):52-54.

田笑丰,郭婷,2012.湖北省制造业上市公司财务绩效评价[J].会计之友(20):102-105.

田昕加,张广美,2020.环境信息披露、环境规制与企业经营绩效[J].会计之友(06):43-49.

田雪原,1996.人口、经济、环境的可持续发展[J].中国社会科学(02):4-15.

田原,2017.浅谈低碳经济与可持续发展[J].国土与自然资源研究(06):22-24.

涂思媛,2018.可持续发展视角下的企业绩效评价研究[D].南昌:东华理工大学.

万建华,1998.利益相关者管理[M].北京:海天出版社.

汪巾力,2015.煤炭企业平衡计分卡的改进研究[J].中国市场(29):170-171.

王爱华,綦好东,2000.企业可持续发展指标体系研究[J].生态经济(中文版)(01):17-20.

王琛,2013.可持续发展下的煤电企业综合绩效评价研究[D].临汾:山西师范大学.

王晗,2018.吉林省绿色转型发展评价研究[D].吉林:东北电力大学.

王红娟,2012.基于绿色会计理念的环保财务评价体系研究[J].财会通讯(03):6-8.

王洪盾,2020.公司治理、企业研发与企业绩效[D].上海:华东师范大学.

王凯悦,2020.基于企业可持续发展视角的CP药业公司经营绩效评价研究[D].沈阳:沈阳农业大学.

王浦,周进生,王春芳,等,2014.矿业城市低碳发展与绿色矿山建设[J].中国人口·资源与环境,24(S1):16-18.

王琦琪,2020.低碳经济下电力企业财务绩效评价体系构建[J].中国农业会计(01):38-40.

王树义,郭少青,2012.资源枯竭型城市可持续发展对策研究[J].中国软科学(01):1-13.

王太星,2015.基于社会责任的煤炭企业发展模式转型研究[D].北京:中国矿业大学.

王祥祥,2014.全球价值链下中国制造业低碳技术创新绩效及影响因素[D].哈尔滨:哈尔滨理工大学.

王晓丽,2019.企业绩效评价理论与方法[J].财会学习(09):180-181.

王新华,2011.有色金属行业上市公司绩效评价的实证研究[J].武汉工业学院学报,30(03):99-102.

王永生,2009.矿山地质环境治理存在问题及对策[J].南方国土资源(12):36-37.

王涌,2013.自然资源国家所有权三层结构说[J].法学研究(03):48-61.

卫屹,于彦新,2012.煤炭企业发展低碳经济的有效途径[J].中外企业家(5):74-75.

魏蒙,王如忠,2017.融资结构影响企业绩效的实证研究——基于企业创新的调节效应[J].上海经济(03):84-99.

魏晓杰,2020.基于网络层次分析方法的物流服务供应链综合绩效评价[J].物流工程与管理,42(02):103-104.

魏钰邦,2010.物权法视阈下的矿产资源法律制度研究[D].兰州:兰州大学.

温素彬,2010.企业三重绩效的层次变权综合评价模型——基于可持续发展战略的视角[J].会计研究(12):82-87.

温素彬,方苑,2008.企业社会责任与财务绩效关系的实证研究——利益相关者视角的面板数据分析[J].中国工业经济(10):150-160.

温素彬,薛恒新,2005.基于科学发展观的企业三重绩效评价模型[J].会计研究(04):64-95.

吴念,颜毓洁,2012.低碳经济视角下企业财务评价指标体系研究[J].财务与金融(02):28-31.

吴应宇,2003.企业可持续竞争能力系统评价指标体系研究[J].会计研究(07):55-56.

伍安凤,2019.低碳经济视角下我国煤炭企业综合绩效评价研究[D].南昌:东华理工大学.

向刚,2005.企业持续创新:理论研究基础、定义、特性和基本类型[J].科学学研究,23(01):134-138.

项贝蕾,谭勇,谢洁,2019.基于因子分析法的有色金属上市公司绩效评价[J].武汉轻工大学学报,38(03):68-73.

谢君,2010.可持续发展视角下矿产资源型企业经营绩效评价指标体系研究[D].呼和浩特:内蒙古大学.

谢昕琰,刘溯源,2021.财务绩效、制度压力与企业社会责任[J].统计与决策,37(07):170-173.

徐海静,2016.可持续发展环境伦理的认同与构建,理论与改革[J].(03):113-117.

徐辉,2019.矿业经济可持续发展分析研究[J].价值工程,38(03):53-55.

许莉,2013.基于可持续发展的企业环境绩效审计的指标构建[J].经济论坛 517(8):105-119.

闫志刚,刘玉朋,王雪丽,2012.绿色矿山建设评价指标与方法研究[J].中国煤炭,38(02):116-120.

杨艾,2011.低碳经济条件下企业财务评价指标体系重构[J].合作经济与科技(03):75-77.

杨昌明,洪水峰,2001.焦点问题法:建立矿产资源可持续发展指标体系方法探讨[J].地球科学(02):213-216.

杨朝均,呼若青,冯志军,2018.环境规制政策、环境执法与工业绿色创新能力提升[J].软科学,32(01):11-15.

杨春燕,2013.基于可持续发展的企业绩效评价及应用研究[D].济南:山东财经大学.

杨贵生,王璐,舒茂琳,2014.加拿大矿业投资法律制度概述[J].矿产勘查,5(01):96-102.

杨洪波,胡畔,陈映赫,2012.基于组合赋权的上市公司财务绩效评价[J].辽宁工程技术大学学报(社会科学版),14(05):464-468.

杨明,2015.企业环境绩效评价体系的构建:基于平衡计分卡视角[J].商业会计(13):59-61.

杨士龙,金霞,2009.论矿产资源上的权利配置[J].昆明理工大学学报(社会科学版),9(11):6-10.

杨帅,李余洋,2016.澳大利亚JORC资源/储量分类标准与中国及俄罗斯分类标准的对比及意义[J].黄金,37(06):31-35.

杨显明,焦华富,许吉黎,2015.不同发展阶段煤炭资源型城市空间结构演化的对比研究:以淮南、淮北为例[J].自然资源学报,30(01):92-105.

姚佳,都永晟,罗陶,2010.基于EVA与平衡计分卡融合的企业财务绩效评价[J].煤炭经济研究,30(12):65-67.

姚树荣,2003.企业绩效差异根源理论的演变与创新[J].价格理论与实践(03):61-62.

姚天蕊,王迪,2016.低碳经济视角下资源型企业绩效评价指标体系探讨[J].商场现代化(04):102-103.

尹玉婷,2012.俄罗斯矿产资源法律制度研究[D].乌鲁木齐:新疆大学.

尤孝才,2002.我国矿山地质环境的问题与保护对策探讨[J].地质技术经济管理(04):23-27.

俞海,2015.绿色转型新浪潮下的世界与中国[J].人民论坛·学术前沿(01):53-63.

袁亮等,2017.我国煤炭资源高效回收及节能战略研究[M].北京:科学出版社.

曾静,2015.对引入平衡记分卡改进国企绩效评价管理的探讨[J].中国集体经济(27):25-26.

曾小波,曹钊,2018.澳大利亚石油和矿产资源法律体系分析[J].现代矿业,34(06):43-45+51.

翟兴昌,2005.矿产资源综合利用的评价指标[J].中国科技信息(24):179.

张复明,景普秋,曹利军,等,1999.引黄济并工程可持续发展影响评价[J].中国人口·资源与环境(04):58-62.

张进德,田磊,赵慧,2008.我国矿山地质环境监测工作方法初探[J].水文地质工程地质(02):129-132.

张京,赵龙兴,易国志,2013.低碳视角下的能源企业财务绩效评价[J].财会月刊(04):82-84.

张军泽,王帅,赵文武,等,2019.可持续发展目标关系研究进展[J].生态学报(22):8327-8337.

张其春,艾良友,李双荣,2021.不同类型政策对资源循环利用企业绩效的影响[J].北京航空航天大学学报(社会科学版),34(03):113-126.

张蕊,2014.战略性新兴产业企业业绩评价问题研究[J].会计研究(08):41-44+96.

张式军,王凤涛,2011.破解"矿竭城衰"难题的法律经济学方案[J].法学评论,29(05):100-105.

张淑英,2012.中国煤炭工业低碳发展研究[D].北京:中国矿业大学.

张新丽,2018.基于突变级数法的创业板上市公司绩效评价研究[D].西安:西安科技大学.

张英宣,李美娟,2014.社会责任与企业绩效的相关性研究:基于中国采矿业数据分析[J].辽宁石油化工大学学报,34(06):83-86.

张智超,王冬玲,刘兆顺,2012.基于灰色关联度的矿产资源开发优先序列研究:以吉林省矿产资源为例[J].黑龙江生态工程职业学院学报,25(01):1-3.

赵奥,武春友,2018.中国经济绿色转型态势系统评价:基于熵-OWA算子与灰关联改进TOPSIS[J].技术经济,37(07):99-106.

赵国浩,2015.煤炭资源管理理论与实践[M].北京:经济管理出版社.

赵含笑,2016.低碳经济下煤电企业财务绩效评价研究[D].北京:中国地质大学.

赵丽萍,于兴龙,张欣,2009.资源利用和环境业绩与财务评价体系的重建[J].环境保护(08):14-17.

赵兴,2015.中车公司企业文化对企业绩效影响的实证研究[D].大连:大连理工大学.

郑贱成,李晓青,周平,2009.临澧县矿产资源现状分析与经济综合评价研究[J].经济研究导刊(01):140-141.

朱海宁,2016.低碳经济视角下新能源企业绩效评价体系的构建与完善[J].现代国企研究(16):39.

朱惠芹,谢晓嫣,2011.企业经济绩效与社会责任相关性实证分析——基于我国有色金属行业数据的研究[J].财会通讯(19):17-20.

朱金等,2022.绿色转型视角下Z煤炭企业财务绩效评价研究[D].南昌:东华理工大学.

朱训,2013.关于发展绿色矿业的几个问题[J].中国矿业,22(10):1-6.

朱志浩,2019.基于突变级数法的钢铁企业并购绩效分析[D].上海:上海师范大学.

朱珠,许莉,2013.基于可持续发展的企业环境绩效审计的指标构建[J].经济论坛(08):105-108+119.

左志平,刘春玲,2015.集群供应链绿色合作行为演化博弈分析[J].科技管理研究,35(12):220-223.

AHN T, CHARNES A, COOPER W, 2005. Efficiency Characterizations in Different Models[J]. Socio-Economic Planning Sciences, 182(5):22.

ANDERSON T, 2008. An Introduction to Multivariate Statistical Analysis[J]. Wilea, 153(6):53-55.

ARROW K, BOLIN B, COSTANZA R, 1995. Economic Growth, Carrying Capacity, and the Environment Science[J]. Ecological Economics

(02):8990.

BARBA-GUTIERREZ Y, ADENSO-DIAZ B, LOZANO S, 2009. Eco-Efficiency of Electric and Electronic Appliances: A Data Envelopment Analysis (DEA)[J]. Environmental Modeling & Assessment, 14(4): 439-447.

BARRINGER B R, JONES F F, NEUBAUM D O, 2005. A Quantitative Content Analysis of the Characteristics of Rapid-Growth Firms and Their Founders [J]. Journal of Business Venturing, 20(5): 663-687.

BERGLE, MEANS, 2005. 现代公司与私有财产[M]. 甘华鸣,罗锐韧,蔡如海,译. 北京:商务印书馆.

BRUMBRACH, 1988. Performance Management [M]. London: The Cronwell Press.

BUCK T, LIU X, SKOVORODA R, 2008. Top Executive Pay and Firm Performance in China[J]. Journal of International Business Studies (05): 1-18.

CAMPBELL D E, 1990. Can Equity be Purchased at the Expense of Efficiency? An Axiomatic Inquiry[J]. Journal of Economic Theory, 51(1): 32-47.

CHALMETA R, PALOMERO S, 2011. Methodological Proposal for Business Sustainability Management by Means of the Balanced Scorecard [J]. Journal of the Operational Research Society, 62(7): 1344-1356.

CHARNES A, 2007. Sensitivity and Stability Analysis in DEA[J]. Almals of Operations Re, 12(2): 139-156.

COPELAND T, KOLLER T, MURRIN J, 2006. Balancing Stakeholder Satisfaction[J]. Healthcare Executive, 54(29): 158-159.

CORMIER D, MAGNAN M, 1997. Investors' Assessment of Implicit Environmental Liabilities: An Empirical Investigation[J]. Journal of Accounting and Public Policy, 16(2): 215-241.

DALY H E, TOWNSEND K N, 1993. Valuing the Earth:

Economics, Ecology, Ethics[M]. Cambridge: The MIT Press.

DUTTA S, 2002. Asset Valuation and Performance Measurement in a Dynamic Agency Setting[J]. Review of Accounting Studies, 143(22): 122-125.

DYLLICK, HOCKERTS, 2002. Beyond the Business Case for Corporate Sustainability[J]. Business Strategy and the Environment, 11(2): 130-141.

ELKINGTON J, 1998. Cannibals with Forks: The Triple Bottom Line of 21st Century Business[J]. Environmental Quality Management (81): 37-51.

FASSIN, 2008. The Stakeholder Model Refined[J]. Journal of Business Ethics, 84(6): 113-135.

FRANCISCO, MENDES D, ALENCAR F, 2007. An Alternate Methodology for the Evaluation of the Performance of Basic Sanitation[J]. Management of Environmental Quality, 25(18): 29-43.

FREDERICK W C, POST J E, DAVIS K, 1999. Business and Society: Corporate Strategy, Public Policy, Ethics[M]. New York: McGraw-Hill.

FREDRIK W, 1999. Value Based Management: Economic Value Added or Cash Value Added[J]. SSRN Electronic Journal, 6(1): 66-77.

FREEMAN R E, 1951. Strategic Management: A Stakeholder Approach[M]. Cambridge: Cambridge University Press.

FREMAN, 1984. Strategic Management: A Stakeholder Approach[M]. Boston: Pitman Press.

GARVARE R, ISAKSSON R, 2001. Sustainable Development: Extending the Scope of Business Excellence Models[J]. Measuring Business Excellence (05): 11-15.

GAVIN HILSON, 2012. Corporate Social Responsibility in the Extractive Industries: Experiences from Developing Countries[J].

Resources Policy, 37(02): 131-137.

HAINES R W, 1993. Environmental Performance Indicators: Balancing Compliance with Business Economics[J]. Environmental Quality Management, 2(04): 367-372.

HAMANN R, 2004. Corporate Social Responsibility, Partnerships, and Institutional Change: The Case of Mining Companies in South Africa[J]. Natural Resources Forum: 278-290.

HARRISON, JAMES O, 2008. Customer Satisfaction Through Performance Evaluation[J]. Management Accounting, 23(44): 15.

HARVA M, KABAN A, 2009. Variation Learning for Rectified Factor Analysis[J]. Signal Processing, 2(87): 509-527.

HIGGINS, 1977. How Much Growth Can a Firm Afford[J]. Financial Management (06): 7-16.

HILSON, 2000. Sustainable Development Policies in Canada's Mining Sector: An Overview of Government and Industry Efforts [J]. Environmental Science and Policy (4): 201-211.

JAGGI B, FREEDMAN M, 1992. An Examination of the Impact of Pollution Performance on Economic and Market Performance: Pulp and Paper Firms[J]. Journal of Business Finance&Accounting, 19(05): 697-713.

JAMES C, HOME V, 1988. Sustainable growth modeling[J]. Journal of Corporate Finance (08): 120-123.

JAMES N, 1997. An Overview of Papua New Guinea's Mineral Policy[J]. Resources Policy (1): 97-101.

JAMES P, 1994. Business Environment Performance Measurement[J]. Business Strategy and the Environment, 3(02): 59-67.

JENSEN M C, MECKLING W H, 1976. Theory of the Firm: Managerial Behavior, Agency Costs and Ownership Structure[J]. Journal of Financial Economics (4): 305-360.

JOHANNESSENT J A, OLSEN B, 2003. Knowledge Management and Sustainable Competitive Advantages: The Impact of Dynamic Contextual Training[J]. International Journal of Information Management (4): 277-289.

JUDGE W Q, DOUGLAS T J, 1998. Performance Implications of Incorporating Natural Environmental Issues into the Strategic Planning Process: An Empirical Assessment[J]. Journal of Management Studies, 35(02): 241-262.

KOCHAN T, RUBINSTEIN, 2009. Toward a Stakeholder Theory of the Firm: the Saturn Partnership [J]. Organization Science, 11 (4): 367-386.

KOLK, HONG, VAN DOLEN, 2010. Corporate Social Responsibility in China: An Analysis of Domestic and Foreign Retailers' Sustainability Dimensions[J]. Business Strategy and the Environment (5): 289-303.

KRAJNC D, GLAVIC, 2005. A Model for Integrated Assessment of Sustainable Development [J]. Resources, Conservation and Recycling, 43(02): 189-208.

KUCUKVAR, TATARI, 2013. Towards a Triple Bottom-line Sustaina-bility Assessment of the US Construction Industry[J]. Life Cycle Assessment, 18(05): 958-972.

KUDLAK, ROBERT, 2008. Adaptation of Enterprises to the Requirem-ents of Sustainable Development in the Light of New Institutional Economics[J]. Management of Environmental Quality, 19(2): 213-221.

LANKOSKI L, 2000. Determinants of Environmental Profit: An Analysis of the Firm-level Relationship Between Environmental Performance and Economic Performance [M]. Helsinki: Helsinki University of Technology.

LENCIU LONEL-ALIN, CLUJ-NAPOCA, 2012. Conceptual Model of Environmental Performance [J]. International Journal of Business Research (3): 155-159.

MAKER A, JOHNSEN E, CASWELL C, 2009. A Planning and Evaluation Six-Pack for Sustainable Organizations: The Six-P Framework[J]. Performance Improvement, 48(08): 27-34.

MARK B, SUSAN G W, 2000. The Effect of Relative Performance Evaluation on Earnings Management: A Game Theoretic Approach[J]. Journal of Accounting and Public Policy, 125(191): 377-397.

MECKLING W H, SCHWERT G W. Theory of the Firm: Managerial Behavior, Agency Costs and Ownership Structure[J]. Journal of Financial Economics.

MILGROM P, ROBERTS J, 1992. Organization and Management[M]. Englewood: Englewood Giffs.

MITCHELL, AGLE, WOOD, 1997. Toward a Theory of Stakeholder Identification and Salience: Defining the Principle of Whom and What Really Counts[J]. Academy of Management Review (10): 853-886.

Mudd G M, 2009. The Environmental Sustainability of Mining in Australia: Key Mega-Trends and Looming Constraints[J]. Resources Policy (2): 98-115.

MUTTAKIN M B, KHAN A, 2014. Determinants of Corporate Social Disclosure: Empirical Evidence from Bangladesh[J]. Advances in Accounting, 30(01): 168-175.

NAKASHIMA K, NOSE T, KURIYAMA S, 2006. A New Approach to Environmental-performance Evaluation[J]. International Journal of Production Research, 44(18): 4137-4143.

NEELY A, GREGORY M, PLATT K, 2009. Performance Measurement System Design: A Literature Review and Research Agenda[J]. International Journal of Operations and Production Management, 112(55): 15.

NISHANTHA B, 2011. The Role of Social Capital on Firm Growth: The Case of Small Enterprises in Sri Lanka[J]. Asia Pacific World, 2(1): 54-71.

PAN T W, HUNG S W, LU W M, 2010. DEA Performance Measurement of the Nationnal Innovation System in Asia and Europe [J]. Asia-Pacific Journal of Operational Research (27): 369-392.

PORTA R L, LOPEZ-DE-SILANES F, SHLEIFER A, 2001. Corporate Ownership Around the World [J]. The Journal of Finance, 54(2): 417-517.

PORTA R L, SHLEIFER L, 1999. Corporate Ownership Around the World[J]. Florencio Lopez-de-Silanes, 54(02): 471-517.

PORTER M E, 1991. America's Green Strategy [J]. Scientific American (4): 168.

PUAL A, 2006. What is EVA and How Can It Help Your Company[J]. Management Accounting, 35(22): 99-100.

RANDALL M, SHLEIFER A, ROBERT W A, 1988. Management Ownership and Market Valuation: An Empirical Analysis[J]. Journal of Financial Economics (20): 293-315.

REDCLIFT M, 1991. The Multiple Dimensions of Sustainable Develop-ment[J]. Geography, 76(1): 36-42.

RIDLEY, SILVA, SZOMBATHELYI, 2011. Sustainability Assurance and Internal Auditing in Emerging Markets [J]. Corporate Governance, 11(04): 475-488.

ROBERTS, KAPLAN, 2010. Translating the Balanced Scorecard from Performance Measurement to Strategy Management[J]. Accounting Horizons, 3(15): 78.

RUF B M, MURALIDHAR K, BROWN R M, et al, 2001. An Empircial Investigation of the Relationship Between Changein Corporale Social Performance and Financial Performance: A Stake-holder Theory Perspective[J]. Joumal of Business Ethics(02): 143-156.

SARI E R, 2009. Sustainability in the Turkish Retailing Industry[J]. Sustainable Development, 17(1): 49-67.

SARKIS, 2003, A Strategic Decision Framework for Green Supply Chain Management[J]. Journal of Cleaner Production, 11(04): 397-409.

SCHMIDHEINEY S, 1992. Changing Course: A Global Business Perspective on Development and the Environment [M]. Cambridge: MA MIT Press.

VITTORIO C, RAFFAELLA M, GIULIANO N, 1999. Towards a Sustainable View of the Competitive System[J]. Long Range Planning, 32(05): 519-530.

WALL A, 1928. Suggestions for Publicity in Financial Federations[J]. Families in Society: Journal of Contemporary Social Services (9): 318-320.

WOOD D J, 1991. Corporate Social Performance Revisited [J]. Academy of Management Review, 16(04): 691-718.

附录 A 专家意见调查问卷（A）

非常感谢您在百忙之中填写本调查问卷。

课题组设计的"可持续发展视角下地矿企业绩效评价体系"时包括目标层、准则层、子准则层及指标层。现需对各层级内容进行重要性排序。

请您依据以下表格进行两两比较，若行指标重于列指标则直接进行填写分数，若列指标重于行指标则采用倒数填写的方式，请依据您的判断填写以下表格。

附表 A1　层次分析法评价尺度

标度值	重要性比较	解释说明
1	同等重要	两个元素相比
3	稍显重要	前者与后者相比稍微重要
5	明显重要	前者与后者相比明显重要
7	非常重要	前者与后者相比强烈重要
9	极其重要	前者与后者相比极端重要
2,4,6,8	介于中间	两个元素的差别介于两者之间，可取中值
倒数		两个元素比较得出判断矩阵 a_{ij}，则两个元素 i 重要性之比为 $a_{ji}=1/a_{ij}$

一、目标层 A 中的重要性排序

附表 A2　目标层 A 重要性排序

A	经济绩效	环境绩效	社会绩效
经济绩效	1		

(续表)

A	经济绩效	环境绩效	社会绩效
环境绩效	—	1	
社会绩效	—	—	1

二、准则层 B 中的重要性排序

(1) 经济绩效(B1)各指标排序。

附表 A3　经济绩效(B1)下子准则层指标重要性

B1	盈利能力	运营能力	发展能力	偿债能力
盈利能力	1			
运营能力	—	1		
发展能力	—	—	1	
偿债能力	—	—	—	1

(2) 环境绩效(B2)下指标排序。

附表 A4　环境绩效(B2)下子准则层指标重要性

B2	环境质量	资源循环利用
环境质量		—
资源循环利用		—

(3) 社会绩效(B3)下设员工安全(B31)、社会影响(B32)两个指标。

附表 A5　社会绩效(B3)下子准则层指标重要性

B3	B31	B32
B31	1	
B32	—	1

三、子准则层 B11 中的重要性排序

(1) 盈利能力(B11)下设净资产收益率(C111)、总资产报酬率(C112)、营业利润率(C113)三个指标。

附表 A6 盈利能力（B11）下指标层指标重要性

B11	C111	C112	C113
C111	—		
C112		—	
C113			—

（2）运营能力（B12）下设总资产周转率（C121）、应收账款周转率（C122）、流动资产周转率（C123）三个指标。

附表 A7 运营能力（B12）下指标层指标重要性

B12	C121	C122	C123
C121	—		
C122		—	
C123			—

（3）发展能力（B13）下设总资产增长率（C131）、主营业务收入增长率（C132）、资本保值增值率（C133）三个指标。

附表 A8 发展能力（B13）下指标层指标重要性

B13	C131	C132	C133
C131	—		
C132		—	
C133			—

（4）偿债能力（B14）下设速动比率（C141）、资产负债率（C142）、产权比率（C143）三个指标。

附表 A9 偿债能力（B14）下指标层指标重要性

B14	C141	C142	C143
C141	—		
C142		—	
C143			—

（5）环境质量（B21）下设节能量（C211）、COD 减排量（C212）、

SO_2减排量（C213）三个指标。

附表 A10　环境质量（B21）下指标层指标重要性

B21	C211	C212	C213
C211	—		
C212		—	
C213			—

（6）资源循环利用（B22）下设煤矸石综合利用率（C221）、矿井水利用率（C222）、采区回采率（C223）三个指标。

附表 A11　资源循环利用（B22）下指标层指标重要性

B22	C221	C222	C223
C221	—		
C222		—	
C223			—

（7）员工安全（B31）下设原煤生产百万吨死亡率（C311）、较大及以上事故（C312）、采煤机械化率（C313）三个指标。

附表 A12　员工安全（B31）下指标层指标重要性

B31	C311	C312	C313
C311	—		
C312		—	
C313			—

（8）社会影响（B32）下设社会捐赠与精准扶贫（C321）、实际支付税费（C322）两个指标。

附表 A13　社会影响（B32）下指标层指标重要性

B32	C321	C322
C321	—	
C322		—

本次问卷到此结束，非常感谢您的支持和帮助！

附录 B　专家意见调查问卷(B)

非常感谢您在百忙之中填写本调查问卷。

课题组设计的"绿色转型视角下地矿企业财务绩效综合评价体系"共有三个层级(目标层、准则层、方案层)。现需对各层级内容进行重要性排序。

本调查问卷采用"1-9 标度法"来确定指标的重要性。"1-9 标度法"各分值及含义如以下表格所示。请依照您的专业知识在以下各表格的空缺处填入相应的分值。

附表 B1　层次分析法评价尺度

成对比较标准	含义
1	同等重要
3	稍显重要
5	明显重要
7	非常重要
9	极其重要
2,4,6,8	用于上述两相邻判断的折中值
倒数	因素 i 与 j 比较的判断标度为 a_{ij}，则因素 j 与 i 比较的判断标度为 a_{ji}

注:带有横线表格无需打分,比值关系为"行比列",例如:盈利能力比偿债能力的重要程度,取值分数为 1-9 分,若取值为 1,则两者同样重要;若取值为 3,则盈利能力比偿债能力稍微重要,以此类推,具体参考评分说明。

一、目标层 A 中的重要性排序

目标层 A 下设偿债能力(B1)、运营能力(B2)、盈利能力(B3)、发展能力(B4)、绿色环保(B5)五个准则层。

附表 B2　目标 A 指标重要性

A	B1	B2	B3	B4	B5
B1	—				
B2	—	—			
B3	—	—	—		
B4	—	—	—	—	
B5	—	—	—	—	—

二、准则层 B 中的重要性排序

（1）偿债能力(B1)下设资产负债率(C1)、速动比率(C2)、现金比率(C3)、环境负债率(C4)四个方案层指标。

附表 B3　偿债能力(B1)下方案层指标重要性

B1	C1	C2	C3	C4
C1	—			
C2	—	—		
C3	—	—	—	
C4	—	—	—	—

（2）运营能力(B2)下设存货周转率(C5)、应收账款周转率(C6)、总资产周转率(C7)、环保治理投资率(C8)四个方案层指标。

附表 B4　运营能力(B2)下方案层指标重要性

B2	C5	C6	C7	C8
C5	—			
C6	—	—		
C7	—	—	—	
C8	—	—	—	—

（3）盈利能力（B3）下设总资产报酬率（C9）、净资产收益率（C10）、主营业务毛利率（C11）、环保收益率（C12）四个方案层指标。

附表 B5　盈利能力（B3）下方案层指标重要性

B3	C9	C10	C11	C12
C9	—			
C10	—	—		
C11	—	—	—	
C12	—	—	—	—

（4）发展能力（B4）下设主营业务收入增长率（C13）、总资产增长率（C14）、资本保值增值率（C15）、营业收入硫排放量（C16）四个方案层指标。

附表 B6　发展能力（B4）下方案层指标重要性

B4	C13	C14	C15	C16
C13	—			
C14	—	—		
C15	—	—	—	
C16	—	—	—	—

（5）绿色环保（B5）下设万元产值综合能耗（C17）、低碳研发费用率（C18）、单位收入排废量（C19）、煤矸石综合利用率（C20）、矿井水利用率（C21）、煤矿采区回采率（C22）六个方案层指标。

附表 B7　绿色环保（B5）下方案层指标重要性

B5	C17	C18	C19	C20	C21	C22
C17	—					
C18	—	—				
C19	—	—	—			
C20	—	—	—	—		
C21	—	—	—	—	—	
C22	—	—	—	—	—	—

本次问卷到此结束，非常感谢您的支持与协助！